QIYE TESHU LEIXING
YUANGONG DE
LAODONG GUANXI
YANJIU

企业特殊类型员工的劳动关系研究

王少波 ◎ 著

首都经济贸易大学出版社
Capital University of Economics and Business Press

·北京·

图书在版编目（CIP）数据

企业特殊类型员工的劳动关系研究 / 王少波著.
北京：首都经济贸易大学出版社, 2024. 10. -- ISBN
978-7-5638-3801-1
Ⅰ. F279.23
中国国家版本馆 CIP 数据核字第 20240HX340 号

企业特殊类型员工的劳动关系研究
王少波　著

责任编辑	潘　飞
封面设计	砚祥志远·激光照排 TEL:010-65976003
出版发行	首都经济贸易大学出版社
地　　址	北京市朝阳区红庙（邮编100026）
电　　话	(010)65976483　65065761　65071505(传真)
网　　址	http://www.sjmcb.cueb.edu.cn
经　　销	全国新华书店
照　　排	北京砚祥志远激光照排技术有限公司
印　　刷	北京建宏印刷有限公司
成品尺寸	170 毫米×240 毫米　1/16
字　　数	249 千字
印　　张	14.75
版　　次	2024 年 10 月第 1 版
印　　次	2024 年 10 月第 1 次印刷
书　　号	ISBN 978-7-5638-3801-1
定　　价	54.00 元

图书印装若有质量问题，本社负责调换
版权所有　侵权必究

前 言

当前，在我国企业劳动关系管理过程中，存在一些特殊类型的员工，如外来务工人员、企业中的高管人员、各类互联网平台的签约直播艺人、货运物流公司员工、外送（卖）员工，此外还有大学生员工（多为在校大学生，其在劳动力市场上有着明显的学生身份标识）、退休返聘员工等。

与传统、普通员工的劳动关系相比，这些特殊员工的劳动关系显得比较复杂，这体现在一系列的问题上。例如，外来农民工的社会保险问题、"同工不同酬"的问题，企业高管的劳动关系确认问题、工作时间问题，互联网平台公司的签约直播艺人、外送（卖）员工以及在校大学生、退休返聘人员的劳动关系确认、工伤问题，等等。由于这些员工存在着一些身份方面的标识，尤其需要慎重处理其与用人单位之间的劳动关系，我国的相关劳动法规及政策也对此有着一些特殊的要求与规定。

本书中的外来务工人员，主要指的是经由外地来本地（主要指城市区域）打工的人员，其主体是农民工和没有本地户口的大学毕业生。其中，农民工主要从事建筑行业、搬运行业、交通运输业、服务业等，技术含量总体偏低，且以体力劳动为主。外来务工人员作为特殊社会群体之一，长期以来受到社会的广泛关注。毋庸讳言，其与本地普通居民不同的"特殊身份"（主要指户籍差异）在一定程度上造成与之相关的各类社会问题。也正是这些问题，导致劳资双方在与外来务工人员有关的劳动关系领域均存在不少困惑与迷茫。

企业高管作为兼具管理者与劳动者双重属性的特殊群体，其在企业中的权利义务关系与普通劳动者相比存在一定的差异，由此产生的法律适用问题也成为理论界和实务界关注的焦点之一。据相关统计，截至2019年底，我国各类市场主体总数已达1.23亿个。与之相应，企业高管数量亦不在少数。司法实践中，涉及公司高管的劳动争议案件数量也在不断增加之中。

　　互联网在改变了人们生活的同时，也催生了大量具有新的经济关系和新业态特点的企业，与之相关的用工管理问题也不断冲击着我们对传统劳动关系的理解与思考。例如，现实中已有许多与从事互联网业务的网络直播艺人相关的劳动关系认定的案例。又如，在美团、滴滴、货拉拉等外卖配送、货运物流平台上，常常出现平台与外送（卖）员工之间劳动关系的争议。

　　眼下，不少大学生在就学期间也时常会到一些用人单位工作。由于学生这一特殊身份，其与用人单位常常会就双方之间是否存在劳动关系、大学生是否能够享受工伤保险待遇等问题发生争议。退休返聘人员身份也存在与之相似的特殊性：一方面，他们按政策已处于退休状态，并定期领取退休金；另一方面，其仍在用人单位从事和退休之前相同或相近的工作。因此，一旦退休返聘人员在工作过程中发生伤亡事故，其能否享受工伤保险待遇就成为一个棘手的问题。

　　本书通过介绍上述几种企业特殊类型员工的有关典型案例，结合劳动关系的有关理论以及国家的劳动法规及政策加以分析，以期为劳动者、企业、有关主管部门在处理此类特殊类型劳动关系时提供必要参考。

目 录

第一章 外来务工人员的劳动关系（一） / 1

第一节 外来务工人员就业中存在的问题 / 1
第二节 外来务工人员的就业权问题 / 7
第三节 外来务工人员在劳动合同订立阶段的问题 / 17

第二章 外来务工人员的劳动关系（二） / 58

第一节 外来务工人员在劳动合同履行环节中的
常见问题 / 58
第二节 外来务工人员在劳动合同的解除、终止
环节中的常见问题 / 79
第三节 外来务工人员在社会保险领域中的常见
问题 / 114
第四节 外来务工人员面对劳动争议处理程序时的
常见问题 / 139

第三章 企业高管人员的劳动关系 / 161

第一节 企业高管的劳动关系确认问题 / 161
第二节 企业高管在劳动合同履行过程中的常见问题 / 168
第三节 企业高管在劳动合同解除过程中的常见问题 / 171

第四章　新经济和新业态模式下的劳动关系　／173

第一节　互联网平台公司与其从业者之间的劳动关系　／173
第二节　经纪公司和直播艺人的劳动关系　／178

第五章　大学生的劳动关系问题和退休人员再就业中的劳动关系　／195

第一节　大学生的劳动关系问题　／196
第二节　退休人员再就业中的劳动关系　／203

参考文献　／213

附　录　／215

　　附录1　《中华人民共和国劳动合同法实施条例》　／215
　　附录2　浙江省人力资源和社会保障厅等三部门《关于试行职业技工等学校学生在实习期间和已超过法定退休年龄人员在继续就业期间参加工伤保险工作的指导意见》　／222
　　附录3　人力资源社会保障部、教育部等九部门《关于进一步规范招聘行为促进妇女就业的通知》　／225
　　附录4　《辽宁省女职工劳动保护办法》　／228

第一章　外来务工人员的劳动关系（一）

第一节　外来务工人员就业中存在的问题

改革开放以来，我国私营企业如雨后春笋般发展起来。私营企业的迅速发展为劳动力就业开辟了广阔的市场，使许多剩余劳动力也有机会参与就业。

改革开放40多年来，许多农村人口来到城市务工。在这些城市的现代化进程中，外来务工人员的身影常常出现在建设一线，为城市的发展默默地贡献自己的力量。然而，他们与用人单位的劳动关系却时常存在这样或那样的问题。

一、外来务工人员的合法权益经常受到侵犯

通过对外来人员尤其是农民工的调研数据可知，其合法权益受侵犯主要表现为以下几个方面。

（一）收入偏低，同工不同酬现象普遍存在

尽管外来务工人员劳动报酬已在逐年提高之中，但其总体收入仍然偏低，且用工环境较差。调查显示，当前男性外来务工人员从事的多是苦、脏、累、险的体力劳动，月平均工资较低，生活成本却比较高；女性外来务工人员则多从事居民服务业、餐饮服务业等，其收入比男性外来务工人员要低，有的仅略高于或相当于所在城市的最低工资标准。此外，外来务工人员工资被拖

欠的现象仍较为普遍。

（二）生活条件较差，文化生活匮乏

外来务工人员的住宿环境通常比较拥挤，住宿密度较大，集体宿舍设施简陋，卫生条件也较差，有的甚至存在安全隐患问题；精神文化生活相对贫乏，员工往往只能以刷手机、聊天等方式打发下班时间，有的则以喝酒为乐，因此酒后违法违规等行为也不在少数。

（三）社会保险问题是难点、热点

当前，外来务工人员的参保率相对而言仍较低，总体情况仍不容乐观。2008年《中华人民共和国劳动合同法》（以下简称《劳动合同法》）实施以来，劳动保障部门加强了对外来务工人员参保问题的管理与检查，要求用人单位必须为他们投保，许多企业也尽了很大努力，但由于诸多原因，参保工作的进展并不顺利。其中，比较主要的原因是外来务工人员的工资低、保险流转难。按国家规定，外来务工人员的参保费用由用人单位和个人共同负担。但因其报酬较低，缴纳各种社保后能拿到手的钱就更少了；加之此类人员的流动性比较强，保险流转又比较困难，所以许多外来务工人员不愿意参保。

（四）地域文化和思想观念的矛盾仍然存在

由于地域、观念等不同，外来务工人员与本地居民存在一定的冲突隐患。目前，一方面，国家政策层面虽然已出台了一系列针对外来务工人员在求助帮扶等方面的措施，但还不够具体、到位；另一方面，一些本地人的"主场"心理优势，仍从各个方面影响着外来务工人员，使之难以融入本地社会，也加深了彼此之间的隔阂。受上述因素影响，外来务工人员和本地用人单位发生劳动争议和冲突的概率也会增加。

（五）对工伤事故等的解决不够及时、不够合理

由于外来务工人员从事的多是苦、脏、累、险的体力劳动，且多在劳动风险较高的行业内工作，其发生工伤事故的概率较高，一旦得不到及时、合理的解决，很容易引发矛盾。当前，比较典型的工伤事故类劳动问题主要表现在以下两个方面。

1. 工伤保险覆盖存在盲区

当前，一些企业针对外来务工人员的非法用工现象仍比较严重，这些人员的实际参保比例也不高。同时，非法用工单位的工作条件通常相对较差，

发生工伤的概率也更高。非法用工的情况主要有以下几种：一是一些建筑类企业将工程违法分包、转包给包工头，隔断了外来务工人员与用人单位之间的直接联系，这也是这些人员劳动合同签订率低和工伤保险参保率低的重要原因；二是没有合法资质的非法用工单位招用外来务工人员，一旦发生工伤事故后，劳动保障部门难以进行受理和认定，外来务工人员也无法依据《非法用工单位伤亡人员一次性赔偿办法》来获得赔偿；三是一些合法单位的非法用工现象也比较严重，尽管这些是合法的用人单位，但其某些劳动用工的做法是非法的，为其服务的外来务工人员既没有劳动合同，也没有工伤保险。

2. 工伤争议处理机制存在缺陷

工伤维权程序复杂、成本高。其中，最为突出的问题之一是程序过于复杂。从《工伤保险条例》的规定来看，从外来务工人员发生工伤到领取工伤保险待遇，至少要经过三个阶段：申请工伤认定、劳动能力鉴定以及核定并领取工伤保险待遇。

在申请工伤认定之前，一般要先确认劳动关系，这就可能要经过劳动仲裁以及一审、二审等程序。在此期间，如果用人单位恶意利用程序规定来拖延时间，对工伤认定结论提起行政复议、行政诉讼或拒不支付工伤保险待遇等，就会使工伤待遇的索赔时间拉长。

例如，我国于2007年4月1日起试行的《诉讼费用交纳办法》规定，人民法院审理工伤事故赔偿案件的受理费为每件10元，其本意是为受工伤的劳动者着想，以免加重其负担。然而，该项政策的实际效果并不理想。这条看似人性化的规定，却在现实中成为伤者请求赔偿的一块绊脚石。据统计，在工伤事故赔偿案件中，不服仲裁裁决提起诉讼的当事人以用人单位居多，其中诉讼收费偏低是造成用人单位为拖延支付工伤事故赔偿金而随意提起诉讼、上诉的主要原因。有的案件经过一审、二审终于到了执行阶段后，一些用人单位却已经注销或者被撤销，从而给执行造成了极大的困难。

二、劳资矛盾的上升不利于构建和谐社会

外来务工人员的权益经常受到侵犯，势必引起大量的劳资矛盾、劳资冲突，而这些矛盾和冲突显然不利于构建和谐社会。近年来，与之相关的劳资矛盾、劳资冲突的主要表现包括以下几个方面。

（一）欠薪情况屡见不鲜，讨薪手段激烈、极端

一些年来，我国一些用人单位或雇主拖欠工资的现象仍比较普遍，员工

采取诸如堵路、人身伤害等激烈、极端手段予以对抗的事件也屡屡见诸报端；尤其在春节前后，对于"等钱回家过年"的广大外来务工人员来讲，讨回自己的"血汗钱"显得越发紧迫，由此双方常常爆发激烈的冲突，造成严重的后果。

例如，据《南方都市报》报道，2008年1月10日广州石沙路广达鞋业有限公司约4 000名工人堵路讨薪。2009年，新浪网报道了发生在杭州的一起案例：当年11月1日，32岁的外来务工人员王鸿丽——时任杭州风格服饰有限公司业务主管，因到公司索要自己的提成工资，她和丈夫竟然遭到该公司总经理粟志宏等一伙人的侮辱、威胁和殴打，身心遭受极大伤害。无独有偶，据《方圆法治》报道，2010年1月9日，来自河北省景县留府镇高庄村的28岁农民工高志强为讨要70元的日工资而遭到私营老板的报复，被对方叫来的人捅成重伤，导致右侧肾脏被切除。

面对上述恶劣的欠薪行为、劳动者为讨薪而采取的无奈之举以及付出的惨重代价，社会各界也对讨薪者给予了极大的关注和同情。例如，当年（2005年）对因讨薪未果而情绪失控、连杀欠薪者（包工头）等4人的宁夏民工王斌余，普遍的社会舆论并非"不杀不足以平民愤"，而是希望法律对其从宽处理。此后，我国根据专家学者、相关主管部门和社会各界人士的大量建议，在刑法中增加了"恶意欠薪罪"及相关条款，以制裁那些"黑心"的管理者和用人单位。

（二） 出现工伤后得不到合理、合法的对待

职业病是许多外来务工人员不得不经常面对的一大风险，但更严重的问题是得病后得不到公正的对待。现实中，不少外来务工人员在取得职业病的诊断结果及鉴定结论的过程中往往面临一系列困难。为此，许多外来务工人员在无奈之下只得选择放弃，而由自己及家属承担因治疗而加重的生活负担。还有一些外来务工人员选择了劳动仲裁或诉讼的方式，但效果并不理想。例如，2009年12月13日东方卫视《东方新闻》节目报道的深圳市100多名农民工为争取尘肺病检查而艰难维权的事件，一度引起社会的广泛关注。这些来自湖南张家界的农民工在工作中长期吸入大量粉尘，多人经普通医院检查后被怀疑已患有尘肺病。但由于他们无法提供劳动单位的工作证明和与之建立劳动关系的证明，因而无法进行职业病检查，也就无法开展实质性维权。

（三）以自杀、自残等方式表达对企业的怨恨

为表达对企业在管理等方面的不满和怨恨，一些外来务工人员甚至选择了自杀、自残等方式，其中较为典型的就是一些年来富士康公司连续发生的员工自杀事件。据《深圳晚报》《中国经营报》等多家媒体报道，自2007年以来，富士康员工不正常死亡事件已有多起，尤其在2010年，短短几个月内竟然连续发生多起员工从宿舍坠楼的事件（其中多为外来务工人员）。

这些不幸事件的发生不仅对个人、家庭造成了重大打击，而且严重影响了劳动关系的和谐，对经济社会的健康可持续发展也构成了极大威胁。调查显示，尽管导致员工自杀、自残的因素有很多，但主要原因之一还是用人单位的管理不当。

三、外来务工人员欠缺劳动关系等相关法律知识

总体而言，外来务工人员在劳动关系等方面的法律知识十分欠缺，加之存在"低人一等"的心理，从而在很大程度上导致其漠视法律的作用。外来务工人员大多居住在城市边缘地带，其中很多人从事的是本地居民所不愿从事的职业。他们总认为自己是外地人，而当地政府和法律不会保护外地人，所以为了能在城市里生存下去，其在遇到问题时往往选择能忍则忍、息事宁人或托关系等做法。此外，外来务工人员基本与情况相似的老乡住在一起，由此形成了典型的熟人圈子和熟人文化，他们也因此更加看重信任、道德和关系，而对法律并不感冒。于是，当发生纠纷时，他们一方面出于朴素的"以和为贵"的心理，另一方面又顾及同乡之情，所以只要不触及根本利益，大多选择自行协商解决。

上述状况的存在也与其流动性大的特点有关。外来务工人员在所在城市的住所通常并不稳定，他们随时可能因为工作变动、亲友往来等原因搬离现居住地。外来务工人员聚居地的人员组成复杂，加之人口流动性大，给当地主管部门带来很大压力：一方面，不利于主管部门对他们进行登记管理，从而不利于及时掌握其相关情况；另一方面，给当地社会治安增加了不安定因素，造成了安全隐患。

总的来看，外来务工人员的法律知识欠缺主要表现在以下几个方面。

（一）不签书面劳动合同

所谓劳动合同，是指劳动者与用人单位确立劳动关系、明确双方权利和

义务的协议。由该定义可知,劳动合同是劳动者与用人单位双方确立关系的凭证,是双方合法的意思自治的表示。一旦发生劳动纠纷,劳动合同是最有力、最能直接判断双方孰是孰非和责任归属的证据之一。

对劳动者来说,签订劳动合同无疑是其合法劳动权益的重要保障。在签署劳动合同后,劳动者就合法地成为企业的正式员工,享受国家强制要求企业提供的各项保障、权益和经由双方当事人约定而获得的权利。

现实中,我国目前的劳动力市场存在供大于求的状况,用人单位占据优势地位,因而一些企业经常以各种理由拒绝与劳动者签订劳动合同,以此逃避责任。故而我国法律对此作出强制规定,要求用人单位必须与劳动者签订劳动合同。

然而,许多调研结果表明,众多外来务工人员对劳动合同并不关心或者不了解其重要性,只知道在上面签了字就能有工作。甚至还有相当多的劳动者认为,在私营企业工作不签劳动合同很正常。尤其是,许多建筑工人从事的工地工作存在项目周期性特点,流动性大且多由亲戚朋友介绍,没有签订劳动合同的情况也因此比较普遍。这种情况下,一旦发生劳动纠纷,他们的正当权益难以得到充分保障,也难以享受《劳动合同法》规定的合法权利。

(二)不了解国家社会保险制度的内容

很多外来务工人员既不了解国家的社会保险制度的内容,也不了解社会保险对自己的重要性。他们不知道,社会保险制度包括养老保险、医疗保险、工伤保险、失业保险、生育保险等与之息息相关的许多方面。由于不了解社会保险对自己的重要程度,加之存在流动性大等情况,他们中的不少人甚至自愿放弃缴纳社会保险,也有一部分人则担心要求用人单位为其缴纳社会保险的话会丢掉工作。

(三)不了解关于加班的劳动法律知识

很多外来务工人员只知道服从用人单位安排的加班要求,却不了解国家关于加班的法律知识。

《劳动合同法》第三十一条规定:"用人单位应当严格执行劳动定额标准,不得强迫或者变相强迫劳动者加班。用人单位安排加班的,应当按照国家有关规定向劳动者支付加班费。"《中华人民共和国劳动法》(以下简称《劳动法》)第四十四条规定,有下列情形之一的,用人单位应当按照下列标准支付高于劳动者正常工作时间工资的劳动报酬:①安排劳动者延长工作时间的,支付不低于工资150%的工资报酬；②休息日安排劳动者工作又不能安排补休的，支付不低于工资200%的工资报酬；③法定休假日安排劳动者工作的，支付不低于工资300%的工资报酬。

可见，支付加班工资是用人单位的法定义务，同时也是劳动者的一项法定权利。但是现实中，许多外来务工人员要么没有领到过加班工资，要么未按上述国家法律规定足额获得加班工资。

（四）不了解劳动争议处理制度的内容或认为维权成本过高

许多外来务工人员即便与企业发生了劳动争议，也不选择通过国家规定的劳动争议处理制度加以解决。其中，有的人是因为不了解劳动争议处理制度的内容，有的人则认为通过劳动争议处理制度维权成本过高。实际上，根据《中华人民共和国劳动争议调解仲裁法》（以下简称《劳动争议调解仲裁法》）及有关法律规定，外来务工人员如果通过这些法定的程序进行维权，不仅有效、有力，而且有利。

除此之外，外来务工人员对其他相关法律知识的了解也很有限，这于他们及时有效地维护自身合法权益而言是极其不利的。

第二节　外来务工人员的就业权问题

一、外来农民工遭遇的户籍歧视

现实中，外来务工人员在就业时经常遭遇的第一个困难就是求职过程中的歧视。由于历史遗留因素以及社会偏见等作祟，一些招聘单位常常以年龄、身高、容貌、性别、地域、户籍、学历等种种既不合理又不合法的名义拒招外来就业人员，致使许多外来务工人员无法享有平等的就业机会。此类做法实际上侵犯了求职者的劳动就业权，构成了就业歧视。

劳动就业权是指：具有劳动权利能力和劳动行为能力、有劳动愿望的劳动者依法从事有劳动报酬或者经营收入之劳动的权利。劳动就业权在各项劳动权利中居于首要地位，是劳动者赖以生存的权利，是各国宪法确认和保护其公民的一项重要基本权利。

平等就业权包含两层含义：一是任何公民都平等地享有就业的权利和资格，不因民族、种族、性别、年龄、文化、宗教信仰、经济能力等而受到限制；二是在应聘某一职位时，任何公民都应平等参与竞争，任何人不得享有特权，也不得对任何人加以歧视。

然而，由于受历史条件、经济发展、社会认知等多重因素的影响，各国在不同历史阶段大多存在不同程度的平等就业权被侵害的现象。我国也不例外，由于尚处在社会主义初级阶段，加之地区发展不平衡，对平等就业权的保护仍是我们所面临的一项艰巨任务。

针对就业领域的社会歧视问题，首先，我国宪法规定，公民在法律面前一律平等，应受到平等对待，不分性别、种族、职务、职业、社会出身、宗教信仰、财产状况，都享有同等权利；其次，《劳动法》第十二条也明确规定，"劳动者就业，不因民族、种族、性别、宗教信仰不同而受到歧视"。2008年5月1日起实施的《中华人民共和国就业促进法》第三条再次重申，劳动者依法享有平等就业和自主择业的权利，不因民族、种族、性别、宗教信仰等不同而受歧视。

上述法律规定体现了平等就业原则的要求。根据这一原则，除了一些特殊行业对就业有一定的特殊限制外，大部分职业并无提出限制条件的必要。换言之，只要求职者具备了相关岗位所需要的专业素质、技术条件等，就可以参与该岗位的平等竞争。

【知识概述】 就业歧视现象

所谓就业歧视，是指条件相等或者相近的求职者在求职过程中（或者受雇者在就业时），由于受某些与个人工作能力无关因素的影响而不能享有平等的就业机会，以及在工资福利、岗位配置、职务升迁、培训机会、就业安全保障等方面的平等待遇，致使其平等就业机会受到损害。

何谓劳动就业的平等权？平等权是指依照宪法和法律规定，公民平等地享有权利并承担义务，不存在任何差别待遇，以及接受国家同等保护的权利，具体体现为立法上的主体地位平等、司法上的法律适用平等和守法义务上的平等。

西方社会早期的平等权强调形式上的平等，规定任何公民在法律面前不因种族、民族、性别、财产状况、教育程度等不同而存在差别待遇。例如，1776年美国《独立宣言》宣称，"我们认为这些真理是不言而喻的：人人生而平等，他们都从他们的'造物主'那边被赋予了某些不可转让的权利，其中包括生命权、自由权和追求幸福的权利"。法国也有类似的规定，集中反映在其1789年《人权宣言》第六条之中："在法律面前，所有的公民都是平等的，故他们都能平等地按其能力担任一切官职、公共职位和职务，除德行和才能上的差别外不得有其他差别。"后来，世界各国逐渐注意到表面上的平等无法解决公民之间实质的不平等，于是开始加强对实质平等权的保护。

在我国，有关公民平等权的内容散见于宪法的各个条款中，如宪法序言和第四条规定了民族平等，第三十三条第三款规定了权利义务间的平等，第五条第四款、第五款规定了公民与一切社会组织的地位平等，第三十四条规定了公民选举权与被选举权上的平等，第三十六条第二款规定了公民宗教信仰上的平等，第四十八条规定了男女平等，等等。

由此可知，那些基于户口限制（如只招非农户口或本地户籍）等的歧视，都有侵犯公民就业平等权之嫌。然而，当前在我国就业市场上将户籍作为招聘条件的用工单位不在少数，许多求职者也很关心招聘方能不能解决户口之类的问题，这在"北上广深"等经济发达的大城市里表现得尤为突出。

在市场经济日渐完善、活跃的今天，为什么户籍问题依然如此重要而迟迟不能退出呢？随着经济社会发展，越来越多的人涌向城镇，经济发达的大城市更成为其首选之地。特别是那些经过了"十年寒窗"的学子，毕业后往往希望在大城市找到一份稳定的工作，安居乐业。但是，如果没有所在城市的户口，买车、买房等都会受到限制；将来成立家庭后，孩子上学等也往往与户籍挂钩。这种极现实的考虑，使他们不能不关心户口问题，甚至只要能解决户口，就连工作内容、待遇等也可以迁就。

对于户籍问题，用工单位同样也有苦衷。就其用人而言，当然应以工作水平为首要选择条件，而户籍要求却可能将一些人才拒之门外。聘用有本地户口的人，不仅有机会利用其相对丰富的社会关系、信息资源等，而且可省去帮其解决诸如住房、孩子教育等"麻烦"。最令用工单位不安的是，相当数量的应聘者在取得了本地户口后，一有机会便会"跳槽"，另攀"高枝"，原用工单位则"为他人作嫁衣裳"。正因为如此，有的用工单位认为提出户籍方面的要求纯属不得已而为之。

就这样，户籍问题往往令招聘者、应聘者双方都很"受伤"，这是在特定社会历史条件下无可回避而又必须面对的现实。对此，有学者指出，在中国表现得最严重的就业歧视正来源于现存的户籍制度，固化的户籍制度强化了劳动力市场上的就业歧视，增加了流动就业的迁移成本和流动成本，限制了劳动者在平等基础上自主择业的权利。户籍制度造成劳动力市场上二元甚至多元分割的局面，在导致就业市场歧视的同时，农村与城市之间的劳动力以及城市与城市之间的劳动力也无法获得市场机制下的有效资源配置，这种人为的制度障碍有悖于市场经济的初衷，其根源可以追溯至行政力量对市场进行的制度性干预。

历史地看，大多数发展中国家对国内迁移实行过控制政策，这些国家也存在劳动力市场的分割现象，即对城市工人进行保护，而对迁移劳动力采取歧视态度。有分析认为，城市居民出于维护自身既得利益的动机，通过影响地方政府的政策制定过程，推动形成了排斥外来务工人员的歧视性就业政策，从而导致劳动力市场的分割。这种扭曲劳动力市场的政策，实际上是城市偏向政策的一个组成部分。

改革开放之前，中国劳动力市场的分割和扭曲是重工业优先发展战略的内生要求，是通过一系列事先决定的体制机制形成并维系的。改革开放以来，仍然存在并常常被强化的劳动力市场分割，则主要反映了本地城市居民的利益要求，并主要通过地方政府的政策来实现。

【问题提示】怎样界定"就业歧视"？

【案例导读】户籍制度与城乡就业歧视这种歧视做法在双方建立劳动关系以后的同工不同酬方面也有所反映。笔者于2008年代理的一起集体劳动争议案就能说明这种歧视政策[1]。

此案发生在山西省太原市，用人单位是中铁××局集团电气化工程有限公司，该公司于1993年2月9日与山西省临县、兴县共80多名农民（年龄均为十七八岁）签订了《山西省国营企业劳动合同制工人劳动合同书》，这些农民工于1993年4月集体加入工会组织。1994年5月16日双方又签订了一份为期两年的劳动合同书，该合同于1996年5月16日履行结束后，双方再也没有签订新的劳动合同，由此形成了接下来长达十几年的事实劳动关系。

关于这些人的工资待遇，根据当时的国家政策以及山西省的有关规定，上述1993年的劳动合同书中明确约定其作为农民合同制工人（以下简称"农民工"）的工资待遇与用人单位同工种原固定工实行相同的制度。1993年至1996年，该公司还严格执行了上述约定；然而从1997年开始，公司便对这些农民工和原固定工实行了同工不同酬的制度，主要表现为：①执行综合计算

---

[1] 笔者是北京市两高律师事务所的一名兼职律师（执业证号：11101199920577953），参与和代理过一系列劳动争议案件。

工时制度的工资待遇，即当这些农民工在待命期间时将被停发工资；②克扣岗位工资、技能工资、工龄工资、企龄工资、书报费、城市交通费等；③单方解除他们的工会会员资格，停止其享受工会有关福利的资格；④扣押他们取得的中级和高级证书，不向他们支付与该级别相对应的工资待遇。

鉴于这种劳动关系的不稳定性以及用人单位屡屡克扣工资的情形，这些农民工于2007年3月25日要求与用人单位签订无固定期限劳动合同并补发被克扣的工资、福利，该公司则一拖再拖，不予肯定答复。于是，这些农民工自发于2007年5月从全国各工地返回太原，要求用人单位"给说法"，但该公司态度非常强硬，坚决不答应他们的要求。接下来，这些农民工便在公司门口静坐了三天。由于公司不予理睬，他们便又到山西省委所在地门前静坐。当地的黄河电视台还对此事件进行了报道。

之后，他们便委托笔者作为代理律师到太原市劳动仲裁部门申请劳动仲裁，但仲裁结果并未如他们所愿，主要原因是我国相关法律中关于同工同酬的规定并不明确。这一典型案例，反映出一些用人单位中仍然存在因城乡户籍不同而歧视外来务工人员的问题。

二、外来务工人员的就业渠道

很多外来务工人员初次来到就业所在地的时候，往往不知道该如何选择就业渠道。外出四处寻找和亲戚、老乡介绍仍是其就业的主渠道。此外，他们往往还会通过一些非正规的"马路市场"或"黑中介"联系工作，而通过正规的劳务市场应聘、学校或劳动机构推荐、职业介绍所介绍和家乡有关部门有组织的劳务输出等方式解决就业问题的并不多，由此存在一定的就业风险。

【知识概述】根据我国相关法律规定，国内的正规职业介绍机构主要分为以下两种。

一是公共就业服务机构。此类机构一般设置在当地劳动保障行政部门内，免费为劳动者提供以下服务：就业政策法规咨询，职业供求信息、市场工资指导价位信息和职业培训信息发布，职业指导和职业介绍，对就业困难人员实施就业援助，办理就业登记、失业登记等事务以及其他公共就业服务，等等。其中，职业指导工作主要包括以下内容：向劳动者和用人单位提供国家有关劳动保障的法律法规和政策、人力资源市场状况咨询；帮助劳动者了解职业状况，掌握求职方法，确定择业方向，增强择业能力；向劳动者提出培训建议，为其提供职业培训相关信息；开展针对劳动者个人职业素质和特点的测试，并对其职业能力进行评价；对妇女、残疾人、少数民族人员及退出现役的军人等就业群体提供专门的职业指导服务；对大中专学校、职业院校、技工学校学生的职业指导工作提供咨询和服务；对准备从事个体劳动或开办私营企业的劳动者提供创业咨询服务；等等。

二是职业介绍机构。该类机构一般具有经营性质，是指由法人、其他组织和公民个人举办，为用人单位招用人员和劳动者求职提供中介服务以及其他相关服务的经营性组织，会向求职者收取一定的费用。同时，国家规定，这些职业中介机构对收取费用的标准应予以明示；如果提供职业中介服务不成功，还应当退还向劳动者收取的中介服务费。总之，正规、合法的职业中介机构都会按照要求在其服务场所公开出示营业执照、职业中介许可证、服务项目、收费标准、监督机关名称和监督电话等。

【问题提示】非正规的就业市场会给劳动者带来哪些工作风险？

【案例导读】2010年1月9日，来自河北省景县留府镇高庄村的28岁农民工高志强为讨要70元的日工资而遭到私营老板的报复，被对方叫来的人捅成重伤，导致右侧肾脏被切除。欠薪者的这一行为实在令人发指！这究竟是一家什么样的用人单位？高志强又是如何找到这家用人单位的呢？

2010年1月8日早上，高志强和20名工友一起，来到位于北京六里桥的劳务市场找工作。此处毗邻北京西客站和六里桥长途汽车站，尽管挺热闹，但并不是一家正规的劳务市场。不过，高志强和许多农民工一样，还是对这里寄予了不小的希望。实际上，政府在这里已树立了很多标牌，告知农民工去免费、正规的劳务市场找工作，而这里的工作大多为临时性短工，不会与之签劳动合同。但或许正因为如此，这些学历普遍偏低（甚至没有学历）的外省农民工才能在此拥有某种"优势"，获得某种"便利"。因此，尽管此时已近年关，但不少人还是耐心等待可能到来的工作。

这时，一个姓海的包工头上前让高志强他们到他那里卸煤，一天干4个小时，给70块钱，日结日清。他们听后感觉这活可以干。谈妥后，高志强他们就乘坐941路公交车，随这名包工头来到了位于北京石景山北辛安的一家料场。第一天包工头还算痛快，结算时按说好的价给每人发了钱。对此，高志强他们都很满意，以为找了个好工作。可是，等他们在第二天干完活要求支付工资时，老板却翻了脸，不仅没有发钱，还叫来了一个打手。结果如前所述，争执中高志强被捅成了重伤。

高志强冒着严寒、流着热汗干活，不仅没有拿到工资反而付出了血的代价，这一匪夷所思的惨剧于情、于法、于理都不容。在这里，值得我们深思的是，当一个农民工只能以一种被动的"身体维权"的方式去主张自己的正当权益时，其问题的源头是否应该直指那家不正规的就业市场？笔者认为，正是这样的"黑市场"吸引了那些不正规的单位蜂拥而至，由此造成了劳动者合法权益被侵犯的巨大隐患。

三、外来务工人员的知情权

劳动者知情权的基础包括社会基础和法律基础，即劳动者知情权得以产生并具有合理性的社会条件和法律条件。其中，社会基础来自劳动者的弱势性，更确切地说是劳动者在信息的占有和获取上的弱势性；法律基础是劳动权实现的需要。

现实中，劳动者在与用人单位就缔结职业劳动关系进行磋商时，其弱势性就已经产生了。在缔结劳动合同的过程中，劳动者作为个体，其所面对的是相对而言具有较强信息采集和整理能力的企业，因而前者在信息获取等方面的劣势是显而易见的。这也是为劳动者设置知情权的必要性之所在。当然，基于合同关系中的对等原则，用人单位也有必要的知情权，以了解劳动者与接下来工作相关的一些基本情况。

【知识概述】根据《劳动合同法》第八条的规定，用人单位招用劳动者时，应当如实向劳动者告知工作内容、工作条件、工作地点、职业危害、安全生产状况、劳动报酬以及劳动者要求了解的其他情况。这就是劳动者知情权的主要内容。

同时，该法规定，用人单位有权了解劳动者与劳动合同直接相关的基本情况，劳动者也应当如实说明。这些基本情况包括：劳动者本人的身份证明、学历情况、就业状况、工作经历、职业技能等。

【问题提示】如何理解知情权的范围？怎样界定某事项是否属于用人单位的知情权范围内？在出现隐瞒或欺骗情况时，哪些行为算作欺诈行为？

【案例导读】2007年7月，李某到某教育公司工作，双方签订了有效期为自2008年1月1日至2009年12月31日止的劳动合同。李某的职务为人事经理，月工资标准为1万元。双方在劳动合同中约定，《员工守则》为合同增加的内容。《员工守则》规定：所聘用员工如提供虚假证明，一经发现，公司与其的劳动关系即行终止。

2008年6月，公司发现李某学历造假，并于同日向李某发出解除劳动合同的通知。之后，李某向仲裁委员会提出申诉，要求公司支付其解除劳动关系的经济补偿金。该公司主张，李某在应聘时提供的学历证明系伪造的，其行为违反了《员工守则》的相关规定，因此公司有权解除与其的劳动关系，且无须支付经济补偿。

李某认可其入职时提供的学历证明系伪造的，但主张学历证明并非其担任职务的必要条件，因而其行为并不构成欺诈，公司以此为由提前解除劳动合同，应该支付经济补偿。

该案的裁决结果是：仲裁委员会驳回了李某的申诉请求。李某不服，向法院提起诉讼。法院经审理认为，本案中李某作为劳动者，在与教育公司协商签订劳动合同的过程中提供了伪造的学历。即使学历证明并非担任其职务的必要条件，但根据李某认可的《员工守则》的规定，员工一旦提供伪造学历，则双方劳动合同即告终止。并且，根据《劳动合同法》的规定，因欺诈而订立的劳动合同是无效合同。据此，李某主张该公司支付解除劳动关系经济补偿金的诉讼请求于法无据，法院不予支持。

知情权应限制在与劳动合同直接相关的信息范围中（即这些信息是否为劳动者履行劳动义务时所必须提供的）。应聘者对用人单位超出相关信息的不当询问，有权行使沉默权，据此订立的劳动合同只要不违反法律规定或者社会公益就依法有效。可见，此处涉及用人单位的知情权与劳动者隐私权之权利平衡问题。

同时，法律对个人隐私的保护也是有限度的。任何对个人隐私权利的主张都必须被限定于合法、合乎公共道德准则和社会需要的范围内。在劳动者求职或者应聘的过程中，劳动合同尚未成立，劳动关系尚未建立，因此这时劳动者的隐私披露是一种先合同义务，包括一定的信息披露义务，如健康状况、有无不良行为记录、职业技能和职业准入资格等。

劳动者的信息披露义务与用人单位的知情权是一体两面的。只要在用人单位知情权范围之内，即使是个人隐私，劳动者也有义务予以披露。其中，有些个人信息是与劳动合同的履行直接相关的，如健康状况涉及工作能力、年龄涉及社会保险登记等，都属于双方意思表示之必然内容。这类信息既然涉及合同目的，劳动者当然有义务披露。如果劳动者未如实披露，就可能构成重大误解甚至构成欺诈，从而影响劳动合同的效力。

有些个人信息虽然与履行劳动合同无直接关联，但并不属于隐私。以刑事处罚纪录为例，如果法律规定或者用人单位在录用条件中特别要求披露，那么可以认为是用人单位对劳动者作出综合评价的一种依据。由此，基于诚实信用原则，只要用人单位需要了解，则劳动者就无权隐瞒。

比较敏感的是，有些信息既与履行劳动合同无直接关联，又确属个人隐私，如与劳动能力无关的某些生理障碍、女性的三围等，如果劳动者拒绝披露，那么用人单位能否以此为由拒绝录用呢？对此笔者认为，用人单位既然无此知情权，却乘招工之机强迫劳动者披露，即属侵犯隐私权的违法行为。

值得注意的是，用人单位对劳动者的某些隐私虽然有知情权，但没有披露权。劳动者与用人单位之间的权利义务具有相对性，只存在于双方当事人之间，而与外界没有关系。这意味着劳动者隐私披露对象的特定性，即仅限于用人单位本身。如果用人单位予以不当泄露，则涉嫌侵犯劳动者隐私权。换言之，用人单位对劳动者隐私之保护与劳动者对用人单位之商业秘密的保护，在法律上是同等的。

四、外来务工人员对自身资料和知识产权信息的保护

外来务工人员在劳动力市场求职时，往往会遇到有的招聘单位要求其提供个人资料或智力、技术成果（即知识产权）等情况。这时，不少求职者为了获得这份工作，也就如实乃至尽可能全面地向对方提供了相关资料或知识产权信息。如果事后未被录用，也很少有求职者想到自己的这些资料或知识产权信息会被招聘单位免费使用甚至出售获利。那么，外来务工人员如何保护自己的这些资料或知识产权信息呢？

【知识概述】针对一些招聘单位利用招聘活动获取求职者提供的个人资料或智力、技术成果等不当行为，劳动和社会保障部于2008年1月1日制定实施了《就业服务与就业管理规定》，其中第十三条明确规定："用人单位应当对劳动者的个人资料予以保密。公开劳动者的个人资料信息和使用劳动者的技术、智力成果，须经劳动者本人书面同意。"

这就是说，招聘单位在获取求职者的个人资料或技术、智力成果并加以

使用时，应事先征得求职者本人同意。否则，擅自使用这些成果或公开这些个人资料，将构成对求职者的侵权，并应承担相应的法律责任，包括对求职者的民事赔偿责任，严重者甚至要为此承担刑事责任。

【问题提示】劳动者应通过什么样的法律途径维护自己的合法权益？

【案例导读】姜某到一人才市场求职，发现自己的条件很符合某招聘单位发布的职位要求，并且其提供的职位薪酬很高。于是，姜某上前与招聘人员交谈，招聘人员对他的条件也很满意。

此时，招聘人员称，现在符合这一职位条件的有四位应聘者（包括姜某在内），但公司只能从中选择一位，选择方式是由公司出一道题，看四位应聘者谁的回答最好。题目是：公司准备组织一次大型产品推介活动，请这四位应聘者为此次活动提供一份策划方案，三天后交回公司，十天后公司将根据他们四人提供的策划方案而决定录用哪一位应聘者。

姜某对此表示接受，于是回家后积极准备，购买资料并结合自己多年来的工作经验完成了这份策划书，并按期于第三天交给了这家招聘公司。可十天后，当他打电话给该单位人力资源部了解结果时，对方却告诉他没有被录用，原因是另一个人的策划书比他做的更好。

一个月后，姜某办事时刚好路过他曾经应聘过的那家公司，结果发现那家公司正在组织产品推介活动。他仔细观察后发现，该产品推介活动完全是按照他的策划书布置的。后来，姜某通过其他途径了解到，该公司近半年来并未招聘过一个工作人员，却经常参加各种人才招聘活动。这时，姜某完全明白了这家公司的"套路"：招聘是幌子，其真正的目的是"免费使用"求职者的智力成果！于是，姜某来到当地劳动争议仲裁委员会，对这家企业的行为进行了申诉。

当地劳动争议仲裁委员会接到姜某的申诉书后，经审查认为这不属于劳动争议，不予立案。

对此笔者认为，当地劳动争议仲裁委员会的结论应该是合法的，因为此时的姜某还没有与该招聘单位建立真正的劳动关系，双方发生的争议不属于劳动争议。但是，姜某可以通过民事诉讼的渠道，直接到人民法院起诉这家公司侵权，要求公司因使用自己的智力成果而给付相应的费用。

第三节　外来务工人员在劳动合同订立阶段的问题

一、签订书面劳动合同的必要性

现实中，我国劳动合同的书面签订率较低，这里既有一些用人单位不愿签订书面劳动合同的因素，也有一些劳动者不愿签订书面劳动合同的因素，但主要还是用人单位之原因所致。

企业不愿意签订书面合同，是为了降低法律风险，压缩成本，避缴社会保险，等等。有的劳动者不愿意签订劳动合同，则或者因为没有意识到签订劳动合同必要性，或者出于跳槽、避缴纳社会保险等考虑。应当说，上述这些都是不正确的做法。

【知识概述】实践中，有的劳动合同先于劳动关系订立，有的劳动合同后于劳动关系订立，有的同时订立，也有的不订立劳动合同。那么，我国《劳动合同法》对于劳动关系的建立及其与劳动合同订立的关系是如何规定的呢？

《劳动合同法》第八十四条规定：建立劳动关系，应当订立书面劳动合同。已经建立劳动关系，未同时订立劳动合同的，应当自用工之日起一个月内订立书面劳动合同。用人单位与劳动者在用工前订立劳动合同的，劳动关系自用工之日起建立。对于该条文的理解，主要可从以下几个方面展开。

第一，建立劳动关系时，应当订立书面劳动合同。劳动合同是劳动者与用人单位确立劳动关系、明确双方权利义务的协议。因此，劳动者与用人单位一经建立劳动关系，就应该订立劳动合同。订立劳动合同时应注意下列问题：签订劳动合同要遵循平等自愿、协商一致的原则；签订劳动合同要符合法律法规的规定；合同内容要尽量全面，合同的语言表达要尽可能明确。

第二，已建立劳动关系，未同时订立书面劳动合同的，给予一个月的宽限期。对此，我国法律规定有一个月的宽限期，主要是考虑到实践中用人单位与劳动者订立书面劳动合同需要一定的周期，特别是招用大批劳动者时，很难做到一经建立劳动关系就立即订立书面劳动合同。同时，立即签订劳动合同也未必就对劳动者有利。当然，在作为宽限期的这个月内，如果约定的劳动报酬不明确，则新招用的劳动者的报酬应当按照企业或者行业之集体合同规定的标准执行；没有集体合同或者集体合同未加以明确规定的，则用人单位应当对劳动者实行同工同酬。

第三，不订立劳动合同的法律后果。为了解决书面劳动合同签订率偏低的问题，保证《劳动合同法》第八十四条的顺利实施，《劳动合同法》同时规定了以下措施。

其一，书面劳动合同是劳动合同的唯一合法形式。不承认口头劳动合同，达成口头劳动合同的视为尚未订立劳动合同。

其二，劳动关系一经建立，应该签订书面劳动合同。已建立劳动关系但未同时订立书面劳动合同的，应当自用工之日起一个月内订立书面劳动合同。

其三，用人单位自用工之日起超过一个月但不满一年未与劳动者订立书面劳动合同的，应当向劳动者每月支付二倍的工资。

其四，用人单位自用工之日起满一年不与劳动者订立书面劳动合同的，视为用人单位与劳动者已订立无固定期限劳动合同。

其五，用人单位违反本法规定不与劳动者订立无固定期限劳动合同的，应当自订立无固定期限劳动合同之日起向劳动者每月支付二倍的工资。

【问题提示】录用通知能充当劳动合同吗？

【案例导读】2009年7月，大学毕业的小袁拿到了录用通知，在某房地产公司担任财务会计。2010年5月，这家公司以"违反员工保密义务"为由将小袁辞退，从而结束了双方之间的劳动关系。小袁在接到辞退通知的次日，即向劳动争议仲裁委员会申请仲裁，要求公司支付他未签订劳动合同期间的双倍工资。但公司坚持认为，小袁刚到公司工作时，公司曾向其发过录用通知，通知上明确记载了其薪资结构、报到时间等内容，应当视为公司与员工之间签订了书面劳动合同。那么，录用通知到底能否充当劳动合同？

在仲裁员的主持下，双方达成了调解：公司补偿小袁两个月的工资。

根据我国《劳动合同法》的相关规定，建立劳动关系时，应当订立书面劳动合同，并应具备一系列必备条款。这些规定一方面明确了用人单位和劳动者签订书面劳动合同的必要性，另一方面也对劳动合同的内容进行了严格的要求。用人单位在确定录用应聘者时会发出录用通知，但此时的录用通知中未必载明了劳动合同所应具备的所有内容。换言之，此时的录用通知中也不一定适合列明所有的必备信息，因此，事后通常存在用人单位和劳动者另行订立书面劳动合同的问题。

当然，如果录用通知的内容确实包含劳动合同之所有必备条款，则也可以将录其视为劳动合同。然而,笔者在此仍然建议用人单位与劳动者签订劳动合同。因为,依据《劳动合同法》,在应当签订劳动合同而未签订的情况下,用人单位可能要负很重的法律责任,如支付双倍工资、视为签订无固定期限劳动合同等。

就本案而言,最终是在仲裁员的主持下调解结案的。但在现实中,不同的仲裁员和法官对此问题尚存在不同的认识和理解。因此,对于劳动者而言,应强化维权意识,要求用人单位与自己订立书面劳动合同;对于用人单位而言,即使已发出了具体的录用通知,亦最好与劳动者重新签订书面劳动合同,以避免不必要的法律风险。

二、何种情况下可以要求用人单位支付双倍工资?

《劳动合同法》出台之前,一些用人单位不愿与劳动者签订劳动合同,从而形成大量的事实劳动关系。事实劳动关系中存在诸多问题,尤其在发生劳动争议的情况下,往往导致劳动者维权不力。

例如,当劳动者要求用人单位支付拖欠的工资或加班费而双方就月工资标准争执不下时,由于未签订劳动合同,劳动争议仲裁委员会或人民法院最终只能以当地最低工资标准作为裁判依据,而这对劳动者是极为不利的。又如,当劳动者发生工伤事故时,有的用人单位为逃避自己的法定责任而不承认双方劳动关系的存在,为此劳动者必须承担举证的责任,否则就要承担举证不能的后果。

目前,事实劳动关系的法律地位仍未得到完全确立,事实劳动关系当事人的权益也因此难以得到有效保护,从而严重危及劳动关系的建立和维护,进而影响社会的和谐和稳定。

【知识概述】《劳动合同法》制定出台之后,针对事实劳动关系存在的问题,该法第十条明确规定,"建立劳动关系,应当订立书面劳动合同。已建立劳动关系,未同时订立书面劳动合同的,应当自用工之日起一个月内订立书面劳动合同……",第八十二条规定,"用人单位自用工之日起超过一个月不满一年未与劳动者订立书面劳动合同的,应当向劳动者每月支付二倍的工资"(即双倍工资——笔者注)。此外,上述规定被限定为用人单位的义务,除非用人单位能够证明劳动者不愿意签订书面劳动合同,否则必须承担向劳动者支付双倍工资的不利法律后果。

【问题提示】 所有未签订劳动合同的情况下，用人单位都适用支付双倍工资的规定吗？双倍工资的计算时间及方式是什么？

【案例导读】

案例1：宋女士进入某印刷厂工作，公司已准备好书面合同，但宋女士拒绝与用人单位签订劳动合同，并于工作一年后向单位提出双倍工资要求。

就案例1而言，《劳动合同法》第八十二条规定的"未签劳动合同，用人单位支付双倍工资"有其明确的适用情形，即只有在用人单位存在过错的情况下才可以适用。一般而言，应当考虑用人单位是否履行了诚实磋商的义务以及是否存在劳动者拒绝签订等情况。

如果用人单位已尽到了诚信义务，但因不可抗力、意外情况或者劳动者拒绝签订等用人单位以外的原因造成劳动合同未签订的，用人单位无须承担双倍工资的义务。所以，宋女士提出的此类主张无法得到法律的支持。

案例2：小王从2008年7月到单位工作至同年12月底，双方一直未签订劳动合同。对此，小王主张：双倍工资的期限应该是从2008年7月至同年12月。

就案例2而言，这里的双倍工资不是从未签订劳动合同当月开始计算的，而是从用工之日起第二个月开始计算的。这是因为，法律给了用人单位一个月的时间，作为与劳动者签订书面劳动合同的"缓冲期"。所以，小王主张双倍工资的合理期限应该是从2008年8月至同年12月。

案例3：小李从2008年2月起到某单位工作。至2008年5月底，双方一直未签劳动合同。自2008年3月起小李每月的工资为3 000元，并且每月均按时足额发放。小李向劳动仲裁部门提出：该单位应向其支付这一期间的双倍工资，共计18 000元。

案例3中"双倍工资"的含义，是指劳动者每月实发工资的二倍，已发放的工资部分应该扣除。则该数额应该为3 000元×3＝9 000元，而不是18 000元。

综上，其一，不是所有未签订劳动合同的情况都适用双倍工资的规定；其二，双倍工资不是从未签订劳动合同的当月开始计算的，而是从用工之日起第二个月开始计算的，因为法律给了用人单位一个月的合同签订"缓冲期"；其三，双倍工资是指每月实发工资的二倍，在实际计算时已发放的工资应该予以扣除。

三、用人单位能否扣押外来务工人员的各种证件？

在实践中，有的用人单位为防止劳动者在工作中给其造成损失或风险，如发生责任事故后在不赔偿、不承担责任的情况下就不辞而别，就利用自己在劳动关系中的强势地位，在招用劳动者时扣押其身份证或者其他证件，如居住证、资格证书和其他证明个人身份的证件等，以达到掌控劳动者的目的。这种做法是否合法？

【知识概述】 上述用人单位扣押外来务工人员相关证件的行为是不合法的。现实中，有一些犯罪分子利用劳动者求职心切的软肋，打着"快速入职"等名目，在收取劳动者的证件或高额抵押金后即逃之夭夭，给劳动者造成非常大的损失，也成为社会的又一不安定因素和风险所在。我国《劳动合同法》第九条规定，"用人单位招用劳动者，不得要求劳动者提供担保或者以其他名义向劳动者收取财物，不得扣押劳动者的居民身份证或者其他证件"。

需要指出的是，民法意义上的担保，是指债权人为确保债务得到清偿而在债务人或第三人之特定的物和权利上设定的，可以支配他人财产的一种权利行为。本条（即上述《劳动合同法》第九条，下同）所称的担保则并不是民法意义上的担保，而是指用人单位以此为名义非法向劳动者收取风险抵押金、扣押劳动者身份证件等行为。因此，本条特就此作出相关禁止性规定。

因此，劳动者有权拒绝用人单位扣押其身份证或其他证件的要求。劳动部1995年《关于贯彻执行〈中华人民共和国劳动法〉若干问题的意见》第二十四条规定，用人单位在与劳动者订立劳动合同时，不得以任何形式向劳动者收取定金、保证金（物）或抵押金（物）。违反上述规定的，由公安部门和劳动行政部门责令用人单位立即退还给劳动者本人。

【问题提示】 用人单位能否扣押劳动者的资格证和岗位证？

【案例导读】 张某于2003年4月由四川应聘至浙江某建筑工程监理公司驻余姚办事处工作。据称，当时公司不仅承诺其年薪为5.8万元，而且再为其办理养老等社会保险。在余姚工作期间，因工作需要，公司为张某报名参加总监理工程师考试，并支付了160元的报名考试相关费用。2004年8月，张某顺利通过考试，获得总监理工程师的资格证和岗位证。之后公司向张某提出，因监理业务的需要，要求他把原来的中级工程师证书和现在的总监理工程师资格证、岗位证等一并交由公司保管，对此张某表示应允。

2004年11月，因公司一直未与自己签订劳动合同并办理相关保险，张某与公司发生争执。11月29日，公司口头宣布与张某解除事实劳动关系，停止向其支付当月工资，并扣押了他之前上交的相关证件。张某在离开该公司后，因缺少相关资格证件，无法从事相应工作。为此，他曾多次要求原公司尽快结清工资并归还其个人有关证件。但公司提出，张某必须支付3 000元培训费后方可拿走所有证件，双方为此发生矛盾，多次协商不成。

接到张某的投诉后，当地总工会职工维权服务中心（以下简称"中心"）的工作人员认真调查了解了此事，最终认定张某原来所在公司在处理此事时有许多做法与相关法律法规不符，且其扣押张某个人资质证件、要求张某支付3 000元培训费等做法和要求均缺乏相关的事实和法律依据。为此，中心认定如下。

第一，该公司不与张某签订劳动合同的做法已属违法。对此，《劳动法》第十六条、《浙江省劳动合同办法》第三条第二款、《宁波市劳动合同条例》等均对此作出明确规定："用人单位招用劳动者应当订立劳动合同。"该公司劳动关系管理不规范，长期未与劳动者签订劳动合同，显然违反了上述相关规定，应当为此承担相应责任。

第二，该公司只是口头提出与张某解除劳动关系而未办理相关正式手续，也是很不规范的。在未签订劳动合同的情况下，解除事实劳动关系时，公司除应履行支付欠发工资、归还相应证件等义务外，张某还有权要求公司根据其在公司的工作年限支付经济补偿金。

第三，公司扣押张某个人资质、证件等做法有违法律规定。对此，《劳动法》《浙江省劳动合同办法》等有明确规定："用人单位招用劳动者时，不得收取任何形式的抵押金（物），也不得扣押劳动者的身份证或者其他证件。"

第四，该公司要求张某支付3 000元培训费也缺乏相关的事实和法律依据。据调查了解，该公司在张某报考总监理工程师资格证、岗位证时除为其支付了160元报名费外，没有支付过其他任何费用，加之张某又是在工作之余进行复习并参加考试的，因此向其收取3 000元培训费缺乏相关事实依据。此外，双方并没有就单位出资培训等事宜达成过任何协议，何况在单位此次主动解除事实劳动关系的问题上，张某并没有任何过错，因此，要求张某支付培训费缺乏相关法律依据。

上述案例中，中心的处理无疑是完全合法、正确的，用人单位扣押劳动者证件的做法也是违反法律规定的。当然,我们也不得不承认,在劳动者中确实有少数违法乱纪分子利用工作条件的便利,损害用人单位的利益。同时,由于其流动性较大,不易进行管理和索赔,因此个别用人单位只能通过收取风险抵押金、抵押物或扣押证件等方式来避免风险和损失。但无论如何,这样做是不合法的。

总之,如果用人单位想避免劳动者给单位造成损失后不承担赔偿责任就离职等风险,还是应当通过加强内部管理等合法的方式来解决,而不能简单地采用收取抵押金(物)或扣押证件之类的错误方式。

四、用人单位能否要求外来务工人员提供担保?

一般情况下,不论是在建立劳动关系之时还是在建立劳动关系之后,用人单位都不得要求劳动者提供担保或扣押其证件,也包括不得采取一些变相的方法,如收取保证金、押金、服装费、培训费、集资款(股金)等财物,以达到向员工收取抵押金的目的。违者将受到劳动行政部门的处罚。

【知识概述】担保是指由法律规定或者当事人约定,用以保证合同履行、保障债权人利益实现的法律措施。担保具有从属性与补充性的特征,担保的方式有保证、抵押、质押、留置和定金等。

然而,上述这些担保方式都是为《劳动合同法》所禁止的。该法第八十四条第二款规定,用人单位违反本法规定,以担保或者其他名义向劳动者收取财物的,由劳动行政部门责令用人单位限期退还劳动者本人,并以每人500元以上2 000元以下的标准处以罚款;如果对劳动者造成损害,则用人单位应当承担赔偿责任。该条第三款同时规定,如果用人单位在劳动者依法解除或者终止劳动合同之时扣押其档案或其他物品,可以依照上述规定对用人单位进行处罚。

【问题提示】如何判断担保的非法性?

【案例导读】

案例1:王某从外地来北京找工作,某票务公司要求其必须找一个在北京居住的担保人。王某请求其舅舅来做担保人,于是其舅舅按其应聘公司的要求手写了一份"担保书":"我担保外甥规矩做事,但凡出事,给公司造成经济损失的,我负责全部赔偿。"10个月后,王某私吞票款约6 000元,公司勒令其写下2万元的赔款欠据后将其放走,至今下落不明。现公司持此欠据和担保书向王某舅舅索赔。

案例2：游某担任某公司出纳工作，双方在劳动合同中约定，由游某提供1万元现金担保，作为其在公司工作期间可能产生过错的赔偿保证金。后游某在工作中由于疏忽错开了支票，令公司蒙受3万元的经济损失，该公司在追索游某未果的情况下，扣除了游某的当月工资和其1万元保证金作为赔偿。

上述案例的裁决结果是：

在案例1中，法院经审理后认为本案的担保人，即王某的舅舅，不应承担赔偿责任。

在案例2中，当地劳动行政部门在例行监察行动中发现这一情况后，要求该公司退还游某的1万元现金担保，同时对该公司处以1000元的行政罚款。

针对案例1，所争议的焦点主要有两个方面：其一，本案纠纷是否属于人民法院受理民事诉讼的范围？其二，本案中王某的舅舅是否应当作为担保人承担赔偿责任？最终法院认为，本案应由法院作为民事纠纷加以受理。根据《中华人民共和国民事诉讼法》规定，人民法院受理平等民事主体之间因财产关系和人身关系提起的民事诉讼。本案中，该票务公司和"担保人"（王某的舅舅）分别是处于平等地位的法人和公民，基于"担保之债"的民事权利纠纷向法院提起诉讼，法院应当依法受理，并就实体权利义务的合法性进行审查。

同时，依据《劳动法》及相关规定，用人单位以各种名义向劳动者收取具有担保性质的金钱或物品属违法行为，要求劳动者提供担保也有悖平等、自愿建立劳动关系的原则。因此，如本案中的劳动担保成立，则该公司会将自己利益之损失转嫁到担保人身上，而怠于追究本单位职工的违法违纪责任，也不会主动查找本单位存在的制度、纪律方面的问题，而这不符合公平原则。

在案例2中，根据《劳动合同法》第九条的规定，用人单位招用劳动者时，不得扣押劳动者的居民身份证和其他证件，不得要求劳动者提供担保或者以其他名义向劳动者收取财物。因此，本案中该公司在订立劳动合同时要求游某提供现金担保的行为是违法的，其更无权直接扣除游某的工资和保证金以作为赔偿。劳动行政部门有权责令用人单位限期返还上述工资和保证金，并对该公司处500元以上2000元以下的罚款。

五、以完成一定工作任务为期限的劳动合同的特殊性

根据《劳动合同法》第十二条的规定，劳动合同分为固定期限劳动合同、无固定期限劳动合同和以完成一定工作任务为期限的劳动合同。从本条规定可以看出，以完成一定工作任务为期限的劳动合同和固定期限劳动合同、无固定期限劳动合同这三者互不隶属。

何谓以完成一定工作任务为期限的劳动合同？《劳动合同法》第十五条规定，以完成一定工作任务为期限的劳动合同是指：用人单位与劳动者约定以某项工作的完成时间为合同期限的劳动合同。换言之，该项工作的开始、终止时间就是劳动合同的开始、终止时间。

用人单位与劳动者在签订此类合同时，一般无法具体预计该项工作的完成时间，因此该种合同没有时间上的限制。但由于该种合同是以一定工作任务的完成作为合同的终止时间的，所以从严格意义上来讲，这种合同属于有期限的劳动合同。

【知识概述】以完成一定工作任务为期限的劳动合同有何特殊性？该种劳动合同与其他类型的劳动合同的区别有哪些？根据该种合同的性质，以完成一定工作任务为期限的劳动合同的特殊性主要表现在以下几个方面。

第一，该种劳动合同适用的几类工作包括单项工作、可按项目承包的工作、因季节原因需要临时用工的工作、其他双方约定的以完成一定工作任务为期限的劳动合同等。例如，在房屋拆迁、城市建设领域，承办拆迁、建设工作的单位为了完成一定区域内的房屋拆迁、垃圾清运等工作事项，以及处理一些季节性、临时性的事务，可以就此签订以完成一定工作任务为期限的劳动合同。

以上几种形式的劳动合同或工作的共同特点是以完成一定工作任务为目标，以完成这个目标为期限，其工作性质或具有整体上的部分性，或具有阶段性、季节性、项目性等特征。总之，此类工作具有一定的独立性。如果其工作性质不具备这种独立性，则不能适用该种合同，以防止某些规避法律规定的做法（尤其是来自用人单位方面的）出现。更进一步而言，依照我国现行法律规定，除上述几类工作可以适用该种合同形式外，其余都不应当适用该种合同形式，以免侵犯劳动者的合法权益。

现实中，不适用该种合同形式的工作更为普遍。如前所述，只要不具备

上述几类工作的条件，就不适用该种合同；只要不具备工作上分割的必要性，就不能签订该种合同。具体而言，不适用该种合同的工作主要有以下几类。

一是日常工作岗位。即普通的劳动合同关系，如那些没有季节性、单项性、项目性等独立性特征的岗位，都应当避免签订该种合同。

二是管理工作。这种岗位需要相当的连续性，因此不适用该种合同形式。

三是关键技术岗位等工作。这种岗位也需要连续性，因此不宜签订该种形式的劳动合同，否则将对用人单位的正常生产经营不利，影响用人单位的长远发展。

第二，该种劳动合同不得约定试用期。《劳动合同法》第十九条第三款规定："以完成一定工作任务为期限的劳动合同或者劳动合同期限不满三个月的，不得约定试用期。"因此，该种劳动合同不得约定试用期。也就是说，只要劳动者按照劳动合同的要求完成了工作任务，就说明劳动者胜任这份工作。

第三，该种劳动合同不受连续两次签订该类劳动合同必须签订无固定期限劳动合同的限制。《劳动合同法》第十四条规定，用人单位与劳动者协商一致，可以订立无固定期限劳动合同。有下列情形之一，劳动者提出或者同意续订、订立劳动合同的，除劳动者提出订立固定期限劳动合同外，应当订立无固定期限劳动合同：①劳动者在该用人单位连续工作满10年的；②用人单位初次实行劳动合同制度或者国有企业改制重新订立劳动合同时，劳动者在该用人单位连续工作满10年且距法定退休年龄不足10年的；③连续订立二次固定期限劳动合同，且劳动者没有本法第三十九条和第四十条第一项、第二项规定的情形，续订劳动合同的。用人单位自用工之日起满一年不与劳动者订立书面劳动合同的，视为用人单位与劳动者已订立无固定期限劳动合同。

根据上述规定，以完成一定工作任务为期限的劳动合同不属于固定期限劳动合同。因此，即便连续签订两次之后再签，也无须签订无固定期限劳动合同。

【问题提示】劳动合同期满终止的，用人单位是否需要向劳动者支付经济补偿金？

【案例导读】刘某应聘至苍山县（今兰陵县）某装饰公司工作，并签订了以完成李女士家的装修工程为期限的劳动合同。5个月后，刘某等人完成了李女士家的装修工程。此时，公司以业务不忙为由，决定不再与刘某续签劳动合同。于是刘某要求公司支付其终止劳动合同的经济补偿金，遭到拒绝。

刘某不服，遂向当地劳动争议仲裁委员会（以下简称"仲裁委"）提起申诉。

裁决结果是：刘某胜诉，该装饰公司应当一次性支付给刘某半个月的工资作为经济补偿金。

上述案例中，仲裁委的裁决结论是正确的。对此有人认为，《劳动合同法》第四十六条第五项规定，"除用人单位维持或者提高劳动合同约定条件续订劳动合同，劳动者不同意续订的情形外，依照本法第四十四条第一项规定终止固定期限劳动合同的"，需要支付经济补偿金。根据这一规定，终止固定期限劳动合同的用人单位须向劳动者支付经济补偿，但终止以完成一定工作任务为期限的劳动合同则不需支付经济补偿。此案中，由于以完成一定工作任务为期限的劳动合同不属于固定期限劳动合同，因此该公司无须支付经济补偿金。

虽然《劳动合同法》第四十六条第五项明确了劳动合同终止时须支付经济补偿的做法仅适用于固定期限劳动合同，未就以完成一定工作任务为期限的劳动合同进行明确规定，但是《中华人民共和国劳动合同法实施条例》（以下简称《劳动合同法实施条例》）对此作出了完善。该条例第二十二条规定："以完成一定工作任务为期限的劳动合同因任务完成而终止的，用人单位应当依照《劳动合同法》第四十七条的规定向劳动者支付经济补偿。"

正是根据《劳动合同法实施条例》的这一补充规定，当地仲裁委才作出了上述的裁决结论。

此外需要说明的一点是，用人单位也应该为签订以完成一定工作任务为期限的劳动合同的劳动者办理社会保险。根据《劳动合同法》第十七条的规定，劳动合同应具备的条款中包含社会保险。所以，即使签订的是以完成一定工作任务为期限的劳动合同，用人单位也应为劳动者办理社会保险。

六、签订无固定期限劳动合同的条件有哪些？

如前所述，《劳动法》第二十条规定，按期限的不同，劳动合同的种类分为有固定期限的劳动合同、无固定期限的劳动合同和以完成一定的工作为期限的劳动合同。无固定期限劳动合同，是指用人单位与劳动者约定无确定终止时间的劳动合同。这里所说的无确定终止时间，是指劳动合同没有一个确切的终止时间，劳动合同的期限长短不能确定，但并不是没有终止时间。只要没有出现法律规定的条件或者双方约定的条件，双方当事人就要继续履行劳动合同规定的义务。一旦出现了法律规定的情形，则无固定期限劳动合同也同样能够解除。

现实中，由于缺乏对无固定期限劳动合同制度的正确认识，不少人认为无固定期限劳动合同就是"铁饭碗""终身制"，认为无固定期限劳动合同一经签订就不能解除。因此，一方面，很多劳动者把无固定期限劳动合同视为"护身符"，千方百计要与用人单位签订无固定期限劳动合同。另一方面，用人单位则将无固定期限劳动合同当作"终身包袱"，想方设法逃避签订无固定期限劳动合同的法律义务。

【知识概述】 双方签订无固定期限劳动合同所应具备的条件

第一，在选择或应当订立无固定期限劳动合同时，劳动关系双方须协商一致。根据《劳动合同法》的规定，订立劳动合同时应当遵循平等自愿、协商一致的原则。只要用人单位与劳动者协商一致，没有采取胁迫、欺诈、隐瞒事实等非法手段，符合法律的有关规定，双方就可以订立无固定期限劳动合同。

第二，须强制签订无固定期限劳动合同的几种情形。无固定期限合同一经签订，双方就建立了一种相对稳固和长远的劳动关系，只要不出现法律规定的条件或者双方约定的条件，劳动合同就不能解除。因此，法律对无固定期限劳动合同的签订条件作出了严格的规定，当事一方并不能随意要求签订或者拒绝签订无固定期限劳动合同。

根据《劳动合同法》的规定，只要出现了法律规定的三种情形，在劳动者主动提出续订劳动合同或者用人单位提出续订劳动合同且劳动者同意的情况下，双方就应当订立无固定期限劳动合同。可见，这种续订劳动合同意愿的主动权掌握在劳动者手中。不论用人单位是否同意续订劳动合同，只要劳动者提出，用人单位就必须同意续订，并且订立的是无固定期限劳动合同。如果用人单位提出续订劳动合同，则劳动者有权不同意。劳动者同意的，应当订立无固定期限劳动合同。上述三种情形具体如下。

一是劳动者在该用人单位连续工作满 10 年的。签订无固定期限劳动合同的劳动者必须在同一单位连续工作了 10 年以上，是该情形的最基本的内容。其具体是指，劳动者与同一用人单位签订的劳动合同的期限不间断地达到了 10 年。如果有的劳动者在某用人单位工作 5 年后，离职到别的单位去工作了

2年，然后又回到该用人单位工作了5年，则虽然其在该用人单位的累计劳动合同时间达到了10年，但是劳动合同期限有所间断，因此不符合在"该用人单位连续工作满10年"的条件。

劳动者在同一用人单位连续工作时间不足10年的，即使提出订立无固定期限劳动合同，用人单位也有权不接受。法律作出这样的规定，主要是为了维持劳动关系的稳定。如果一个劳动者在该用人单位已经连续工作了10年，就说明其足以胜任这份工作，也说明该用人单位的这一工作岗位也确实需要保持人员的相对稳定。在这种情况下，如果劳动者愿意，则用人单位应当与其订立无固定期限劳动合同，以维持双方较为长远的劳动关系。

根据《劳动合同法实施条例》第十一条之规定，除劳动者与用人单位协商一致的情形外，劳动者依照《劳动合同法》第十四条第二款规定，提出订立无固定期限劳动合同的，用人单位应当与其订立无固定期限劳动合同。对劳动合同的内容，双方应当按照合法、公平、平等自愿、协商一致、诚实信用的原则协商确定；对协商不一致的内容，依照《劳动合同法》第十八条的规定执行。

二是老国企中符合"双十"条件的。所谓老国企中符合"双十"条件的，是指用人单位初次实行劳动合同制度或国有企业因改制而重新订立劳动合同时，劳动者在该用人单位连续工作满10年且距法定退休年龄不足10年的。

1986年7月，我国决定改革国企劳动用工制度。自1986年10月1日起，国企在新招收工人中普遍推行劳动合同制。随着劳动合同法律法规的施行，劳动合同制度在各类企业之中得到广泛推行。国企改制在20世纪80年代中期开始启动，并于20世纪90年代成为国有企业改革的核心内容。国企通过改变企业形态、改变企业股权结构、改变企业的基本制度等，转变为符合自身特点的企业资产组织形式。

在推行劳动合同制度前或国企进行改制前，用人单位的有些职工已经在本单位工作了很长时间。推行新的制度以后，很多老职工难以适应这种新型的劳动关系，其一旦进入市场，确实存在竞争力弱、难以适应等问题，年龄的局限又使其已没有充足的条件和机会来提高和改进，应当说这是由历史的原因造成的。

对上述国企老职工而言，其不仅存在能否与原单位签订劳动合同的问题，而且存在虽然签了劳动合同但期限很短，一旦其在尚未退休前合同到期却没有用人单位再与之签订劳动合同等问题。

为此，我们在制定法律和政策的同时，应当充分考虑那些给国家和企业作出过很多贡献的老职工的利益。也正因为如此，对于已在该用人单位连续工作满10年且距法定退休年龄不足10年的劳动者，在订立劳动合同时，应允许劳动者提出签订无固定期限劳动合同。当然，如果一个劳动者已在该用人单位连续工作满10年，但距离法定退休年龄超过10年，则不属于本项规定的情形。

三是连续订立二次固定期限劳动合同而续订劳动合同的。我国相关劳动法律规定，连续订立二次固定期限劳动合同，且劳动者没有《劳动合同法》第三十九条和第四十条第一项、第二项规定之情形的，用人单位应当与之续订劳动合同。

根据这一规定，在劳动者不存在上述《劳动合同法》规定用人单位可以解除劳动合同的情形下，如果用人单位与之连续签订了二次固定期限劳动合同，意味着只要劳动者要求，则下一次用人单位必须与之签订无固定期限劳动合同。因此，当双方第一次劳动合同期满，用人单位准备与之订立第二次固定期限劳动合同时，应当考虑到这一点并对续签加以慎重考虑。

在制定《劳动合同法》时，这一规定曾引起较大争议。有一些意见认为，连续签订二次固定期限的劳动合同，有可能累计时间却很短。因此，这一规定仅以签订固定期限劳动合同的次数作为判断标准，容易导致用人单位对一些低技能、岗位专业性不强的劳动者采取到期不续签的做法，从而规避签订无固定期限劳动合同的法律义务，加重了劳动合同短期化的问题。

笔者认为，设计这一规定，恰恰是为了解决劳动合同短期化的问题。根据这一规定，用人单位在与劳动者签订一次固定期限劳动合同后，再次签订固定期限的劳动合同时，就意味着下一次只要劳动者提出或者同意续订劳动合同，就必须与之签订无固定期限的劳动合同。这样一来，用人单位为了在不签订无固定期限的劳动合同的同时又能同时保持用工的稳定性，防止因频繁更换劳动力而加大用工成本，就会延长每一次固定期限劳动合同的期限，从而解决了合同短期化的问题。

还有的意见认为，这一规定限制了用人单位的用工自主权。笔者认为，这种认识是错误的。劳动合同是由双方当事人协商一致订立的，劳动合同的期限长短、订立次数都由双方协商一致确定,选择什么样的劳动者的决定权仍掌握在用人单位手中。只不过在法律规定的情形出现时,用人单位才必须与劳动者签订无固定期限劳动合同。并且,这种劳动合同也并非意味着"终身制",在法律规定的条件或双方协商约定的条件出现时,用人单位仍然可以解除劳动合同。

第三,视同签订无固定期限劳动合同的情形。我国相关劳动法律规定,如果用人单位自用工之日起满一年不与劳动者订立书面劳动合同的,则视为已订立无固定期限劳动合同。

在此需要注意的是,虽然已经"视为用人单位与劳动者签订了无固定期限劳动合同",但并不代表用人单位已经与劳动者签订了劳动合同。现实中,一些用人单位无视法律的规定,仍然不与劳动者订立劳动合同。

针对这种情况,《劳动合同法》第八十二条第二款规定:"用人单位违反本法规定不与劳动者订立无固定期限劳动合同的,自应当订立无固定期限劳动合同之日起向劳动者每月支付二倍的工资。"

【问题提示】用人单位是否可以单方面作出签订或不签订书面劳动合同的决定?对应当订立的情形,具体而言须如何界定?长期未签订书面劳动合同的用人单位是否可以随意解除与劳动者的劳动关系?

【案例导读】

案例1:胡某自1995年3月31日起,已在佛山马达公司(以下简称"马达公司")工作了13年。2008年1月28日,马达公司以合同期至2008年2月17日到期为由,向胡某发去了一份《终止劳动合同通知书》。胡某遂向劳动争议仲裁委员会提出仲裁申请,要求该公司支付违法终止劳动合同的赔偿金、年终奖等共计15万多元。由于劳动仲裁裁决及一审判决结果对胡某不利,胡某遂向佛山市中级人民法院提起上诉。

案例2:梁某于1985年进入北京市某水利工程公司工作,并在1995年实行劳动合同制时与该公司签订了劳动合同。2002年,该水利工程公司改制,成立了北京市某有限责任公司,水利工程公司为该公司股东之一,梁某进入该有限责任公司继续从事原岗位工作。2007年5月,该有限责任公司通知梁某不再与其续签劳动合同。梁某则认为,自己已为单位服务长达22年,应当签订无固定期限劳动合同。

案例3:王某2006年进入一家外资企业,从事生产车间维修工工作,并签订了 1 年期劳动合同，合同期满后双方又续签了 2 年期劳动合同。2009 年 6 月底王某合同期满，企业又与其续签了 3 年期合同。此时，王某向企业提出，要求签订无固定期限劳动合同，但企业没有同意他的要求。

案例 4：2007 年 7 月，田女士进入某事业单位工作，但入职 4 年该单位始终未与她签书面劳动合同。2010 年 3 月 10 日，该单位称因改制加上内部机构调整，她的工作岗位被撤销，故要将其辞退。田女士不愿领取赔偿金，要求继续履行劳动关系，但单位没有接受。

案例 5：小李在上海某船舶公司已连续工作了 10 年，合同期限至 2008 年 5 月 30 日。合同期限届满之时，该公司向小李发出了续订劳动合同意向书。小李要求签订无固定期限劳动合同，但该公司只同意续签 1 年期的劳动合同，致使合同续签未成。此后，该公司向小李发出了终止劳动合同通知书，小李对公司的这种做法无法接受。

案例 6：张某某在某公司担任生产技术组组长，其在该公司的连续工龄已满 10 年。双方于 2007 年 12 月 25 日签订劳动合同时，约定的合同期限为 2007 年 12 月 28 日至 2009 年 12 月 27 日。2009 年 12 月 21 日，双方就续订劳动合同事宜进行协商时，该公司提出签订固定期限劳动合同，张某某则要求签订无固定期限劳动合同。在双方未达成一致的情况下，该公司通知张某某合同到期后不再续签，张某某自 12 月 22 日起可以不出勤。

张某某在该公司处工作至 2009 年 12 月 21 日，该公司支付张某某工资至同年 12 月底。2010 年 1 月 18 日，该公司以银行转账方式支付张某某终止劳动合同的补偿金 6 500 元。张某某则于 2010 年 3 月 16 日申请劳动仲裁，要求某公司支付违法终止劳动合同的赔偿金、2009 年 1—12 月的加班工资差额及经济补偿金。

上述案例的裁决结果如下。

案例 1 中，当地市中院作出终审判决：马达公司应向胡某支付违法终止劳动合同的赔偿金 11 万多元。

案例 2 中，法院作出判决：该案中的某有限责任公司应当与梁某签订无固定期限劳动合同。

案例 3 中，劳动仲裁委员会经过审理后裁决：对王某要求企业签订无固定期限劳动合同的请求不予支持。

案例 4 中，法院判决认为：双方应视为已订立无固定期限劳动合同，该单位辞退田女士的决定属于违法解除劳动关系的行为，应予撤销。

案例 5 中，小李要求公司续签无固定期限劳动合同的要求是合法的，单位应当和小李续签无固定期限劳动合同。

案例 6 中，某公司终止劳动合同的行为实质上属违法解除与张某某的无固定期限劳动合同。为此，某公司应支付违法与张某某解除劳动合同的赔偿金。

就案例 1 而言，胡某在该公司已连续工作近 13 年，符合签订无固定期限劳动合同的条件，即劳动者在用人单位已连续工作满 10 年。本案中，双方劳动合同期满后，马达公司没有与胡某协商或者征询其是否同意续签合同，而是直接以劳动合同期限届满为由单方面提出终止劳动合同，其行为属于违法终止劳动合同。

对此，上述法院相关负责人表示，本案是《劳动合同法》实施后该市首例有关用人单位不依法与劳动者签订无固定期限劳动合同的案件。本案中用人单位的行为属于违法终止劳动关系，应承担相应的法律责任。

就案例 2 而言，梁某所在的原单位于 2002 年由水利工程公司改制成为新的有限责任公司，从而使其工龄计算成为争议焦点。法院认为，由于新成立的有限责任公司无法证明水利工程公司已经与梁某解除劳动关系，所以梁某在该水利工程公司的工作时间应计算在他为新公司工作的时间内，这样就符合劳动者在用人单位连续工作满 10 年应当签订无固定期限劳动合同的情形。

现实中，当企业发生改制、重组、并购等情况时，对劳动者工龄的计算是否满足"在同一用人单位连续工作满 10 年"确属容易引起争议之处。对此，具体的界定还需要根据实际情况具体分析并确定。

就案例 3 而言，争议焦点是《劳动合同法》"连续二次订立固定期限劳动合同"的规定应从何时开始适用。根据《劳动合同法》第九十七条中的规定："本法第十四条第二款第三项规定连续订立固定期限劳动合同的次数，自本法施行后续订固定期限劳动合同同时开始计算。"可见，连续订立固定期限劳动合同的次数，应该从《劳动合同法》施行后续订固定期限劳动合同同时开始计算，即从 2008 年 1 月 1 日算起。

本案中，王某误认为 2006 年至今企业已经与其连续订立两次固定期限劳动合同。所以当企业与其续订合同时，王某提出要求与企业签订无固定期限劳动合同是缺乏法律依据的。可见，关于订立无固定期限劳动合同情形中的时间界定需要仔细推敲。

就案例4而言，根据《劳动合同法》的相关规定，用人单位自用工之日起满1年不与劳动者订立书面劳动合同的，视为用人单位与劳动者已订立无固定期限劳动合同。由于该单位4年间均未与田女士签订书面合同，所以按法律规定已视同双方订立了无固定期限劳动合同。此时单位作出辞退的决定，且没有符合解除劳动合同的正当理由，那么这种行为就属于违法解除劳动关系。

法律作出这样的规定，一是为防止劳动者因没有书面合同而被用人单位随意解雇，二是为了防止用人单位故意不履行签订劳动合同的责任。

就案例5而言，根据《劳动合同法》第十四条之规定，小李在该公司已经连续工作了10年，合同到期后单位也愿意与其续签劳动合同，此时小李当然有权要求签订无固定期限合同，而单位表示只能续签一年劳动合同，这是违反法律规定的。该单位还要因此终止与小李的劳动合同，这同样违反了法律规定。

《劳动合同法》第八十二条第二款明确规定：用人单位违反本法规定不与劳动者订立无固定期限劳动合同的，应当自订立无固定期限劳动合同之日起向劳动者每月支付二倍的工资。因此，小李也可以根据这一规定要求该单位从2008年6月1日起支付其二倍工资。小李可据此先与单位协商，协商不成的话即可申请劳动仲裁来维护合法权益。

就案例6而言，本案的关键之处在于：当员工符合签订无固定期限劳动合同的条件时，用人单位是否必须与之签订？在员工提出签订无固定期限劳动合同的要求后，用人单位可否在固定期限劳动合同到期后与员工终止劳动关系？

对此，《劳动合同法》中第十四条第二款第一项明确规定，用人单位与劳动者协商一致，可以订立无固定期限劳动合同。有下列情形之一，劳动者提出或者同意续订、订立劳动合同的，除劳动者提出订立固定期限劳动合同外，应当订立无固定期限劳动合同。这些情形中，即包括"劳动者在该用人单位连续工作满十年的"。此处，法律用词明确为"应当"，而在法律文件中，"应当"的表述属于强制性规定。这就意味着，当劳动者符合法律规定的条件时，用人单位必须与之签订无固定期限劳动合同。

在本案中，当双方签订最后一期固定期限劳动合同时，张某某在该公司处的连续工龄已满 10 年。但当时《劳动合同法》尚未实施，张某某并不享有签订无固定期限劳动合同的单方请求权，故其签订该固定期限劳动合同并不能视为其放弃了要求签订无固定期限劳动合同的权利。双方最后一份合同于 2009 年 12 月 27 日到期，此时张某某已符合与某公司签订无固定期限劳动合同的条件。因此，当张某某在向该公司提出签订无固定期限劳动合同时，该公司必须与其签订。可见，该公司未与之签订劳动合同的行为已违反了法律的强制性规定，应视为双方之间已存在无固定期限劳动合同关系。所以，该公司终止与张某某劳动合同的行为实质上属违法解除与其的无固定期限劳动合同，该公司应为此支付违法与张某某解除劳动合同的赔偿金。

七、如何处理试用期内的劳动关系？

在我国，试用期这一概念以及对其的界定是伴随《劳动法》的出台而出现的。《劳动法》规定，劳动合同可以约定试用期，但最长不得超过 6 个月。在劳动合同中约定试用期，可以维护用人单位的利益，使之有机会为每个工作岗位找到合适的劳动者。换言之，试用期就是供用人单位考察劳动者是否适合其工作岗位的一项制度，给用人单位以必要的考察劳动者是否与录用要求相一致的时间，从而避免用人单位遭受不必要的损失。

根据劳动部 1995 年《关于贯彻执行〈中华人民共和国劳动法〉若干问题的意见》的规定，"劳动者被用人单位录用后，双方可以在劳动合同中约定试用期，试用期应包括在劳动合同期限内"。这就是说，试用期不是劳动合同中的法定条款，可以约定也可以不约定；而如果约定试用期，则只能在劳动合同中约定。也就是说，劳动合同是试用期存在的前提，不允许只签订试用期合同而不签订劳动合同——这种"试用期合同"是无效的。应当注意的是，"试用期合同"的无效，并不导致《劳动法》对劳动者的保护失效。

此外，试用期限应和劳动合同期限挂钩。《劳动法》只规定试用期最长不超过 6 个月，而试用期和正式合同期限相比又存在两个明显的特点：一是试用期内的工资较低，甚至可以低至转正后工资的 50%；二是试用期内解除双方的劳动关系比较容易，因为试用期毕竟属于双方互相了解和考察的阶段，对于用人单位来讲，只要证明劳动者不符合录用条件即可解除双方的劳动关系。

正因为如此，一些企业企图充分利用试用期的这些"利好"。例如，对那些只需要体力劳动而不需要经验积累的行业或岗位，以给劳动者极低的试用期工资便换来其长达6个月的服务，一旦试用期到期便解除彼此签订的劳动合同，然后又招一批新的劳动者。又如，在那些需求存在淡旺季的行业中，一些企业在需求旺盛时就招聘大量职工并约定很长的试用期；一旦试用期结束，需求也开始进入淡季了，于是企业就以试用期内不符合录用条件为由解除双方的劳动合同。

上述这些做法严重侵害了劳动者的合法利益。由此，2012年修订的《劳动合同法》规定：试用期限应和劳动合同期限挂钩。

【知识概述】《劳动合同法》规定，劳动合同期限在6个月以内的，试用期不得超过15日；劳动合同期限在6个月以上1年以内的，试用期不得超过30日；劳动合同期限在1年以上2年以内的，试用期不得超过60日；劳动合同期限在2年以上的，试用期不得超过6个月。试用期包括在劳动合同期限内。

【问题提示】如何理解试用期协议与劳动合同之间的联系？如何认识试用期劳动协议的法律效力？

【案例导读】

案例1：小方与某公司签订了劳动合同，约定试用期为3个月。结果在试用期满的第二天，小方被公司以试用期评估不合格为由辞退。为此，小方咨询了相关专家后获悉，该公司涉嫌违反相关劳动法规。当小方与公司协商此事时，公司表示无法认可，认为小方是因为试用期不合格而被辞退的，何来违法？双方为此发生了争议，小方便将公司诉至当地劳动争议仲裁委员会。

案例2：2008年2月3日，刘某与公司签订了一份长达6年的劳动合同，并约定了5个月的试用期。刘某工作两个月后，公司安排其到国外参加为期1个月的培训，为此双方另外签订了一份培训协议，该协议中约定了一笔违约金。培训结束后没过多久，刘某决定辞职，公司要求其按合同约定支付巨额违约金后才能离开，而刘某认为在试用期内离职不需要支付该笔违约金。

《劳动合同法》规定，劳动者在试用期内解除劳动合同的，应当提前3日以书面形式通知用人单位。此案中，该公司则认为如果劳动者在试用期内解除劳动合同时无任何其他限制的话，必将导致公司的用人权得不到保障，从而影响其对工作、生产的正常安排。为此，该公司和刘某在劳动合同里有过约定，如果劳动合同未到期而刘某辞职的话，将向公司支付相关培训损失。

上述案例的裁决结果是：

案例1中，用人单位败诉。劳动争议仲裁委员会认为，用人单位不能在试用期结束以后以"不符合录用条件"为由解除双方的劳动合同。

案例2中，刘某胜诉。因为相关法律规定，劳动者在试用期内不需要赔偿用人单位的损失。

对于案例1而言，其争议的焦点是：此时公司是否有权以"在试用期间被证明不符合录用条件"为由而解除与小方的劳动合同？在小方被通知的这一天（也就是试用期满后的第一天），公司才对他进行评估，所以解除劳动合同的决定是在其试用期满后的第二天作出的。对此，相关法律规定，对试用期内不符合录用条件的劳动者，企业可以解除劳动合同；若超过试用期，则企业不能以试用期间不符合录用条件为由解除劳动合同。

针对案例2中的情形，我国《劳动合同法》规定了劳动者试用期内"提前3天"与"书面通知"的义务，以保证用人单位有充分的准备时间，在劳动者辞职前招聘新的员工以完成工作交接。至于对公司的损失赔偿问题，则劳动者应当赔偿的只是辞职给用人单位造成的经济损失。对此，国家通过法规严格限制了经济损失的范围。例如，《违反〈劳动法〉有关劳动合同规定的赔偿办法》第四条规定，劳动者违反规定或劳动合同的约定解除劳动合同，给用人单位造成损失的，劳动者应赔偿用人单位下列损失：①用人单位招收录用其所支付的费用；②用人单位为其支付的培训费用，双方另有约定的按约定办理；③对生产、经营和工作造成的直接经济损失；④劳动合同约定的其他赔偿费用。这里的赔偿仅限于试用期满后的损失，即当用人单位存在以上经济损失时才发生赔偿，用人单位没有遭受以上经济损失时劳动者不需要赔偿。

八、只签订试用期而没签订劳动合同期限怎么办？

如前所述，试用期是用人单位和劳动者为相互了解、选择而约定的考察期。我国法律规定，劳动者被用人单位录用后，双方在签订劳动合同时，用人单位应在劳动合同中约定试用期，试用期包括在劳动合同期限内。但在现实中，有些企业只同劳动者签订试用期期限而不签订劳动合同期限，这时该怎么办呢？

【知识概述】《劳动合同法》规定，劳动合同期限三个月以上不满一年的,试用期不得超过一个月;劳动合同期限一年以上不满三年的,试用期不得超过二个月;三年以上固定期限和无固定期限的劳动合同,试用期不得超过六个月。同时规定,同一用人单位与同一劳动者只能约定一次试用期。以完成一定工作任务为期限的劳动合同或者劳动合同期限不满三个月的,不得约定试用期。试用期包含在劳动合同期限内。劳动合同仅约定试用期的,试用期不成立,该期限为劳动合同期限。

可见,当用人单位要求与劳动者单独订立试用期合同时,表面上符合建立劳动关系应当订立劳动合同这一法律规定,但其实质乃是将应当包含在劳动合同期限之内的试用期人为分离出来,从而使试用期与劳动合同期限成为相互完全独立的两个阶段。按照《劳动法》的规定,订立劳动合同应当遵循平等自愿、协商一致的原则。在单独订立试用期合同的情况下,一旦试用期满,双方当事人又不能就订立劳动合同达成一致的,就会出现只有试用期合同而没有劳动合同这样一种状况。这显然是违反法律规定的。从另一个角度看,这种做法使得劳动者一方在劳动关系建立之后,对于"劳动合同的完整期限究竟多长"处于一种无法预知的状态,从而无法充分知晓自己的权利,而这背离了法律所要求的公平和公正。

当事人单独订立试用期合同的,该合同期间等同于劳动合同期间。也就是说,这一期间不再被视为一个试用期间。根据这一规定,如果用人单位与员工之间没有签署劳动合同,而仅在聘书、录用通知或其他书面文件中约定了试用期,则这一约定是不合法的,不具有法律效力。除此之外,还会产生以下两种重要的法律后果。

第一,关于试用期的约定将被视为劳动合同的约定,试用期期限也将被视为劳动合同的期限。

第二,由于试用期不成立,则试用期内有关薪资的约定亦不成立。如果仅约定了试用期内的薪资,则该薪资将被视为劳动合同中的劳动报酬;如果还约定了转正后的薪资,则转正后薪资将被视为劳动报酬,试用期薪资约定无效。因此,员工有权要求用人单位在试用期内支付相当于转正薪资的工资。但如果用人单位只口头答应在员工转正后提高薪水,却没有在任何文件中作出具体约定,也没有具体的数字,则试用期薪水将被视为劳动报酬。

【问题提示】用人单位能否只与员工签订试用期而不签订劳动合同期限?如遇这种情况发生劳动纠纷,该如何处理?

第一章 外来务工人员的劳动关系（一）

【案例导读】

案例1：李某应聘到某公司工作，报到第一天，该公司人力资源部经理告诉李某，公司规定新入职员工要签订6个月的试用期合同，工资为2 000元；试用期满经考核合格后转正，签订正式的劳动合同，工资为2 500元。接下来，李某于2008年1月5日与该公司签订了为期6个月的试用期合同。5个月后，用人单位提出解除劳动合同。李某要求其支付经济补偿金，用人单位以李某仍在试用期内为由拒绝支付经济补偿金。

案例2：何某通过应聘，被某装饰公司录用，双方约定前3个月为试用期，试用期满再订立正式的劳动合同。双方为此单独订立了一份试用期劳动合同。1个月后，该公司以何某的工作能力不符合该公司的要求，属于《劳动法》第二十五条第一项规定的"在试用期间被证明不符合录用条件"的情形，遂通知何某解除双方劳动合同，终止双方的劳动关系。何斌认为该公司的决定错误，不同意解除双方的劳动合同，双方由此发生争议。

上述案例的裁决结果是：

案例1中，李某胜诉。用人单位须支付其经济补偿金1 250元。

案例2中，案件经过仲裁和诉讼，劳动争议仲裁委员会和法院都作出了支持劳动者一方的结论。

就案例1而言，李某与该公司所签订的合同只约定了试用期，而未签订正式的劳动合同，这是有违《劳动合同法》规定的。按照《劳动合同法》第十九条规定，"劳动合同仅约定试用期的，试用期不成立，该期限为劳动合同期限"。本案中，李某与甲公司所签订的合同只约定了6个月的试用期，因此法律将这6个月的试用期视为劳动合同期限。

因为双方所签合同约定的转正后工资为每月2 500元，所以李某在该单位工作5个月期间，应按每月2 500元计发工资。

此外，该公司单方面解除双方劳动关系的行为违反了《劳动法》的规定，故李某有权请求经济补偿金。《劳动合同法》第四十七条规定，此类经济补偿应按劳动者在本单位工作的年限，以每满一年支付一个月工资的标准，向劳动者支付；六个月以上不满一年的，按一年计算；不满六个月的，向劳动者支付半个月工资的经济补偿。因此，该公司应向李某支付半个月工资的经济补偿金1 250元。

就案例2而言，劳动争议仲裁委员会和人民法院均认为，该公司单独与

39

何某订立试用期劳动合同的行为违反了法律规定，该期间不应再被视为试用期。在此情况下，该公司解除双方的劳动合同，应当符合《劳动法》规定的解除劳动合同的理由，而其提出的理由并不符合法定事由。因此，该公司所作出的解除劳动合同、终止劳动关系的决定，应当被撤销。

九、试用期的工资标准如何确定？

如前所述，试用期是指包括在劳动合同期限内，劳动关系还处于非正式状态，用人单位对劳动者是否合格进行考核，劳动者对用人单位是否符合自己要求进行了解的期限。

长期以来，有关试用期内的工资标准大多由用人单位说了算。并且，相比转正后的工资待遇，试用期内的工资一般较低，有的甚至低于当地最低工资标准。一些劳动者为了得到这份工作，只能选择接受。之所以会这样，也在于此前有关法律对此没有提出要求和作出规定。

【知识概述】对于试用期内的工资标准，《劳动合同法》首次做出了有针对性的规定，劳动者在试用期的工资不得低于本单位同岗位最低档工资或者劳动合同约定工资的80%，并不得低于用人单位所在地的最低工资标准。这也是劳动者在试用期间工资待遇的法定最低标准。

【问题提示】用人单位能直接确定试用期的工资吗？

【案例导读】

案例1：2010年8月15日，李某应聘至高唐县某事务所工作，双方签订了为期5年的劳动合同。合同约定：试用期2个月，期限自2010年8月15日至2010年10月14日，试用期内月工资为400元，实行计时工作制。李某在该事务所工作1个月后得知，该市所辖县市区的最低工资标准为每月600元，并已自2010年5月1日起执行。

李某随即找到该事务所人资部门咨询，要求确认合同中关于试用期工资的条款无效，并补发所欠差额工资200元。该事务所答复为：这是该所规定的新招用人员试用期间的月工资规定，况且双方在劳动合同中已有约定。双方协商未果，李某即诉至当地劳动争议仲裁委员会。

案例2：王先生被某企业招用，双方签订了5年期限的劳动合同，合同约定试用期为6个月。试用期间该企业每月发给王先生工资300元。两个月后，王先生听说当地有最低工资的规定，遂发现该企业违反了当地最低工资的规定。

于是，王先生找到该企业负责人，要求增加工资并补发前两个月的所欠差额工资。该负责人以王先生尚处在试用期，还不是正式职工为由拒绝增加和补发工资。于是，王先生向当地劳动争议仲裁委员会提出申诉。

上述案例的裁决结果如下。

案例 1 中，该仲裁委在组织调解不成的情况下，根据《劳动合同法》第二十条规定，"劳动者在试用期的工资不得低于用人单位相同岗位最低档工资或者劳动合同约定工资的 80%，并不得低于用人单位所在地的最低工资标准"，以及该法第二十六条第二款"对劳动合同的无效或部分无效有争议的，由劳动争议仲裁机构或人民法院确认"之规定，裁决该事务所关于试用期工资的条款无效，并要求其补发所欠李某差额工资 200 元。

案例 2 中，劳动争议仲裁委员会受理后，调解双方达成协议：企业将王先生的试用期工资调整至 550 元（当地最低工资标准为 520 元），并补发王先生前两个月的工资差额。

这两起因工资支付引发的劳动争议案件经劳动争议仲裁委员会的裁决或调解，均使劳动者的合法权益得以维护。在上述案例中，用人单位存在以下错误认识，应当予以认清并纠正。

第一，即使双方劳动关系处在试用期内，劳动合同当事人也受法律规定和合同约定的约束。《劳动法》第十七条规定，劳动合同依法订立即具有法律约束力，当事人必须履行劳动合同义务，遵守劳动合同法律规范（包括法律法规的规定和劳动合同的具体约定等）。试用期是用人单位和劳动者为相互了解、选择而约定的考察期，是劳动合同期限中的一段特殊期间。试用期内，双方当事人可以依法解除劳动合同，这是试用期的特殊性所在。

但这并不等于说，试用期完全不同于劳动合同期限。那种认为试用期是劳动合同期限之外的一段劳动关系期间的认识是不正确的，那种认为在试用期内就可以不遵守有关劳动合同法律规范的认识则更是错误的。

为纠正这些错误认识，我国发布并实施《劳动部关于实行劳动合同制度若干问题的通知》（劳部发〔1996〕354 号）这一文件，对试用期作了进一步具体规范并明确规定：试用期包括在劳动合同期限中。最低工资规定是国家的强制性规定，与劳动者签订劳动合同的用人单位必须遵守，即便劳动者处在劳动合同试用期也应如此。因此，在案例 2 中，该企业以王先生尚处在试用期，不是本单位的正式职工为由，显然是不成立的。

第二，只要劳动者在法定工作时间内提供了正常劳动，企业就应向其支付不低于当地最低工资标准的工资报酬。《劳动法》第四十八条规定，用人单位所支付劳动者的工资不得低于当地最低工资标准。《关于贯彻执行〈中华人民共和国劳动法〉若干问题的意见》（劳部发〔1995〕309号）第五十七条亦明申，劳动者与用人单位形成或建立劳动关系后，试用、熟练、见习期间在法定工作时间内提供了正常劳动的，其所在用人单位应当支付不低于最低工资标准的工资。

所谓法定工作时间，是指用人单位依照国家法律规定实行的工作时间，如企业实行的每日8小时工作制。所谓提供了正常劳动，是指劳动者在法定工作时间内履行了劳动合同规定的义务。这些规定表明，用人单位向劳动者支付不低于当地最低工资标准的劳动报酬的义务是与劳动者在法定工作时间内提供了正常劳动的义务相对应的。只要劳动者在法定工作时间内提供了正常劳动，则企业就应向其支付不低于当地最低工资标准的工资报酬。

除此之外，企业不得以劳动者的身份、年龄、性别等理由向劳动者支付低于当地最低工资标准的劳动报酬，否则就是违法行为，侵犯了劳动者的工资报酬权。

十、外来务工人员与用人单位签订两份劳动合同时该如何处理？

一般情况下，用人单位与一位职工只签订一份劳动合同。但在现实中，由于工作失误或种种原因，有时会出现"一人两份劳动合同"的情况。并且，这两份劳动合同中，就同一事项所约定的内容有时并不完全一样，这就为劳动合同履行过程中的争议埋下了隐患。

【知识概述】

出现矛盾的情形一般有以下三种。

第一，因约定不一致而造成的矛盾。这种矛盾由前后两份劳动合同的文本内容不同所致，如就劳动者的职务、岗位、劳动合同期限、薪酬待遇等的约定内容不同。

第二，因语言理解问题而造成的矛盾。随着改革开放的不断深化，越来越多的国外优秀人才到中国来就业。现实中，有些用人单位为了让外国员工充分了解自己在工作中的权利和义务，只选用外文书写的劳动合同文本与其进行签订，实际上这种做法是不符合我国关于劳动合同必须用中文书写的规定的。因此，有些用人单位便采用与外国员工分别签订中、外文劳动合同文本的方法（在我国，一些外资企业也要求与所有员工同时签订中、外文劳动合同），来达到既让员工知晓自己的劳动权利和义务，又使所签订的劳动合同符合法律法规规定的目的。应当说，这种做法不失为一种变通之举，但是存在因语言理解问题而造成对同一劳动合同条款理解不一致的情况。

第三，"阴阳合同"（或称"黑白合同"）。在一些劳动争议案件中，曾出现同一劳动者与同一用人单位同时签订两份内容基本相同的劳动合同的情况。一种情况是，该两份劳动合同从形式上看都符合法律规定，具有法律效力，但其中针对一些条款的约定却不尽相同，如薪酬标准不同，甚至差距较大。另一种情况是，双方所签订的两份劳动合同中，其中一份完全合法，如工资在当地最低工资标准以上，工作时间、休息休假、加班等也都符合劳动法律法规的要求；但另一份的内容却存在部分甚至完全违法的情况。

【问题提示】对于因约定不一致而造成的矛盾，应按照哪个约定来执行？对于因语言理解问题而造成的矛盾，中文、外文劳动合同哪个效力大？对于阴阳合同，如何认定并适用？

【案例导读】

案例1：大学生刘某于2008年5月与一家用人单位签订了三方协议。该协议约定，刘某应为该用人单位至少服务五年。之后，当刘某于2008年7月取得毕业证和学位证并到单位报到后，双方签订的劳动合同中约定的劳动合同期限是三年。结果，双方在三年后为此发生了争议，刘某要求单位为其办理劳动合同终止手续，而单位要求其必须再服务两年方可离开单位。那么，在这个案例中，应以何种标准处理这一矛盾呢？

案例2：某位英国人被上海一家中外合资企业聘为技术总监，在签订劳动合同时，该企业与其分别签订了一份中文劳动合同和一份英文劳动合同。在英文劳动合同中写明其工资按美元支付，每月为5 000美元；在中文劳动合同中约定的工资则按人民币支付，每月为40 000元人民币。该企业按照国家规定，为该员工办理了中华人民共和国外国人就业许可证，其也正式开始在该企业的工作。一个月后，该企业向其支付了当月工资——40 000元人民币。该员工领到工资后，发现是人民币而不是美元，便向企业提出了异议，要求企业按照英文合同中的约定支付月工资5 000美元，或者按照当时的汇率

(1美元=8.27元人民币）折合成人民币（即41 300元）向其发放。这一要求遭到中方管理层的拒绝，认为应以双方签署的中文合同中约定的工资（即40 000元人民币）为准。

案例3：2005年，发生了一起足球运动员申思与自己的"东家"上海国际俱乐部的欠薪案。当上海市劳动争议仲裁委员会着手审理此案时，发现申思与该国际俱乐部签订的是两份薪金额度差距巨大的"阴阳合同"。当时，多家媒体披露了这样的细节：在交由中国足协备案的"阳合同"中，约定申思的工资为每月12 000元人民币；而在由俱乐部和申思各自保存的"阴合同"中，却约定在2003—2005年的三年中，申思的年收入为250万元人民币。在这两份合同中，申思的年薪相差17倍，差额多达230多万元。此案中，申思要求按照"阴合同"计算其工资。

上述案例的裁决结果如下。

案例1中，刘某胜诉，双方的劳动合同期限应以2008年7月签订的劳动合同为准。

案例2中，该英国籍员工败诉。因劳动争议发生地为中国，故基于主权原则应适用中文劳动合同。

案例3中，申思胜诉，因为发生争议之前双方实际履行的是"阴合同"。

就案例1而言，要解决本案的矛盾，应从分析三方协议和劳动合同二者的性质入手。三方协议是《全国普通高等学校毕业生就业协议书》的简称，它是明确毕业生、用人单位、学校三方在毕业生就业工作中的权利和义务的书面表现形式，能解决应届毕业生户籍、档案、保险、公积金等一系列相关问题。该协议在毕业生到单位报到，用人单位正式接收后自行终止。

需要指出的是，三方协议不同于劳动合同。

首先，三方协议是由教育部统一印制的，主要作用是明确上述三方的基本情况及要求。三方协议的制定依据是国家关于高校毕业生就业的法规和规定，有效期为自签约日起至毕业生到用人单位报到止的这一段时间。劳动合同则《劳动法》和《劳动合同法》加以规范并保护。现实中，有些用人单位（如外企）在确定录用毕业生的同时，会要求同其签订一份类似劳动合同的协议；更多的用人单位则要求先签就业意向书，待毕业生正式报到后再签订劳动合同。

其次，就业协议是三方合同，它涉及学校、用人单位、学生等三个方面，该三方相互关联但彼此独立；而劳动合同是双方合同，它是由劳动者和用人单位两方的权利、义务所构成的。

最后，毕业生签订就业协议时仍然是学生身份，但是签订劳动合同时即应当转换为劳动者身份。劳动合同一经签订，就业协议的效力即同时丧失。因此，如果劳动合同与三方协议内容矛盾，则应以劳动合同为准。

就案例2而言，应从我国相关劳动法规中去寻找答案。

首先，我国劳动法规规定，劳动合同应当用中文书写，也可以同时用外文书写，双方当事人另有约定的，从其约定。

其次，同时用中、外文书写的劳动合同文本，内容不一致的，以中文劳动合同文本为准。按照这一规定，本案中关于工资的劳动合同条款应以中文版劳动合同为准，即企业可以按每月40 000元人民币的标准向其支付工资。

案例3中的"阴阳合同"，在国内俱乐部与球员签约时并不鲜见，另一位足球运动员谢晖在与重庆力帆俱乐部的劳动争议一案中也出现过类似的情况。

现实中，劳资双方之所以心照不宣地签订"阴阳合同"，主要出于这样几个原因。一是应对中国足协的"限薪令"；二是规避媒体的炒作，运动员的收入（尤其是高收入）是很多媒体关注的话题，也是公众感兴趣的内容；三是避税。应当指出，"阴合同"的存在，令劳方在遭遇俱乐部欠薪时的弱势地位更加凸显，其常因无法可依而"哑巴吃黄连，有苦说不出"。

那么，发生此类劳动争议后应如何进行处理呢？以前述申思一案为例，"阴阳"两份劳动合同从法律效力上讲都有效，都是双方在自愿并协商一致的基础上达成的，签订时间也完全一样。因此，处理此类争议，可以实际履行的劳动合同约定为标准。

十一、外来务工人员能否在用人单位提供的劳动合同文本上提出修改意见？

一些外来务工人员初到用人单位并与之签订书面劳动合同的时候，如果其对合同中的一些内容提出异议并要求进行修改，时常会遭到用人单位的拒绝。用人单位的理由是，这些劳动合同文本是从劳动行政部门获取的，是劳动行政部门组织专家依据《劳动合同法》拟定的，是完全合法合理的劳动合同文本，因此双方只需在其上签字/盖章即可。那么，外来务工人员真的不能在用人单位提供的劳动合同文本上提出修改意见吗？

【知识概述】 上述用人单位的说法是不正确的，劳动者可以在其提供的劳动合同文本上提出修改意见。因为，劳动合同是劳动者和用人单位在合法的前提下经协商达成的一种协议，体现了劳动者和用人单位双方的意愿。用人单位所声称从劳动行政部门获取的合同文体，实际上是一种示范文本而非格式合同。因此，双方可以就其内容根据双方的实际情况以及主观愿望进行商议并修改。

【问题提示】 示范合同和格式合同有何区别？

【案例导读】 梁某应聘至某公司工作，双方在协商劳动合同条款时遇到一个障碍：用人单位口头答应，待梁某在此工作两年后为其提供一套住房，于是梁某要求公司将该项内容写入公司提供的劳动合同文本中；公司则认为该劳动合同文本不能修改，因其是劳动局印制的，所以全体员工都必须签订统一格式的劳动合同，不能随意修改。双方坚持己见，最后导致书面劳动合同无法签署。

两个月之后，当地劳动行政部门在例行检查劳动合同签订的情况时发现了这一情况：劳动者要求用人单位支付不签订书面劳动合同的双倍工资，用人单位则认为导致劳动合同不能签订的责任在于劳动者。

经劳动行政部门的调解，双方同意：劳动者放弃要求不签订书面劳动合同的双倍工资，用人单位则同意将提供一套住房的内容写入劳动合同中。

本案中，该公司的错误在于将劳动行政部门提供的劳动合同文本视为一种格式合同，而实际上这是一种示范合同文本。格式合同和示范合同是有很大区别的。

格式合同是由合同的一方主体事先拟订内容的合同，使用统一的格式，由合同相对方签署以后即具有法律效力。对于这类合同，合同相对方没有对合同内容进行修改的权利，要么接受合同内容，要么拒绝签署合同。这类合同一般适用于居民日常生活领域，如涉及自来水或天然气的价格、银行存款利息等内容的合同。现实中，当居民使用自来水或天然气时，必须接受自来水公司或燃气公司统一制定的价格，并且这一价格是双方建立合同关系中的重要内容；同样，居民到银行存款时，实际上也就与银行建立了一种储蓄合同关系，存款的利率一般由银行事先拟定，储户无权更改。

劳动合同则不同于上述格式合同，劳动行政部门仅仅提供了一种供劳动者和用人单位进行参考的合同文本。双方完全可以在合同文本的基础上进行修改和增减相关内容，直至最终各项条款符合双方的要求为止。

十二、外来务工人员签订培训协议时应注意什么问题？

知识经济时代，人才竞争日益激烈，员工培训也因此受到了企业的广泛推崇。与此同时，由于受薪酬等一些因素的诱惑，受训后员工的跳槽率也比较高。为了避免这种现象的发生，减少由此给企业带来的损失，培训协议的签订受到了前所未有的重视。

【知识概述】根据《劳动合同法》的规定，培训协议是劳动合同中协商约定的条款，是劳动者和用人单位之间在法定条款之外根据双方具体情况协商约定的权利和义务。培训协议约定的主要是培训的项目、培训的时间、培训期间的工资待遇、培训费用的支付、培训结束后的服务期限等相关内容。一般来讲，在签订培训协议时应注意以下几点。

第一，培训协议应作为劳动合同的附件。如果培训协议的服务期限未到，则企业与职工在续签劳动合同时，应将培训服务期限与劳动合同期限关联起来。

第二，企业在与员工签订培训协议时，要注意写清培训名称、培训的具体起止时间、培训后员工为企业服务期限的起止时间等。

第三，对于中途退出培训（因个人原因）的员工要有明确的处罚标准，并应在培训协议中写明。

第四，对于培训期间的待遇要明确，包括出国期间的补贴、工资福利、保险等。在此要特别注意的是，应在培训协议中写明培训费用中包括什么、不包括什么，以免引起争议。同时，应明确培训期间的住宿标准、交通费等。此外，还要注意写明较长时间的培训是否有探亲假以及对此的规定等。

第五，应于培训结束后或培训过程中根据时间长短写明企业对员工的评价要求及其本人的自评要求（如对其撰写学习总结的要求）。对于重要的培训，应写明"培训结束后企业根据培训考核情况有权调整员工工作权限或给予有关职位"等内容。

第六，对服务期限要明确。特别是参加了多次培训的，更要写明服务期限，并应注意累加计算等问题。在此，应注意国家有关培训服务期限的规定。

第七，企业在签订有关培训协议时要注意一个现实问题，即很多人因交纳不起培训费用于是不辞而别。对此笔者建议，可采取担保人制度：对于担保人要有明确的规定，包括担保人的年龄、收入和财产情况、社会身份等；如由本公司员工担保，则还要写明对其本人有关劳动合同的约束等条件。同时要注明，不能一人多保，参加培训人员不能互保，等等。此外要注意，在确定出国培训对象的同时一定要确定担保人，以免其在取得出国培训护照后因找不到担保人而影响行程。

第八，违约责任要明确。对此，应注意培训协议与企业有关具体规定是否有相悖之处以及如何处理等。

【案例导读】

案例1：2008年10月，小孙与某制造公司签订了为期5年的劳动合同，并约定了6个月的试用期。2008年12月，公司决定从日本引进一套新型加工设备，同时派小孙赴日接受为期3个月的技术培训。出国之前，公司与小孙签订《培训协议》并约定：小孙在培训结束后，必须为企业服务5年；服务期内，小孙与公司解除劳动合同，须向企业赔偿培训费用5万元；小孙实际服务时间每满一年可递减培训费20%。

2009年2月，小孙回公司负责新设备运行。此时，某外企通过猎头公司找到小孙，愿以高薪聘请。尽管公司领导一再挽留，但去意已决的小孙仍坚持辞职，并表示在试用期内提出辞职符合法律规定。该公司要求小孙赔偿培训费，但被拒绝。于是，该公司向区劳动争议仲裁委员会提出仲裁申请，未获支持。

关于案例1中的问题，根据《劳动部办公厅关于试用期解除劳动合同处理依据问题的复函》第三条的规定，用人单位出资（指有支付货币凭证的情况）对员工进行各类技术培训，员工提出与单位解除劳动关系的，如在试用期内，则用人单位不得要求劳动者支付该项培训费用。本案中的小孙即属这种情况，因此其无须赔偿出国培训费。

案例2：某公司为了限制员工辞职，和每名入职的员工都签订了一份培训协议，该协议具体内容是：员工自入职起，前6个月是公司对员工的培训期，费用为每月2 500元；假如员工在3年之内辞职，则需要一次性赔偿公司15 000元。但实际上，公司并没有对新入职员工进行任何培训，也没有培训发票及相关培训记录。

关于案例2中出现的情况，根据上述劳动部的复函以及《劳动合同法》的规定，一般来讲，签订培训协议时，双方应先该约定培训的具体内容，再对违约金实行分摊制度，一般按照服务期限递减的方式进行赔付。本案中约定"3年""15 000元"，则如果某职工在此工作了1年，即可减免5 000元，依此类推。本案中的一个关键点是，该公司实际上没有进行任何培训，也没有培训的发票以及相关手续记录。这种情况下，劳动者无须向该其赔付违约金。

十三、外来务工人员签订竞业限制协议时应注意什么问题？

人才是现代经济中的重要生产力要素，人才流动是经济资源配置的必然结果和市场经济保持活力的必要条件。发达国家的历史经验和我国的司法实践均表明，员工跳槽行为是企业商业秘密流失的主要渠道，人才流动导致的商业秘密侵权现象十分突出。换言之，人才流动是社会进步的表现，但人才流动中也潜藏着一股危害市场竞争秩序的暗流。现实中，部分跳槽者将原单位的商业秘密作为重新择业的筹码；有的单位则信奉"买技术不如偷技术，偷技术不如挖人才"，以各种优惠条件吸引人才，从而助长了一些员工"带着原单位商业秘密跳槽"之风。

一方面，劳动者享有劳动权和择业自由权，跳槽并从事其熟悉和擅长的与原单位相同的工作是其行使劳动权和择业权的体现，也是其维持本人乃至家人生计的需要。另一方面，商业秘密权利人通过诚实经营和艰苦创业而形成的技术秘密和经营信息又不可避免地会由其员工知悉，而具有财产权性质的商业秘密权也应依法受到有效保护。这就是说，员工尤其是高级员工跳槽并继续从事与原单位相同或类似的业务，存在侵犯原单位商业秘密、形成不正当竞争的风险。因此，从商业秘密保护的角度而言，又需要限制或禁止其跳槽。

【知识概述】 综观各国立法和司法实践，妥善处理企业商业秘密等合法权益保护与人才流动之间利益冲突的有效做法，就是建立合理、规范的竞业限制制度。

所谓竞业限制，是指禁止特定劳动者在与用人单位存在竞争的行业任职的制度，也称竞业禁止。按照法律依据的不同，竞业限制可分为约定竞业限制和法定竞业限制。其中，约定竞业限制是指当事人自愿达成竞业限制协议，劳动者根据该协议承担竞业限制的义务。法定竞业限制，则是指某些特殊主体根据法律规定必须承担的竞业禁止义务。

竞业限制协议是双务有偿合同，离职员工承担保守原企业商业秘密、不与原企业竞争的义务，同时应享有获取一定经济报酬的权利。其目的是平衡双方的利益，因此合理设置双方权利义务是关键。那么，劳动者签订竞业限制协议时应注意什么问题呢？

签订竞业限制协议时须依法而行才有效。鉴于竞业限制协议是一种合同规定，以当事人意思自治为原则，因此竞业限制的范围、地域等各类事项通常均由合同双方自由约定，但应符合法律法规的相关规定，具有合理性。

劳动者在劳动争议中通常处于弱势地位，有时其为了能在用人单位任职而不得已接受用人单位的竞业限制协议。在这种情况下，劳动者应学会合理保护自身的合法权益，主要应注意以下几点。

一是要求用人单位明确自己是否属于应限制主体，并在合同中加以注明。

二是要求明确限制从业的时间、行业或单位、地域范围等，并对用人单位的不合理要求有权予以拒绝。

三是要求明确补偿费的数额及支付方式并在协议中注明，用人单位不按时足额支付补偿费的，竞业限制协议自动失效。

四是自身权益受到侵害时要敢于应诉，应敢于对用人单位不合理的要求提出抗辩，并请求法院保护自己的合法权益。

【问题提示】何为"竞业限制的主体"？商业秘密的范围有多大？竞业限制条款关于补偿金及违约金是如何约定的？

【案例导读】2009年9月5日，成都某公司将一批技术人员告上法庭，理由是这些员工违反了竞业限制义务。当初，这些员工与某公司签署的劳动合同中有一项竞业限制约定，即离职员工在两年内不得加盟与该公司相关业务有竞争关系的企业。

但此后，这些跳槽员工带走大量的技术和商业机密，到新公司后依然毫无顾忌地从事与原公司类似的工作，从而给该公司正常的经营活动造成了极大困扰。为此，该公司不得不采取法律行动，以保护其合法权益。

该案于2009年12月31日首次开庭。该公司认为，提起违反竞业限制义务诉讼是正当维权；但相关员工认为，该公司并未支付竞业限制的经济补偿金。

上述案例的裁决结果是：根据《劳动合同法》第二十三条第二款的规定，对负有保密义务的劳动者，用人单位可以在劳动合同或保密协议中与其约定竞业限制条款；并约定在解除或者终止劳动合同后，在竞业限制期限内按月给予劳动者经济补偿。

由此可见，劳动者在离职后承担竞业限制义务的同时，享有竞业限制经济补偿的权利，用人单位则有支付劳动者竞业限制经济补偿的义务。由此法院认为，由于用人单位没有向这些员工支付经济补偿金，所以这些员工也可以不受竞业限制条款的约束。

作为竞业限制协议生效的一个基本条件，企业应当给予员工合理的经济补偿，因此用人单位应结合岗位具体职责来选择是否签订此类协议。在竞业限制协议中，必须同时写明补偿金的数额和发放办法，补偿的标准应当以该员工在企业的工资为准，一般不应少于该员工上一年度从该企业获得的报酬总额的一定比例，否则该竞业限制协议对员工没有约束力。

用人单位在支付劳动者补偿金后，可以要求劳动者履行竞业限制的义务，并应在合同中明确约定员工违约时所应当承担的责任。对此，最好确定明确的数额，并约定员工对企业造成的损害大于违约金时的赔偿责任。

一般而言，违约金的数额、支付方式等取决于竞业限制的约定。若劳动者不履行此项义务，则企业可以按照约定，要求劳动者向其支付违约金并承担赔偿责任。

关于竞业限制的期限，《劳动合同法》第二十四条第二款已经予以明确，即最长不得超过2年。该2年的起算点应是原劳动合同解除或终止之日。

此外需要说明的是，并非所有员工都需要承担竞业限制义务。根据《劳动合同法》第十条的规定，竞业限制的人员限于用人单位的高级管理人员、高级技术人员和其他负有保密义务的人员。其中，高级管理人员是指在用人单位从事决策和管理事务的人员，包括公司的董事、经理、监事以及非公司企业的厂长、经理或其他负责人等。高级技术人员指在用人单位处于关键技术岗位的人员，如工程师、技术总监、高级研发人员等。其他知悉用人单位商业秘密的人员指因为工作关系可能接触到用人单位商业秘密的人，包括文秘人员、档案保管人员、财务人员、市场计划与营销人员等高级技术人员和其他负有保密义务的人员。

根据《中华人民共和国反不正当竞争法》（以下简称《反不正当竞争法》）第十条的规定，商业秘密是指不为公众所知悉、能为权利人带来经济利益、具有实用性并经权利人采取保密措施的技术信息和经营信息。商业秘密包括技术信息和经营信息。其中，技术信息是指用人单位从生产实践中或者其他合法渠道得来的具有实用性的技术知识；经营信息是指一切与用人单位营销活动有关的、具有秘密性质的经营管理方法和与经营管理方法相关的信息及情报，即技术信息以外能够为权利人带来竞争优势、用于经营活动的各类信息。

《国家工商行政管理局关于禁止侵犯商业秘密行为的若干规定》对技术信息和经营信息作了以下规定：技术信息和经营信息包括设计、程序、产品配方、制作工艺、制作方法、管理诀窍、客户名单、货源情报、产销策略、招投标中的标底及标书内容等信息。

十四、什么样的劳动合同会被认定为无效？

劳动合同一旦订立，任何一方都必须认真执行。但如果在订立过程中一方采取了不诚信的手段，那么这样签订的劳动合同就不具有法律效力，另一方可以请求当地劳动争议仲裁委员会或人民法院认定该劳动合同无效。那么，哪些不诚信的行为会导致劳动合同无效呢？

【知识概述】导致劳动合同无效的条件之一——欺诈

所谓劳动合同订立过程中的欺诈行为，是指当事人一方隐瞒或歪曲事实真相，致使对方当事人信以为真，从而同意签订劳动合同。

【问题提示】如何理解构成欺诈的条件和要素？怎样界定"隐瞒或歪曲事实真相"？

【案例导读】

案例1：宋女士被某印刷厂招用为激光照排工人，该岗位的任务是校对错别字，要求视力为1.2以上。体检时宋女士视力为1.5，符合条件并被录用。但其上岗后经常因视力问题而导致误差，该厂便要求宋女士进行复查，复查结果显示其视力仅为0.2。

案例2：李女士被某单位招用后一个月即向单位提出自己怀孕了，要求工作照顾并享受有关生育待遇。但其单位对此事感到有些突然，因为当初李女士在求职登记表"婚姻状况"一栏中所填内容为"未婚"，并且单位通过调查发现其结婚证是在其填写求职登记表之前一年领取的。不仅如此，李女士在求职登记表的"备注"栏里还专门声明："本人所填写上述内容真实有效。"

案例3：刘先生于1987年不慎从楼梯上滚下来摔伤，并在医院做了右肾切除手术，术后恢复健康。1993年8月，刘先生得知中国银行某支行招工的信息，就报了名。刘先生填写的体检表中载明，"既往病史"栏为"无残"，"腹腔脏器"栏为"正常"。于是双方签订了劳动合同。事后刘先生被人举报，单位认为其存在生理缺陷且有欺诈事实，主张该合同无效。

案例4：2008年9月，卢某应聘到临沂某超市工作，双方签订了劳动合同。合同约定，自2008年9月15日至2010年9月14日，卢某担任超市保安，月工资为1 000元。其中第17条约定，卢某有下列情形之一的，超市可以解除劳动合同，并不给其任何补偿：……提供虚假个人信息和身份证明、履历、学历、职业资格、健康证明、医疗证明等材料的。2009年5月6日，超市以卢某有过犯罪记录而在入职档案中隐瞒了处罚资料为由，作出辞退卢某的通知，同时未给予卢某任何经济补偿。卢某与公司协商无果，便向当地劳动争议仲裁委员会申请仲裁，要求公司支付其解除劳动合同的经济补偿。

上述案例的裁决结果如下。

案例1中，宋女士在入职体检时让与其长相完全一样的双胞胎妹妹顶替其参加体检，由于其妹妹视力较好而通过了体检。劳动争议仲裁委员会认定宋女士对用人单位有欺诈行为，从而认定双方签订的劳动合同无效。

案例2中，李女士没有被劳动争议仲裁委员会认定为欺诈，原因是其婚姻状况不属于用人单位所必须了解的事项，且其婚姻状况与工作没有必然联系，不会对其应聘的工作构成影响。

案例3中，刘先生也没有被劳动争议仲裁委员会认定为欺诈，理由是缺少一只肾并不影响其担任银行会计的工作。

案例4中，卢先生被劳动争议仲裁委员会和人民法院认定为欺诈，理由是庭审中超市提供了法院的刑事判决书及任职申请表，证明卢某曾于2005年10月22日因寻衅滋事罪被法院判处有期徒刑1年，缓刑2年，但其在任职申请表"受过何种奖励或处分"一栏中却没有填写这一事实。法院审理后认为，卢某的行为已构成欺诈，根据《劳动合同法》第二十六条的规定，因欺诈而订立的劳动合同属于无效合同。因此，超市有权解除劳动合同且不需要支付经济补偿。

从欺诈的定义以及上述四个案例的结果来看，在劳动合同无效的原因认定中，构成欺诈的条件和要素包括以下三个方面。

第一，欺诈方所隐瞒或歪曲的事实必须是受欺诈方知情权范围内的事实。

第二，欺诈方所隐瞒或歪曲的事实必须是与所签订的劳动合同相关的事实。

第三，欺诈方所隐瞒或歪曲的事实必须是与所任职的行业和岗位相关的事实，即该事实能反映本行业或岗位的特殊要求。

十五、劳动合同无效，但已经工作一段时间，能否要求劳动报酬？

在劳动合同订立过程中，由劳动者的原因导致劳动合同被有关劳动争议仲裁委员会或人民法院认定为无效，而此时的劳动者已经工作一段时间，能否要求劳动报酬？如果不能要求任何劳动报酬，这对于已经为用人单位提供了一定劳动的劳动者是否公平？如果其收入是其本人及其家人生活的必要来源，不能要求任何劳动报酬的结局必将影响其本人及其家人的生存。

【知识概述】根据《劳动合同法》第二十八条的规定：劳动合同被确认无效，劳动者已付出劳动的，用人单位应当向劳动者支付劳动报酬，劳动报酬的数额按照同工同酬的原则确定。

【问题提示】如何理解劳动合同的特殊性？

【案例导读】

案例1：孙某来到一家公司工作，并与该公司口头达成了待遇上的协定。后公司被查，孙某向公司讨要薪水，对方却以公司倒闭合同无效为由拒绝支付孙某薪水。孙某不服，向法院提起劳动合同无效的诉讼。

案例2：张某受招工广告上虚假宣传的误导，与某公司签订了劳动合同。但他工作后却发现，这里工作环境恶劣，工作经常加班加点，薪水低且公司常常拖欠工资。张某以劳动合同系被骗所签为由而主张合同无效，该公司对此也表示同意，却以劳动合同无效为由不发给他工资（共计5个月）。张某不服，遂向法院提起劳动合同无效的诉讼。

上述案例的裁决结果如下。

案例1中，法院认为，孙某与该公司已经达成了口头上的协议，虽然劳动合同无效，但公司不能克扣孙某工资，而应该按照协议向其支付。

案例2中，法院认为，张某因虚假广告宣传而与该公司订立劳动合同，应属无效合同，应当予以解除。根据《劳动合同法》第二十八条的规定，劳动合同被确认无效，劳动者已付出劳动的，用人单位应当向劳动者支付劳动报酬，劳动报酬的数额参照本单位相同或者相近岗位劳动者的劳动报酬确定。因此，某公司应当支付张某5个月的工资。

上述案例在审理过程中的争议焦点在于，劳动合同被认定为无效后，劳动者是否可以获得以及获得多少劳动报酬。上述案例中的劳动者均不存在过错，在这种情况下用人单位应向其全额支付劳动报酬。反之，如果劳动者有过错，且此过错导致劳动合同无效，那么劳动者就没有理由索要约定的劳动报酬，而应按照其实际承担的工作，再参照其他类似员工的报酬加以确定。

十六、解决户口时是否能约定违约金？

用人单位承诺为员工解决户口时，双方于劳动合同中约定违约金的情况在《劳动合同法》实施前（即2008年1月1日之前）是很常见的。以北京户口为例，当时"解决北京户口并约定违约金"是普遍的做法，也是为有关机构所认可的，并不违反当时的法律规定。因此，《劳动合同法》实施之前员工与用人单位就此问题发生纠纷时，企业往往会就此提出支付违约金的要求。在当时的仲裁或审判实践中，劳动争议仲裁委员会或人民法院通常也会对用人单位的此类要求予以支持，只是会根据案件的具体情况，对明显过高的违约金予以调整。

2008年1月1日起实施的《劳动合同法》则明确规定，用人单位不得随意与劳动者约定由后者承担违约金。以下两种情况除外。

一是用人单位为劳动者提供专项培训费用，对其进行专业技术培训的，劳动者违反服务期约定，应当按照约定向用人单位支付违约金。

二是对负有保密义务的劳动者，用人单位在劳动合同或者保密协议中与劳动者约定了竞业限制条款，如果劳动者违反竞业限制约定，则应当按照约定向用人单位支付违约金。

除此之外，用人单位不得以其他任何形式要求与劳动者约定违约金，包括以解决户口为名约定的违约金。

【知识概述】什么是服务期？服务期是指劳动者因接受用人单位给予的特殊待遇而承诺必须为用人单位服务的最短期限。我国相关法律规定，如果用人单位出资培训劳动者，则受训劳动者就有义务为用人单位最少服务一定年限。

劳动者违反服务期约定的，应当按照约定向用人单位支付违约金。如前所述，此类情况一般包括以下两种。

其一，用人单位为劳动者提供专项培训费用，对其进行专业技术培训，而劳动者违反服务期约定的。这种情况下，一是违约金的数额不得超过用人单位提供的培训费用；二是用人单位要求劳动者支付的违约金，不得超过其服务期尚未履行部分所应分摊的培训费用。

其二，对负有保密义务的劳动者，用人单位可以在劳动合同或者保密协议中与劳动者约定竞业限制条款，并约定在解除或者终止劳动合同后，用人单位在竞业限制期限内按月给予劳动者经济补偿。劳动者违反竞业限制约定的，应当按照约定向用人单位支付违约金。

【案例导读】

案例1：李某于2008年6月就职于北京市某研究所，并与单位签订了为期5年的劳动合同。在该合同中，该用人单位承诺办理北京户口，但约定如5年内解除劳动合同，李某须交违约金50 000元。2009年，李某想辞职重新找工作，但担心须交50 000元的违约金，否则户口将被打回原籍。

案例2：小张2008年毕业于某普通高校，考虑到就业压力，选择在北京某郊区工作。单位在与其签订的劳动合同中，同意为其解决北京户口，并出资对其进行半年的专业技术培训。同时，该用人单位为减少人才流失，与小张约定：其在服务期内如果主动离职，则必须交纳10 000元的户口违约金和培训产生的全部费用。

案例3：王某2005年与用人单位签订劳动合同，双方约定：在合同期限内如果王某单方面提出辞职，则将交纳20 000元的违约金。2007年5月，王某提出辞职，用人单位要求其支付违约金。

上述案例的裁决结果如下。

案例1中，此劳动合同是2008年以后签订的，按照《劳动合同法》的规定，李某无须交纳这笔违约金，且户口已办理完毕，不会被打回原籍。

案例2中，根据《劳动合同法》，小张如辞职，应返还用人单位已支出的培训费，但不需要交纳户口违约金。

案例3中，《劳动合同法》于2008年1月1日执行。王某于2007年提出辞职，应根据旧法进行裁定，所以王某须交纳违约金。

《劳动合同法》第二十二条规定，用人单位为劳动者提供专项培训费用，对其进行专业技术培训的，可以与该劳动者订立协议，约定服务期；劳动者违反服务期约定的，应当按照约定向用人单位支付违约金。第二十三条规定，对负有保密义务的劳动者，用人单位可以在劳动合同或者保密协议中与劳动者约定竞业限制条款；劳动者违反竞业限制约定的，应当按照约定向用人单位支付违约金。此外，《劳动合同法》第二十五条指出，除该法第二十二条和第二十三条规定的情形外，用人单位不得与劳动者约定由劳动者承担违约金。这也是作出上述三个案例裁定的依据所在。

此外，《北京市劳动和社会保障局 北京市高级人民法院关于劳动争议案件法律适用问题研讨会会议纪要》第三十二条规定，用人单位为其招用的劳动者办理了本市户口，双方据此约定了服务期和违约金的，由于该约定违反了《劳动合同法》第二十五条的规定，因此用人单位以双方约定为依据要求劳动者支付违约金的，不应予以支持；如确因劳动者违反了诚实信用原则，给用人单位造成损失的，劳动者应当予以赔偿。

这条法规几乎是为"北京户口"问题量身定做的。其明确指出，对以"北京户口卡人"的违约金不予支持。尽管此文件是作为研讨会会议纪要的形式发布的，但实践中对仲裁的指导性极强。

第二章 外来务工人员的劳动关系（二）

上一章主要介绍和讨论了外来务工人员在就业以及劳动合同订立环节的有关问题。在此基础上，本章将进一步讨论外来务工人员在劳动合同履行环节、劳动合同的解除（包括终止）环节、社会保险领域以及劳动争议处理程序等方面的相关问题。

第一节 外来务工人员在劳动合同履行环节中的常见问题

一、外来务工人员"零工资就业"是否具有合理性与合法性？

近年来，大学生就业压力普遍比较大，大学生群体中甚至出现了"零工资就业"现象。所谓零工资，主要是指用人单位和已毕业大学生约定：在其入职后的一段工作期间（有时采用"试用期"或"实习期"等名义）内不支付工资，待双方约定的阶段经过后，再由用人单位决定是否正式聘用；在此期间，用人单位既不需要支付工资，也不需要承担其他义务和责任。

对此有观点认为，即便用人单位最后没有同应聘者正式签约，应聘者也可以通过这种形式积攒自己的工作经验和业务经历。但是，"零工资就业"合理合法吗？

【知识概述】"零工资就业"是违法行为。《劳动合同法》第七条明确规定："用人单位自用工之日起即与劳动者建立劳动关系。"可见，大学生毕业后进入用人单位工作，即成为一名法律意义上的劳动者，与其他劳动者一样，并没有什么不同。即便用人单位和已毕业大学生约定采用"零工资就业"的方式，但实际上从其工作的第一天起，双方建立的就是劳动关系，不论有没有协议，也不论是什么样的协议。根据《劳动合同法》及有关规定，用人单位采用"零工资就业"的用工形式时要承担以下风险和责任。

第一，不签书面劳动合同的风险。《劳动合同法》第七条规定，"用人单位自用工之日起即与劳动者建立劳动关系"。现实中，用人单位在招聘"零工资就业"的劳动者时，一般不会与之签订书面的劳动合同，而只进行口头约定。但是，用人单位不签书面合同的做法本身即存在很大的法律风险，主要表现在以下方面。

一是支付双倍工资的风险。《劳动合同法》第八十二条规定，用人单位自用工之日起超过1个月但不满1年未与劳动者订立劳动合同的，应当向劳动者每月支付2倍工资。

二是无固定期限劳动合同条件成立的风险。《劳动合同法》第十四条第三款规定，用人单位自用工之日起满1年不与劳动者订立书面劳动合同的，视为用人单位与劳动者已订立无固定期限劳动合同。换言之，用人单位不与劳动者签订书面劳动合同超过1年的，就视为双方签订了无固定期限的劳动合同。

三是支付经济补偿金的风险。现行相关法律规定，在1个月的劳动合同签订"宽限期"内，因劳动者不签订书面劳动合同而用人单位终止劳动合同的，用人单位可以不支付经济补偿；超过1个月的，因劳动者不签订书面劳动合同而用人单位终止劳动合同的，则用人单位须依法向劳动者支付经济补偿。

四是在双方未签订书面劳动合同的情况下，劳动者可以随时离职，而这极易造成企业人员流动的随意性，不仅对企业管理不利，而且不利于构建团结、和谐的企业文化。

五是不签订劳动合同，则企业无法对涉及商业秘密或竞业限制的劳动者进行有效约束。

六是对由企业出资培训的劳动者，只有在劳动合同中约定了服务期或签订了专项培训协议，才可以有效防止劳动者提前离职，以及由此给企业带来的损失。

有的企业把不签书面合同的责任推给劳动者，说劳动者不同意企业也不能强迫其签，这其实是用人单位为逃避责任而找的一个借口。《劳动合同法实施条例》第六条规定，用人单位自用工之日起超过1个月不满1年未与劳动者订立书面劳动合同的，应当依照《劳动合同法》第八十二条的规定向劳动者每月支付2倍的工资，并与劳动者补订书面劳动合同；劳动者不与用人单位订立书面劳动合同的，用人单位应当书面通知劳动者终止劳动关系，并依照《劳动合同法》第四十七条的规定支付经济补偿。

第二，签订"零工资就业"的劳动合同风险大。

用人单位与大学生签订"零工资就业"书面合同也有风险。根据《劳动合同法》的规定，劳动报酬和社会保险是劳动合同的必备条款，如果合同回避不写，则合同必备条款缺失，不符合法律要求；如果合同写明零工资、无社保，则明显违反法律规定，用人单位将被追究违法责任。

《劳动合同法》第二十六条规定，"用人单位免除自己的法定责任、排除劳动者权利的""违反法律、行政法规强制性规定的劳动合同无效或者部分无效。"《劳动合同法》第二十八条规定，"劳动合同被确认无效，劳动者已付出劳动的，用人单位应当向劳动者支付劳动报酬"。总之，用人单位与大学生签订"零工资就业"劳动合同的，大学生可以随时与用人单位解除劳动合同，同时用人单位应当支付其工资和经济补偿金。

第三，用人单位不支付劳动报酬要承担相应责任。"零工资就业"意味着用人单位不用支付劳动报酬，而这是严重的违法行为。《劳动法》第三条规定，"劳动者享有平等就业和选择职业的权利、取得劳动报酬的权利、休息休假的权利、获得劳动安全卫生保护的权利、接受职业技能培训的权利、享受社会保险和福利的权利、提请劳动争议处理的权利以及法律规定的其他劳动权利"；第四十八条规定，"国家实行最低工资保障制度。用人单位支付劳动者的工资不得低于当地最低工资标准"。

这就是说，劳动者付出了劳动，用人单位就有支付报酬的义务，且报酬不得低于当地最低工资标准。不支付工资或工资低于当地最低工资标准的，根据《劳动合同法》的规定，由劳动行政部门责令限期支付，逾期不支付的，责令用人单位按应付金额50%以上、100%以下的标准向劳动者加付赔偿金。这就意味着用人单位如果在这方面违法，将付出更大的成本。

综上可知，我国各项劳动法律法规对"零工资就业"是持完全否定立场的。劳动者与用人单位只要建立了劳动关系，用人单位就要承担相应的法律义务，如果其不履行法定义务，就要受到法律的制裁，就要付出更大的代价。因此，用人单位在招聘时要依法依规操作，其中的关键是要破除签订书面劳动合同就会影响用工自主性、灵活性，不签劳动合同就可免除责任的误解。事实上，对于具体薪酬的多少，只要是劳资双方自愿协商的且不低于当地最低工资标准即可。

【案例导读】

案例1：王小红初中毕业后在家待了半年，今年春节过后来到城里找工作，去了几家单位都因身单力薄而未被录用。后来到了一家饭店，王小红说，"只要管吃管住，不给工资也行"。饭店张老板觉得很划算，就留下了王小红，并签了一份协议，其中约定：乙方（即王小红）在甲方某饭店从事服务员工作，甲方管乙方吃住，不发工资，试用期半年。

2008年4月20日中午，王小红在给顾客上菜时，由于地面太滑，不慎重重地摔了一跤，造成锁骨骨折，住院治疗21天，医疗费花了15 000多元。但张老板只给交了5 000元，其余10 000多元是王小红父母出的。出院后王小红找到饭店老板，要求报销医疗费并享受工伤待遇，但老板不答应。

于是王小红到当地劳动争议仲裁委员会申请仲裁，要求确认劳动关系，发放1—5月的工资，并享受工伤待遇。对此，张老板向劳动争议仲裁委员会辩称，"王小红根本不是我的员工，我们之间不存在劳动关系，因为我从未向她支付过工资"，并拿出了当初其与王小红签订的协议书。

案例2：张燕燕是某大学会计专业的学生，已经毕业一个月了，但是一直没有找到合适的单位。为了能够先找到一份工作，积累工作经验，张燕燕就找到当地一家会计师事务所，说明自己可以不要工资来工作，也就是可以"零工资就业"。会计师事务所决定，张燕燕可以先到单位来工作，但不发给其任何工资；至于张燕燕最终是否能正式留下，要看其工作表现。

在该事务所工作了一段时间后，张燕燕与其一位师姐聊起了就业中的种种困难，包括工资待遇问题。此时，张燕燕感到很不公平：自己每天辛辛苦苦，同那些正式员工干一样的工作，却连半分钱都拿不到。后来，张燕燕又同一位法律专业的同学谈起自己的这番感受，那位同学气愤地说："这是违法的！"并说可以要求该事务所按当地最低工资标准支付报酬。

于是，张燕燕要求该事务所向其支付最低工资。但该事务所认为，张燕燕在很多方面还达不到正式会计的要求，不能给工资，并且当初张燕燕也是同意不拿工资来此工作的。张燕燕为了维护自己的合法权益，在那位法律专业同学的帮助下申请了劳动仲裁。

上述案例的裁决结果如下。

案例1中，劳动争议仲裁委员会认为，王小红来到饭店为顾客服务的第一天起，双方就建立了劳动关系，饭店应当与其签订劳动合同，而劳动合同的必备条款就包括劳动报酬、社会保险等。因此，饭店与王小红签订的所谓"零工资就业"协议无效。于是，依法裁定饭店与王小红劳动关系成立，双方签订的协议无效，饭店向王小红支付4个月工资共3 200元（与其他服务员同工同酬，每月工资800元），并告知王小红向劳动保障部门申请工伤认定。劳动保障部门受理了王小红的工伤认定申请后，依法向饭店下达举证通知书。由于在通知规定的期限内，饭店未向劳动保障部门举证，劳动保障部门遂依法对王小红的事故伤害认定为工伤。王小红经工伤认定和劳动能力鉴定后，依法享受了工伤保险待遇。

案例2中，劳动争议仲裁委员会认为，张燕燕与会计师事务所均符合我国劳动法关于劳动合同主体资格的规定，双方虽未签订书面劳动合同，但存在事实劳动关系，会计师事务所应当依法向张燕燕支付工资报酬。双方关于"零工资就业"的约定，违反了《最低工资规定》的强制性规定，故裁决会计师事务所按照当地最低工资标准向张燕燕支付工资。

案例1的情形具有一定的典型性，在劳动力市场供大于求的情况下，不少劳动者（特别是一些缺乏就业经验者）因找工作困难，往往会主动提出"零工资就业"，但这种行为是违法的。《劳动合同法》第十七条规定，劳动合同应当具备以下条款：①用人单位的名称、住所和法定代表人或者主要负责人；②劳动者的姓名、住址和居民身份证或者其他有效身份证件号码；③劳动合同期限；④工作内容和工作地点；⑤工作时间和休息休假；⑥劳动报酬；⑦社会保险；⑧劳动保护、劳动条件和职业危害防护；⑨法律法规的规定应当纳入劳动合同的其他事项。除上述必备条款外，用人单位与劳动者还可以在劳动合同中约定试用期、培训、保守秘密、补充保险和福利待遇等其他事项。需要再次强调指出的是，劳动报酬、社会保险等是劳动合同的必备条款，任何违背必备条款规定的劳动合同或协议都是无效的。因此，用人单位应当依法用工，绝不能侵犯劳动者的合法权益；劳动者也要知法懂法，善于主张和维护自己的合法权益。

案例2是有关大学生"零工资就业"的一个典型问题。在本案中,张燕燕是已经毕业的大学生,具备了《劳动法》《劳动合同法》规定的劳动者主体资格,而这家会计师事务所同样具备用人单位的主体资格。并且,张燕燕在该事务所的管理之下提供劳动,所做的工作同其他工作人员一样,其主要工作属于该事务所业务的组成部分,故双方虽未订立书面劳动合同,但已经建立了事实劳动关系。因为事实劳动关系同样受到法律的保护,故会计师事务所应当向张燕燕支付工资,且该工资不得低于当地最低工资标准。

在这里还要区分的一种情况就是,大学生在未毕业之前到用人单位工作的,一般属于实习。目前,我国法律没有规定实习工资是否有最低工资的限制,即对实习工资没有作出明确规定。对此笔者认为,尚未毕业的大学生到用人单位去实习,目的是将理论与实践相结合,巩固专业知识,所以这种实习不能算一种用工行为,而是一种培训性质的学习。实习大学生和用人单位既没有形成劳动关系,也没有形成劳务关系,因此用人单位确实没有给实习生发工资的义务。因此,如果尚未毕业的大学生与用人单位约定"零工资"实习,那么是被法律所允许的。但在现实中,考虑到实习大学生毕竟付出了劳动,不少用人单位还是会向其提供一定的补贴。

综上,对于"零工资就业"的问题,表面上看是"一个愿打一个愿挨",但这是违反劳动法的,长远看对社会的发展也是起消极作用的。对此笔者认为,用人单位在这一问题上应当知法守法;择业者应当做好职业规划,提升个人的综合素质;政府应该拓宽就业渠道,减轻大学生的就业压力。

二、劳务派遣人员发生工伤后的责任承担主体

劳务派遣又称人才派遣、劳动力租赁,是指由劳务派遣机构与派遣劳工订立劳动合同,由派遣劳工向要派企业(实际用工单位)给付劳务,劳动合同关系存在于劳务派遣机构与派遣劳工之间,但劳动力给付的事实发生于派遣劳工与要派企业之间。劳动派遣的最显著特征就是劳动力的雇用和使用分离。劳动派遣机构已经不同于职业介绍机构,而是成为与劳动者签订劳动合同的一方当事人。简单地讲,劳动者与其工作的单位并没有劳动关系,而是与另一人才派遣等专门单位形成了劳动关系,再由该人才派遣机构派到用工单位去,用工单位与人才机构签订派遣协议。

当劳动者发生工伤时,根据《劳动合同法》第九十二条规定,给被派遣劳动者造成损害的,劳务派遣单位与用工单位承担连带赔偿责任。那么,什么是连带责任?劳动者发生工伤后又该由哪一方承担责任呢?

【知识概述】连带责任是我国民事立法中的一项重要责任制度,指当事人按照法律的规定或者合同的约定,连带地向权利人承担责任。连带责任实际上是一种对外责任,而派遣单位与实际用工单位可以约定各自承担多少比例的内部按份责任,但是内部约定按份责任不能对抗对外的连带责任。

【问题提示】在实际纠纷中应该如何认定连带责任?如果双方在合同中有约定又应该如何界定双方责任呢?

【案例导读】

2006年4月4日,范某与具有劳务派遣资质的江苏省苏州市鼎诚人力资源有限公司(以下简称"鼎诚公司")签订了一份劳动合同。双方约定,由鼎诚公司派遣范某到巴拉斯塑胶(苏州)有限公司(以下简称"巴拉斯公司")工作,工资为每月690元。合同签订后,范某即按约定被派遣至巴拉斯公司工作。同年4月28日,巴拉斯公司作为甲方、鼎诚公司作为乙方签订了劳务派遣协议一份,双方约定:"乙方根据甲方要求和条件,向甲方提供合格的劳务人员;乙方委托甲方向劳务人员代为发放工资,并按照国家规定为劳务人员缴纳当地的农村基本养老保险;甲方向乙方支付劳务人员的工资、意外伤害保险费、农保费用和管理费;乙方劳务人员在甲方工作期间,因工伤事故造成劳务人员受伤时,甲方应及时采取救助措施并通知乙方,由乙方按国家、当地劳动部门的政策规定,办理申报工伤、劳动鉴定申报以及办理工伤待遇的申请手续,甲方提供协助,超出保险理赔范围的经济补偿,甲方应予相应适当补偿。"

2006年8月24日,范某在工作中发生机械伤害事故,造成其左手受伤,巴拉斯公司为范某支付了医疗费15 000元。后范某被认定为工伤,且其劳动能力鉴定为七级。

由于三方未能就工伤赔偿达成一致,范某于2007年5月14日向劳动争议仲裁委员会提出仲裁申请,要求鼎诚公司和巴拉斯公司赔偿其住院伙食补助费、护理费、一次性伤残补助金、一次性工伤医疗补助金等,共计183 933.42元。

2007年7月,劳动争议仲裁委员会裁决鼎诚公司支付范某住院伙食补助费、停工期间工资、一次性伤残就业补助金等共计65 794元,巴拉斯公司支付范某一次性工伤医疗补助金 120 419 元。巴拉斯公司对此不服，遂将范某与鼎诚公司一同告上法庭。

上述案例的裁决结果是：苏州市虎丘区法院经过审理认为，范某与鼎诚公司之间签订的劳动合同合法有效。鼎诚公司作为劳务派遣公司，将范某派遣至巴拉斯公司工作，现范某在工作中受伤，并已由劳动部门确认为工伤及七级伤残，鼎诚公司应当按照相关规定给予范某工伤待遇。巴拉斯公司作为实际用工单位，应当为劳动者提供足以保障其人身安全的工作环境和条件，为此巴拉斯公司应对范某所受到的损害承担连带赔偿责任。巴拉斯公司与鼎诚公司之间签订的劳务派遣协议中，关于工伤事故处理的约定不得对抗第三人。

最终法院的判决如下：鼎诚公司支付范某住院伙食补助费、停工期间工资、一次性伤残就业补助金等共计 61 500 元。巴拉斯公司支付范某一次性工伤医疗补助金 98 500 元，合计 160 000 元。

由此可以看出：劳务派遣由于雇佣和使用分离，在实践中，雇主责任就会由于派遣机构和要派单位之间的相互推诿而难以落实，派遣劳动者权益受到侵害的现象十分严重。根据我国《劳动合同法》第九十二条之规定，给被派遣劳动者造成损害的，劳务派遣单位与用工单位承担连带赔偿责任。

连带责任是我国民事立法中的一项重要责任制度，指当事人按照法律的规定或者合同的约定，连带地向权利人承担责任。在此种责任中，权利人有权要求责任人中的任何一方承担全部的或者部分的责任，责任人也有义务承担部分的或者全部的责任。也就是说，在劳务派遣用工中，如果派遣单位与实际用工单位中的任意一方侵害了派遣劳动者的合法权益，派遣劳动者可以向两方中的任何一方主张权利并要求其承担责任，对此派遣单位与实际用工单位必须承担，不得借故推诿。

因此在本案中，鼎诚公司与巴拉斯公司需要向范某承担连带赔偿责任，范某可以要求鼎诚公司与巴拉斯公司中的任意一方承担全部或者部分责任。此外，派遣单位或实际用工单位如果约定了内部按份责任，当其中一方向劳动者承担责任之后，可以向对方当事人追偿对方需要承担的部分。

三、员工因涉嫌犯罪而被拘留期间的工资损失承担主体

现实中，公安机关因刑事案件侦查的需要，可能会拘留（甚至逮捕）尚

处于劳动合同履行过程中的员工，有时时间还会较长，这必然会影响劳动合同的正常履行。在这种情况下，劳动合同双方当如何处理彼此之间的劳动关系呢？

【知识概述】 尚处于劳动合同履行过程中的员工因涉嫌犯罪而遭到公安机关的拘留，这时的劳动合同不能因此而解除，因为有可能是一种错误拘留，主要包括以下几种情况：

一是公安机关经过侦查发现，对该员工的拘留是错误的，因而予以释放；

二是检察机关在审查逮捕或提起公诉过程中，发现公安机关的证据不足而不予起诉；

三是一审法院或二审法院经过开庭审理，发现证据不足而予以宣告无罪。

上述三种情况，都可能涉及该员工被羁押期间的工资损失问题。既然该期间的劳动合同不能解除，那就只能按照劳动合同中止的情况来处理；在中止期间，用人单位可以不履行向该员工支付工资的义务。这种情况下，该员工的工资损失只能由作出错误羁押决定的有关司法机关承担，员工可以通过国家赔偿程序来获得补救。

【问题提示】 在劳动者涉嫌犯罪而被拘捕期间，用人单位能否直接解除劳动合同？

【案例导读】

2009年3月15日晚，广西一位郝姓女孩遭几名蒙面歹徒持刀毁容。当地公安机构经过侦查，将一位曾经与该女孩谈过恋爱的霍姓小伙列为重要嫌疑对象。该霍姓小伙因郝姓女孩提出与自己分手而怀恨在心，曾扬言要报复这位女孩。2009年3月30日，该霍姓小伙因涉嫌故意伤害罪被公安机关依法刑事拘留。3个月后，公安机关调查发现真正的嫌犯并不是他，于是于2009年6月30日将其无罪释放。

当该霍姓小伙回原单位上班并要求对方支付自己被羁押期间3个月的工资时，却被人力资源部工作人员告知：你因犯罪，已于2009年4月1日被单位解除了劳动合同。该单位认为，根据《劳动合同法》第三十九条第六款的规定，劳动者被依法追究刑事责任的，用人单位可以解除其劳动关系，并且不用支付经济补偿金。既然该员工当时被公安机关刑事拘留，则单位当然可以解除劳动合同。为此，双方发生了劳动争议。

上述案例的裁决结果是：当地劳动争议仲裁委员会经审理认为，该用人单位不能与霍姓小伙解除劳动合同,但他也不能要求用人单位支付其被羁押3个月期间的工资;同时建议该霍姓小伙向当地公安机关提起国家赔偿。

判定该员工是否被依法追究刑事责任,不能以该员工是否被拘捕为依据。根据我国刑法和刑事诉讼法等相关规定,未经人民法院依法判决,对任何人都不得确定有罪,确定为犯罪并承担刑事责任的必须严格遵守对应的法律规定。该公司辩称,依据用人单位的《员工手册》,该员工被拘留,公司即可与之解除劳动合同;并且,《员工手册》制定后,该员工也是签收了的。但劳动争议仲裁委员会认为,企业制定的规章制度首先要合法,其次要公平合理,这条规定既不合法,也有失公平。

至于其被羁押三个月的工资损失,根据《关于贯彻执行〈中华人民共和国劳动法〉若干问题的意见》第二十八条的规定,劳动者涉嫌违法犯罪被有关机关收容审查、拘留或者逮捕的,用人单位在劳动者被限制人身自由期间,可与其暂时停止劳动合同的履行。暂时停止履行劳动合同期间,用人单位不承担劳动合同规定的相应义务。劳动者经证明被错误限制人身自由的,暂时停止履行劳动合同期间劳动者的损失,可由其依据《中华人民共和国国家赔偿法》要求有关部门赔偿。

四、集体合同与普通劳动合同的法律效力

集体合同(又称团体协约、集体协议等)实际上是一种特殊的劳动合同,是指工会或者职工推举的职工代表代表职工与用人单位依照法律法规的规定就劳动报酬、工作条件、工作时间、休息休假、劳动安全卫生、社会保险福利等事项,在平等协商的基础上进行协商谈判所缔结的书面协议。

《劳动合同法》第五十一条规定:企业职工一方与用人单位通过平等协商,可以就劳动报酬、工作时间、休息休假、劳动安全卫生、保险福利等事项订立集体合同。集体合同草案应当提交职工代表大会或者全体职工讨论通过。集体合同由工会代表企业职工一方与用人单位订立;尚未建立工会的用人单位,由上级工会指导劳动者推举的代表与用人单位订立。可见,作为一种契约关系,集体合同是集体协商的结果。

【知识概述】在劳动关系处理过程中,和普通劳动合同相比,法律赋予集体合同较大法律效力的意义在于以下几个方面。

第一,在签订劳动合同时,单个劳动者处于弱势地位而不足以同用人

单位相抗衡，因而难以争取到公平合理的劳动条件。由工会代表全体劳动者同用人单位签订集体合同时，就可以规定集体劳动条件，即本单位内的最低个人劳动条件。因此，集体合同能够纠正和防止劳动合同签订过程中对劳动者显失公平之处，使之比较公平合理，也使劳资双方在实力方面取得基本平衡。

第二，许多在劳动合同中难以涉及的职工整体利益等问题，可通过集体合同进行约定，如企业工资水平的确定、劳动条件的改善、集体福利的提高等。根据我国在工资方面的法律规定，用人单位在制定工资分配和工资支付制度时应当听取工会和职工代表大会的意见，这实际上就是工资集体协商的基础。

第三，在劳动合同的有效期内，如果企业经营状况和社会经济形势等因素发生了较大变化，那么就可以通过集体合同调整和保障劳动者的利益。根据《劳动法》的有关规定，用人单位确有必要裁减人员时，应当征求全体职工意见。因此，在集体合同中明确规定这方面的内容，实际上将经济性裁员规范化，从而有利于社会的稳定。

第四，劳动关系的内容涉及方方面面，如果各种细节均由劳动合同加以规定，那么每份劳动合同的篇幅都将相当长，订立劳动合同也将由此成为一件很不容易的事。通过集体合同，对劳动关系的内容进行全面规定之后，则在劳动合同方面只需要就单个劳动者的特殊情况作出规定即可，从而大大简化劳动合同的内容，也大大降低签订劳动合同的成本。由于集体合同的上述作用，其被认为是劳动合同的"母合同"。

第五，实行集体合同制度，有利于从整体上维护职工的劳动权益，更好地保护劳动者个人的合法权益，调动职工生产劳动的积极性、主动性和创造性，增强职工的企业主人翁意识，实现《劳动法》维护职工合法权益的根本立法宗旨，充分体现中国特色社会主义制度的优越性。

第六，实行集体合同制度，就劳动关系的调整而言，可在国家劳动法律法规的调整与劳动合同的调整之中增加"集体合同的调整"这一层次，从而实现对劳动关系的多方位、多层次调整。同一般的劳动法律法规相比，集体合同就劳动关系的调整对不同企业劳动关系的针对性更强，同时有利于消除或弥补劳动合同中存在的某些随意性，从而给企业劳动关系的调整提供一种新机制，使企业劳动关系更和谐、更稳定、更巩固，更有利于促进企业和个人的发展。

第七，实行集体合同制度，有利于更好地发挥工会在稳定企业劳动关系中的积极作用，使工会在协调劳动关系和维护职工劳动权益方面的职能发挥更直接、更生动、更有效，促使工会"维权"职能法治化的实现。

第八，实行集体合同制度，有利于缓和、解决劳动争议和劳动矛盾，有利于处理好劳动争议，减少此类案件的发生率，有利于职工和企业之间的沟通和理解，有利于维护企业生产经营秩序，促进企业的稳定和发展。

第九，实行集体合同，有利于政府从"救火队"到"裁判员"的角色转变。当前，在很多劳动纠纷中，当劳动者权益受到侵害时，许多人往往会把矛头指向政府，认为政府没有尽到责任。平心而论，政府在这方面是花了很多功夫、发了很多文件的，但是三令五申，收效却不显著。究其原因，是政府管了很多不该管的事，该管的事却没有管起来。如果有健全的集体合同法律制度，如果在用人单位推广实行集体合同，则劳动者完全可以通过自己的力量来维护自身合法权益，政府居中裁决即可。那样就不会发生这么多悲剧，政府的压力也将大大减轻。

集体合同与劳动合同的区别主要表现为以下几点。

第一，双方当事人不同。集体合同的双方当事人，一方是企业，另一方是以工会为代表的全体职工；劳动合同的双方当事人，一方是企业，另一方则是职工个人。

第二，合同内容不同。集体合同内容相对更复杂，其主要从全体职工利益出发，以整体利益为标准，涉及改进劳动组织、改善劳动条件、提高职工福利待遇等。劳动合同则以个人为标准，其内容比较单一，仅涉及职工个人利益。

第三，作用不同。集体合同的作用主要是提高、改善劳动者的劳动条件，劳动合同的主要作用则是建立个人劳动关系。

第四，合同的产生方式不同。集体合同产生于劳动关系运行之中，而不是劳动关系建立之前；其由工会代表全体职工同企业经过充分协商，并提交职工代表大会或全体职工讨论通过后才能形成。劳动合同则是为了确立劳动关系，因此其在劳动者实际就业时就产生了——由职工个人同企业协商一致后形成。

第五，发生法律效力的时间不同。集体合同经职工代表大会或全体职工讨论通过后，还不具有法律效力，其法律效力的产生要经过劳动保障行政部门的批准，即后者自收到集体合同文本之日起 15 日内未提出异议时才生效并具有法律效力。劳动合同则一经双方依法签订，即产生法律效力。

第六，效力不同。集体合同一经劳动保障行政部门审查通过，即对企业和全体职工都具有约束力。劳动合同则只对劳动者个人和企业产生约束力。

第七，期限不同。集体合同的期限一般为 1 年，最长不超过 3 年。劳动合同的期限则分为有固定期限、无固定期限和以完成一定工作为期限等三种。

依据《劳动合同法》第五十五条"用人单位与劳动者订立的劳动合同中劳动报酬和劳动条件等标准不得低于集体合同规定的标准"的规定，用人单位与所有劳动者签订的劳动合同标准都不得低于集体合同规定的标准，若低于这条标准，则按集体合同执行。

由此可知，集体合同的效力要高于劳动合同，其原因有二：一是集体合同的订立是为了弥补劳动合同的不足，二是集体合同可以弥补劳动立法的不足。《劳动法》所规定的基准是劳动者利益的最低标准，在此意义上，《劳动法》给予劳动者的是最低水平的保护。但是，我国劳动立法并不希望用人单位只保证劳动者最低水平的利益，而是希望用人单位在可能的情况下给予劳动者以更多的利益。

【问题提示】集体合同对制药分厂工人是否有效？制药公司和分厂技术工人订立的劳动合同有哪些内容无效？

【案例导读】

1995 年 9 月，某制药股份有限公司（以下简称"制药公司"）工会代表全体职工与公司签订了集体合同。合同规定：职工工作时间为每日 8 小时，每周 40 小时；在上午和下午连续工作 4 小时期间安排工间操一次，时间为 20 分钟；职工工资报酬不低于每月 650 元，每月 4 日支付；合同有效期自 1995 年 7 月 1 日至 1998 年 7 月 1 日。该合同之前已于同年 6 月底被劳动管理部门确认。

1995 年 9 月，制药公司从人才市场招聘了一批技术工人去新建的制药分厂工作，并同每位技术工人签订了劳动合同，主要内容均是：合同有效期自 1995 年 9 月 1 日至 1998 年 9 月 1 日；工作时间为每日 10 小时，每周 50 小时，上下午各 5 小时、无工间；工资每月 1 000 元；劳动中出现的伤亡由劳动者自行负责。

到岗后，这些技术工人发现车间药味很浓，连续工作后感觉头昏脑涨。于是，部分人向分厂负责人提出，要像总厂工人那样有工间休息。分厂的答复是：其一，总厂集体合同订立在先，分厂设立在后，集体合同对分厂职工无效，分厂职工不能要求和总厂职工同等的待遇；其二，根据劳动合同，分厂工人比总厂职工工资高出许多，既然按劳取酬，那么增加劳动强度也是公平合理的。为此双方发生了激烈的冲突。

当地的劳动争议仲裁委员会经过审理认为，集体合同对制药分厂工人有效，分厂与工人签订的合同中关于劳动时间的规定无效。裁决指出，《劳动法》有关"每日劳动时间不得超过8小时"属强制性的规定，加班应采取工人自愿原则，并给予一定的劳动报酬。此外，"伤亡由劳动者自负"属无效条款。我国《劳动合同法》明确规定，凡订立此类条款的，该条款无效。

集体合同的法律效力是指集体合同的法律约束力。《劳动法》第三十五条规定，依法签订的集体合同对企业和企业全体职工具有约束力。在职工个人与企业订立的劳动合同中，劳动条件和劳动报酬等标准不得低于集体合同的规定。《劳动合同法》第五十四条第二款规定，依法订立的集体合同对用人单位和劳动者具有约束力。行业性、区域性集体合同对当地本行业、本区域的用人单位和劳动者具有约束力。

可见，凡符合法律规定的集体合同，一经签订就具有法律效力。集体合同的法律效力主要包括以下几个方面：

第一，集体合同对人的法律效力。集体合同对人的法律效力是指集体合同对什么人具有法律约束力。根据《劳动法》的规定，依法签订的集体合同对用人单位和用人单位的全体劳动者具有约束力。这种约束力主要表现为：集体合同双方当事人必须全面履行集体合同规定的义务，任何一方都不得擅自变更或解除集体合同；如果集体合同的当事人违反集体合同的规定，则要承担相应的法律责任；劳动者个人与用人单位订立的劳动合同中，有关劳动条件和劳动报酬等标准不得低于集体合同的规定；等等。

第二，集体合同的时间效力。集体合同的时间效力是指集体合同从什么时间起发生其效力、什么时间起终止其效力等。集体合同的时间效力通常以其存续时间为标准，一般从集体合同成立之日起生效。当事人另有约定的，则应在集体合同中加以明确规定。集体合同的期限届满，其效力终止。

第三，集体合同空间的效力。集体合同对空间的效力是指集体合同规定的对于哪些地域、哪些从事同一产业的劳动者和用人单位具有约束力。

五、职工在上班期间出庭作证能被扣工资吗？

劳动者在日常生活中或在工作过程中，有时会成为一些案件的目击证人，其看到或听到的一些案件事实对司法机关厘清案件真相有很大帮助，尤其在一些重大民事案件或刑事案件中。于是，就可能出现职工在上班期间被要求出庭作证的情形。

如果职工出庭作证，其必然不能如往常那样正常提供劳动。那么，其出庭期间的工资应当被扣吗？对此，一些用人单位认为，当然要扣工资，因为出庭期间应作为事假对待。这就给劳动者出庭作证造成了心理负担，因为这样的行为会给他们带来损失。

【知识概述】根据我国法律规定，任何人都有出庭作证的义务。也就是说，任何公民只要成为案件证人，都有义务向司法机关提供证言证词以协助查明案件的事实或真相。正是基于这样的法律规定，我国的相关劳动法律也为职工出庭作证提供了方便：首先，要求用人单位允许自己的职工出庭作证，并不得作为缺勤对待；其次，明确规定职工在上班期间出庭作证不能被扣工资，应视为正常出勤。这样的规定就对职工出庭作证提供了保障，使之没有了后顾之忧。

【问题提示】员工出庭作证属于依法参加社会活动吗？

【案例导读】王杰在街头目击了一起打斗纠纷案，其中有一人被打致死。法院开庭时通知王杰出庭作证。于是，王杰向厂长请假，但厂长不同意，理由是此时生产正处于旺季，员工离岗会影响企业的经济效益。后来，法院来做工作，厂长这才勉强同意了。但王杰因出庭作证被扣去两天工资。王杰表示不服，申诉至当地劳动争议仲裁委员会。

对此，劳动争议仲裁委员会作出裁决：该厂扣发王杰工资的行为违反了《劳动法》等规定，必须在裁决生效当日予以补发。

《中华人民共和国民事诉讼法》（以下简称《民事诉讼法》）第七十条规定："凡是知道案件情况的单位和个人，都有义务出庭作证。有关单位的负责人应当支持证人作证。证人确有困难不能出庭的，经人民法院许可，可以提交书面证言。"对此，我国刑事诉讼法也有类似规定，即人民法院、人民检察院和公安机关有权向有关单位和个人收集、调查证据。有关单位和个人应当如实提供证据。由此可见，出庭作证是我国公民的一项法定义务。本案中，王杰出庭作证的行为正是履行国家法定义务的表现。

工资是用人单位支付给劳动者的劳动报酬，按照国家法律规定的标准或者与劳动者签订的劳动合同中规定的标准，以货币形式支付。《劳动法》给予劳动者获取劳动报酬的法律保障。该法第五十条规定："工资应当以货币形式按月付给劳动者本人，不得克扣或者无故拖欠劳动者的工资。"

工资是劳动者生活的依赖，用人单位不得非法扣除和延付劳动者的工资，其扣除必须在法律规定的情况下才被允许。《劳动法》第五十一条规定："劳动者在法定休息和婚丧期间以及依法参加社会活动期间，用人单位应当依法支付工资。"这就是说，劳动者依法参加社会活动是履行国家和社会义务的行为，应视为提供了正常劳动。

我国《工资支付暂行规定》第十条也规定："劳动者在法定的工作时间依法参加社会活动期间，用人单位应视同其提供了正常劳动而支付工资。此类社会活动包括：依法行使选举权或被选举权；当选代表出席乡（镇）、区以上政府，党派、工会、青年团、妇女联合会等组织召开的会议；出任人民法院证明人；出席劳动模范、先进工作者大会；《工会法》规定的不脱产工会基层委员会委员因工作活动占用的生产或工作时间；其他依法参加的社会活动。"

由此可见，员工出任人民法院的证人进行诉讼活动，是依法履行国家和社会义务的行为，其权利受法律保护。其这一期间虽然不在工作岗位，但依然提供了正常的社会劳动，为此用人单位必须依法支付工资。

六、不定时工作制员工能要求加班费吗？

不定时工作制也叫无定时工时制，其特点是没有固定工作时间的限制，是针对因生产特点、工作性质特殊需要或职责范围的关系，需要连续上班或难以按时上下班，无法适用标准工作时间或需要机动作业的职工而采用的一种工作时间制度，是中国现行的基本工作时间制度之一。

【知识概述】不定时工作制是相对于标准工时工作制而言的一种特殊的工时制度。标准工时制、综合计算工时制等都属于定时工作制，是依据工作时间来计算劳动量的，不定时工作制则是一种直接确定职工劳动量的工作制度。

对于实行不定时工作制的职工，用人单位应按《劳动法》的规定，参照标准工时制核定其工作量，并采用弹性工作时间等适当方式，确保职工的休息、休假权利和生产、工作任务的完成。企业中的高级管理人员、外勤人员、推销人员、部分值班人员和其他因工作无法按标准工作时间衡量的职工，可以实行不定时工作制。

《劳动法》第三十九条规定，"企业因生产特点不能实行本法第三十六条、第三十八条规定的，经劳动行政部门批准，可以实行其他工作和休息办法。"根据我国《关于企业实行不定时工作制和综合计算工时工作制的审批办法》的规定，不定时工作制是指每一工作日没有固定的上下班时间限制的工作时间制度，是针对因生产特点、工作特殊需要或职责范围等关系，无法按标准工作时间衡量或需要机动作业的职工所采用的一种工时制度。

经批准实行不定时工作制的职工，不受《劳动法》第四十一条规定的日延长工作时间标准和月延长工作时间标准的限制，但用人单位应采用弹性工作时间等适当的工作和休息方式，确保职工的休息、休假权利和生产、工作任务的完成。

实行不定时工作制的人员不执行加班工资的规定。但是，实行不定时工作人员的工作时间仍应按照相关法律、政策的规定，平均每天原则上工作8小时，每周至少休息1天。《关于企业实行不定时工作制和综合计算工时工作制的审批办法》第四条规定，除企业中的高级管理人员、外勤人员、推销人员、部分值班人员和其他因工作无法按标准工作时间衡量的职工外，企业对符合下列条件之一的职工，也可以实行不定时工作制：企业中的长途运输人员、出租汽车司机和铁路、港口、仓库的部分装卸人员以及因工作性质特殊需要机动作业的职工，其他因生产特点、工作特殊需要或职责范围的关系适合实行不定时工作制的职工。

【问题提示】蒋某的加班能获得加班费吗？

【案例导读】蒋某于2008年6月10日进入某运输公司，任专职驾驶员。2008年6月16日，经劳动保障局批准，该运输公司对包括蒋某在内的8名驾驶员实行不定时工作制，有效期为1年。2009年6月9日，双方劳动合同到期。因公司对蒋某的工作表现不甚满意，决定不与蒋某续签合同，于是向其支付了1个月的经济补偿金，双方劳动合同终止。同年7月16日，蒋某以任职期间每月有7~10天的工作时间超过8小时为由，向当地劳动争议仲裁委员会提出仲裁申请，要求公司支付其加班费7 241.37元。

仲裁委审理后认为，运输公司经劳动保障局批准，对蒋某等8名驾驶员实行不定时工作制。蒋某每月虽有7~10天的工作时间达到了8~11个小时，但公司采取了集中休息、轮休、调休等方式，保障了蒋某的休息休假权，并未违反法律规定。为此，仲裁委驳回了蒋某的仲裁请求。

本案中，蒋某作为该运输公司的专职驾驶员，经劳动保障部门批准，实行不定时工作制。根据不定时工作制的相关规定，企业可以在每日延长工作时间不超过3小时、每月不超过36小时的范围内，根据企业生产特点适当延长蒋某的工作时间。本案事实符合以上规定，因此蒋某的仲裁请求未得到仲裁庭的支持。

近年来，企业与员工因实行不定时工作制的纠纷日益增多，许多企业对不定时工作制还缺乏一定的了解。其认为，企业只要实行不定时工作制，就可以无限制地延长劳动者的工作时间，就可以随意安排劳动者加班。其实不然。

首先，企业要实行不定时工作制必须通过劳动行政部门的审批，并不是任何岗位都能实行这种制度。其次，企业实行的不定时工作制必须符合《劳动法》相关规定。例如，每日延长工作时间不得超过3小时，每月不得超过36小时；不定时工作制的劳动者也依法享有法定节假日休息权，如果企业在法定节假日安排其加班的，亦须支付300%的加班费；对所延长的工作时间，企业应当采用集中休息、轮休调休等适当方式，确保职工的休息、休假权利；等等。

现实中，不定时工作制常常用于工作总时间不变、工资水平不变的情况下，企业根据其生产经营"闲与忙"的程度来调节员工的实际工作时间，例如，闲的时候，一天的工作时间可能只有6小时，忙的时候可能是10小时，但工作时间总数没变，工资水平没有变，在此范围内也不存在加班费等问题。所以，企业可根据实际情况来科学合理安排员工的工作时间。

在"8小时工作制"的规定下，员工若加班，则加班费须另算。这种情况下，企业一旦进入比较"闲"的生产经营区间，其经济负担就会陡然增加，因为一方面生产经营任务减少了，另一方面工资却只有增加而没有减少。可见，不定时工作制显示出了比8小时工作制更加灵活、科学的一面：既减少了裁员和降薪的不利因素，又科学合理地利用了劳动力，还解决了困扰员工和企业的加班费问题，可谓一举三得。

有人担忧，如果企业一直"忙"不起来，则员工的总工作时间始终达不到标准，从而影响收入。此种担心确有其存在的可能性。但是，即使因为这种原因而造成工资收入减少，但至少符合多劳多得、少劳少得的原则，起码让人心服口服。

当然，对实行不定时工作制时可能出现的一些问题，如悄悄"抹掉"了劳动者应得的加班费，企业未经批准就擅自实行该工作制等，也应当引起重视。对此，有专家曾提醒有关部门：应警惕企业将不定时工作制扩大化，使之成为企业不给付加班工资、不给休息时间的借口。笔者认为，要防止不定时工作制不侵犯职工权益，就必须强化主管部门、工会、媒体等对用人单位的监督。一旦发现用人单位侵害了职工权益，有关部门应及时严肃查处，不能找种种借口"照顾"用人单位。

七、劳动合同变更时须注意的问题

劳动合同一经依法订立，即具有法律约束力，受法律保护，双方当事人应当严格履行，任何一方不得随意变更劳动合同约定的内容。那么，在什么情况下可以变更劳动合同？在劳动合同变更过程中应注意哪些问题？

【知识概述】《劳动合同法》第三十五条规定："用人单位与劳动者协商一致，可以变更劳动合同约定的内容。变更劳动合同，应当采用书面形式。变更后的劳动合同文本由用人单位和劳动者各执一份。"第四十条规定，有下列情形之一的，用人单位提前30日以书面形式通知劳动者本人或者额外支付劳动者1个月工资后，可以解除劳动合同：劳动合同订立时所依据的客观情况发生重大变化，致使劳动合同无法履行，经用人单位与劳动者协商，未能就变更劳动合同内容达成协议的。

【问题提示】劳动合同变更应注意什么？

【案例导读】

案例1：李某大学会计专业毕业后到一家外资公司工作，在单位期间其工作岗位一直是会计，劳动合同书上也是这么约定的，收入为2 800元左右。但是，不久前单位销售科的一名职工离职了，于是单位提出，要将李某的岗位变更为销售员，报酬也变更为基本工资1 000元，绩效工资随销售业绩浮动。

对此，李某表示不同意，认为自己不适合干销售。尽管如此，单位仍发出一份通知书，宣布将他的岗位调整为销售员，双方由此发生争议。李某到劳动仲裁委员会进行申诉，要求公司继续履行劳动合同。

案例2：2003年9月1日，杨女士被雀巢（中国）有限公司录用，双方于当日签订了无固定期限劳动合同。其中约定：每月最后一天发薪，每年年底支付与税前月基本工资等额的第13个月薪金。2004年1月，该公司向杨女士送达了一封通知函，其中载明："次年度税前基本工资包括'第13个月奖金'，自2004年起第13个月奖金将改为次年春节支付，新的整体薪酬将代替现存劳动合同中相应条款。"杨女士收到该信函后，未发表意见。

2004年12月7日，杨女士提出辞职，并于2005年1月7日正式离职。2005年3月，杨女士起诉至一审法院称，称双方就通知中劳动合同的变更没有达成一致意见。其于2005年1月7日离职后，雀巢（中国）有限公司以已改变原合同上的内容为由拒绝支付自己第13个月的薪金。为此，杨女士请求法院判令该公司支付2004年度第13个月的薪金1.4万元。

该公司称，杨女士所说的第13个月薪金是双方于2003年9月1日签订劳动合同中的称谓，其实质是奖金，是由公司自行决定的事务。为进一步明确这一点以及支付条件，该公司已于2004年1月以通知函的形式向杨女士进行了书面明示，同时说明新条款将代替现存劳动合同中的相应条款。杨女士接到该通知函后并未表示异议，应视为其默认公司变更劳动合同的行为。此外，发放奖金时双方已解除劳动合同，杨女士没有理由向公司主张上述奖金。

案例3：1993年8月27日，原告任女士与被告远安宾馆签订了一份为期6年零4个月的劳动合同，并经远安县劳动争议仲裁委员会鉴证生效，原告被安排在被告餐饮部工作。同年9月，被告与香港某公司合资组建宜昌蓝翔歌舞娱乐大世界有限公司（以下简称"蓝翔公司"），该公司于1994年6月经核准登记注册，具有法人资格。

1995年4月，被告与香港某公司协商，将被告餐饮部撤销，餐饮部原16名职工成建制转入蓝翔公司。经报远安县人民政府批准，远安县人民政府同意上述意见，同时要求被告与蓝翔公司做好有关衔接工作。此后，包括原告在内的16名原餐饮部职工即到蓝翔公司上班并领取报酬。

为理顺劳动关系，被告于1995年12月11日召集转入蓝翔公司的8名合同制职工，要求与之变更原劳动合同。被告提出，这些职工在蓝翔公司工作期间，保留原在宾馆的编制及档案，不影响正常的晋级、提干、续订合同，劳动保险、住房补贴、医药费等也由蓝翔公司承担。

当时，原告对变更原劳动合同未发表任何意见，但未在劳动合同变更协议上签字。其余 7 名职工则均在同月与被告达成前述内容的劳动合同变更协议,并经远安县劳动争议仲裁委员会鉴证。同月 30 日,被告与蓝翔公司进一步达成协议,蓝翔公司承认并接纳从被告处转入的 16 名职工和原餐饮部资产,同时承认相关合同制职工的劳动合同变更协议,不再另行签订其他合同。

之后,原告与被告就签订劳动合同变更协议一事始终不能达成一致意见,原告坚持要求被告将其安排至原宾馆客房部工作。1996 年 2 月 26 日,被告通知原告要解除双方原签订的劳动合同,并为此征求了本单位劳动争议调解委员会的意见。此后,被告单位的工会、劳动争议调解委员会、远安县工会、县劳动局等均从中调解,但双方始终不能达成协议。

1996 年 6 月 10 日,被告单位劳动争议调解委员会举行会议,同意被告解除与原告的劳动合同。同年 7 月 10 日,被告正式作出关于解除与原告劳动合同的决定。

原告对此不服,向远安县劳动争议仲裁委员会申请仲裁。该委裁决指出,被告对原告下发的解除劳动合同的决定有效,对原告的其他请求不予支持。原告不服此裁决,诉至远安县人民法院,称:被告解除与其签订的劳动合同,缺乏法律依据,要求维持原劳动合同,并希望能被安排在原宾馆客房部工作。

上述案例的裁决结果如下。

案例 1 中,由于是公司单方面变更劳动合同,没有与李某达成一致协议,因此,最终裁决是:公司应继续履行原合同,不能随意变更。

案例 2 中,一审法院判决支持杨女士的请求;公司不服,上诉至市中院。市中院维持了一审法院的判决,指出:雀巢(中国)有限公司提出了变更劳动合同的请求,但没有得到杨女士的回复及同意,即双方没有就合同重大事项变更达成一致意见,无法达到变更劳动合同的效果,所以仍应按照原来劳动合同的约定执行。

案例 3 中,原告成为被告合同制职工后,一直在餐饮部工作。后被告与他方组建蓝翔公司,根据需要撤销了原餐饮部,原餐饮部的 16 名职工成建制转入蓝翔公司。这样,原劳动合同订立时所依据的客观情况发生了重大变化,需要变更原劳动合同中的相关条款。但原告对被告提出的变更合同的意见置之不理,被告依法定程序解除与原告签订的原劳动合同,符合《劳动法》的有关规定。所以,法院最终支持了被告的决定。

从《劳动合同法》的相关规定及对以上案例的分析可知,在变更劳动合同的过程中,应当注意以下几个方面。

第一,劳动合同变更必须坚持平等自愿、协商一致的原则,即劳动合同的变更须经用人单位和劳动者双方当事人同意。平等自愿、协商一致是劳动合同订立的原则,也是其变更所应遵循的原则。任何单方变更劳动合同的行为都是无效的。

第二,变更劳动合同时必须采取书面形式。劳动合同双方当事人经协商后对劳动合同中的约定内容的变更达成一致意见时,必须达成变更劳动合同的书面协议,任何口头形式达成的变更协议都是无效的。变更后的劳动合同文本由用人单位和劳动者各执一份。

第三,劳动合同的变更要及时进行。提出变更劳动合同的主体可以是用人单位,也可以是劳动者。但不论由哪一方提出,都应当及早向对方说明变更劳动合同的理由、内容和条件等并及时进行变更。如果应该变更的劳动合同内容没有及时变更,由于原订条款继续有效,劳动合同往往会不适应变化了的新情况,从而引起不必要的争议。

当事人一方在获知对方变更劳动合同的要求后,应在对方规定的合理期限内及时作出答复,不得对对方提出的变更劳动合同的要求置之不理。根据《劳动法》第二十六条和《劳动合同法》第四十条的规定,劳动合同订立时所依据的客观情况发生重大变化,致使劳动合同无法履行时,如果用人单位经与劳动者协商,未能就变更劳动合同内容达成协议,则用人单位可以单方解除劳动合同。

第二节 外来务工人员在劳动合同的解除、终止环节中的常见问题

一、员工拒绝调岗降薪,公司能否解除劳动合同?

调岗调薪作为一种降低人力成本的手段或者一种变相裁员的方式,常被一些单位所应用。但是,用人单位的调岗降薪如果没有相应的法律依据,仅仅根据其自身管理需要而进行单方调岗降薪,则是不合法的,且很容易引发劳动争议。那么,在什么情况下企业才有理由、有权利调岗降薪呢?

【知识概述】劳动合同的解除,是指当事人单方或双方提前终止劳动合同

的法律效力，解除双方的权利义务关系。《劳动合同法》第三十六条规定："用人单位与劳动者协商一致，可以解除劳动合同。"第四十条规定，有下列情形之一的，用人单位提前30日以书面形式通知劳动者本人或者额外支付劳动者一个月工资后，可以解除劳动合同：①劳动者患病或者非因工负伤，在规定的医疗期满后不能从事原工作，也不能从事由用人单位另行安排的工作的；②劳动者不能胜任工作，经过培训或者调整工作岗位，仍不能胜任工作的；③劳动合同订立时所依据的客观情况发生重大变化，致使劳动合同无法履行，经用人单位与劳动者协商，未能就变更劳动合同内容达成协议的。由此可见，解除双方依法签订的劳动合同是需要法定理由或条件的。

【问题提示】怎样理解协商一致？解除劳动合同的条件如何界定？如何处理解除劳动合同后的经济补偿？

【案例导读】

案例1：黄某，时年56岁，10多年前曾下岗失业过。1996年7月，他来到厦门某公司工作，被聘为这家公司的安全技术员与技术部设备维修技术员。他兢兢业业，在这一岗位上一干就是12年。然而，该公司出于节省成本、规避签订无固定期限劳动合同的目的，在黄某的劳动合同将要到期之前，对其工作岗位进行调整并降低工资标准。

2007年12月，公司方面通知黄某调整工作岗位，遭到黄某拒绝。之后，公司便以不调整岗位便不再与其签订劳动合同甚至辞退相威胁。因为担心失去工作，黄某不得不与公司签订《调整工作岗位协议》。2008年6月11日，黄某向市劳动争议仲裁委员会申请仲裁。此后，黄某不服仲裁结果，遂向法院提起上诉。

案例2：王女士于1994年7月进入上海一家贸易公司担任日语翻译，后调至劳动人事部门从事人事管理工作。2007年5月开始，王女士与此单位的良好关系发生了逆转。公司不仅将王女士调往生产部门担任生产顾问，而且还对其每月降薪800元。

王女士对公司无故调岗调薪的行为感到很疑惑，于是找到公司领导。领导称，考虑到王女士的年龄已经比较大了，出于对她的关怀而对她的岗位进行了调整。公司还称，这么做是在公司领导办公会议上通过了的，有会议纪要为证；双方签订的劳动合同中也约定，公司根据生产经营需要以及依照员工的能力和工作表现，可调整其工作，因此公司这么做也是合法的。但王女士认为,公司不能这样不经协商就单方调整自己的岗位并降低工资。

多次协商未果后,王女士向该公司提出解除劳动合同,并要求其支付解约经济补偿金。该公司则表示,肯定不会支付经济补偿金。无奈之下,王女士决定通过法律途径解决问题。为此,她委托上海的一家律师事务所律师代理,向劳动争议仲裁委员会提起申诉,要求公司支付解除劳动合同的经济补偿金及50%的额外经济补偿金,并补发被克扣的工资及25%的经济补偿金等,共计10万余元。

案例3:张小姐于2007年7月进入一家法国公司,任配餐部经理。2008年10月,双方补签劳动合同,仍约定其职位为配餐部经理,月工资为3 000元。2009年4月,该公司称因工作需要将其调整到销售部任销售主管,工资待遇不变;同年8月,又以销售业绩低为由对其降职降薪,职位由销售主管降至销售代表,工资也由3 000元降至750元。

张小姐无法接受这一降职降薪结果,要求恢复其原职,并因此与公司领导发生争执。该公司以张小姐"顶撞领导、销售业绩差考核不合格"为由将其辞退。张小姐与之协商并提出,要求对方发放3个月的经济补偿金,但该公司予以拒绝。

随后,张小姐在北京亦庄经济技术开发区劳动仲裁委员会提出申诉。经开发区劳动仲裁委员会审理后一审裁决:企业与张小姐解除劳动合同成立,同时支付张小姐3个月的最低生活补助。张小姐对劳动仲裁裁决结果不服,遂向人民法院提出上诉,请求法院依法裁决企业支付其3个月的经济补偿金。

上述案例的裁决结果如下。

案例1中,相关录音资料显示,黄某是在该公司的胁迫下签订的《调整工作岗位协议》,故本案中的协议无效。该公司明知黄某没有电工证,也明知没有电工证是不能从事电工岗位的,但仍要求黄某从事冷藏箱值班电工工作,此种违反行政法规强制性规定而签订的《调整工作岗位协议》,应认定为无效。

此外,根据法律规定,黄某在这家公司的工龄已超过12年,其有权要求与公司签订无固定期限劳动合同。虽然该公司已经于2008年6月2日通知黄某办理解除劳动合同手续,但因黄某不同意而未办理。因此,在劳动合同未解除的情况下,黄某有权要求与该公司签订无固定期限劳动合同。此外,该公司还应补发黄某于2007年12月10日至2008年5月31日期间的工资差额

5 000 元。

案例 2 中，劳动争议仲裁委员会裁决支持了王女士的全部诉请。

案例 3 中，经法院调查，该公司未能提供相关"员工业绩差"的证据，同时对其《员工手册》中所指"顶撞领导"的条款不能明确认定，故裁决其解除与张小姐的劳动合同不成立。鉴于张小姐已不再可能返回该公司继续工作，判决企业支付张小姐 3 个月的经济补偿金。

就案例 1 而言，根据《劳动法》规定，一方以欺诈、胁迫的手段或乘人之危，使对方在违背真实意思的情况下签订的劳动合同无效，受损害方有权请求人民法院或者仲裁机构变更或者撤销。因此，本案中的协议当然无效。劳动协议应当在双方自愿、公平、平等的前提下签订，才是合法有效、受法律保护的；任何通过欺诈、胁迫等方式签订的劳动合同，则都是违法无效的。合法的劳动合同是劳动者的真实意愿表示，也是维护其合法权益的重要保障。劳动者在与用人单位发生劳动争议时，应懂得用法律武器来维护自己的合法权益。

就案例 2 而言，其涉及调岗降薪以及由此引发的劳动者单方解除劳动合同等问题。根据相关劳动法律法规，劳动合同变更应当在双方协商一致的基础上进行。如果合同中约定可以按照生产经营的需要随时调整劳动者的工作内容或岗位，则用人单位应有合理依据；对于调岗又降薪的做法，则用人单位更有义务提供合法依据。

第一，公司对调岗调薪的行为合法性有举证责任。本案中，王女士于 5 月份被口头告知：由原来的劳动人事部部长职位调整至生产部门担任生产顾问，月薪也随之降低。根据《劳动法》第十七条的规定：订立和变更劳动合同，应当遵循平等自愿、协商一致的原则。再根据上海市高级人民法院 2002 年《关于审理劳动争议案件若干问题的解答》第十五条规定："用人单位和劳动者因劳动合同中约定，用人单位有权根据生产经营需要随时调整劳动者工作内容或岗位，双方为此发生争议的，应由用人单位举证证明其调职具有充分的合理性。用人单位不能举证证明其调职具有充分合理性的，双方仍应按原劳动合同履行。"

在仲裁庭审中查明，该公司在调岗调薪的时候并没有同王女士协商，所提供的会议纪要只是其单方面变更岗位和薪资的意思，续订的劳动合同也没有明确变更后的具体岗位，只是约定可以根据工作需要调动。根据法律规定，必须由公司提供变更岗位的合理理由，而该公司并没有证据证明其调岗的合理性。故该公司调岗调薪的行为缺乏合法的依据，是一种侵害员工利益的违法行为。

第二，本案中，系由该公司的违法行为迫使员工单方解除劳动关系，为此该公司应支付员工相应的经济补偿金。并且，该公司违法调岗降薪的行为没有合法依据，双方应当按原劳动合同履行，因此公司应该按原合同约定的工资数额支付劳动者报酬；如果其没有按约定支付薪资，则属于无故克扣员工的工资。对此，《上海市劳动合同条例》明确规定，"用人单位未按照劳动合同约定支付劳动报酬或者提供劳动条件的"，劳动者可以随时通知用人单位解除劳动合同。这种情况下，用人单位应当根据劳动者在本单位工作年限，每满 1 年给予劳动者本人 1 个月工资收入的经济补偿，补偿总额一般不超过劳动者 12 个月的工资收入，但当事人约定超过的，从其约定。此外，根据《违反和解除劳动合同的经济补偿办法》，用人单位解除劳动合同后，未按规定给予劳动者经济补偿的，除全额发给经济补偿金外，还须按该经济补偿金数额的 50% 支付额外经济补偿金。

本案中，王女士之所以单方解除劳动合同，是在该公司违法调岗、不履行原劳动合同、无故克扣其工资的情形下被迫做出的，其单方解除行为是合法的。此后，单位又拒绝支付经济补偿金。根据有关法规，王女士所要求的补足被克扣的工资并支付 25% 的补偿金、支付解约补偿以及 50% 的额外补偿金的请求，最终都获得了支持。

就案例 3 而言，张小姐的遭遇也反映了劳动合同变更的合法性问题。劳动合同的变更，是指双方当事人经协商一致，对原订劳动合同的部分条款修改、补充、废止的行为。劳动合同的变更主要是对合同内容的修订，如劳动者薪酬福利的增减、工作岗位的调整等，一般不涉及双方主体的变更。因为，由劳动合同而产生的劳动关系是一种特殊的人身关系，合同主体的变化即意味着原劳动合同的终止。

当然，有一种情形例外，就是用人单位合并、分立的，劳动合同由合并、分立后的用人单位继续履行。在这种情况下，用人单位一方的变更可以视为劳动合同的变更。

与一般民事合同相比，劳动合同履约的期限较长，在合同履行过程中难免会发生当事人预想不到的变化。因此，法律允许用人单位和劳动者根据生产经营需要或劳动者个人的情况变更劳动合同的内容。但是,劳动关系除了具有经济因素外,还具有一定的隶属关系。劳动者在其中处于被管理、被支配的劣势地位。因此,为防止用人单位随心所欲地支配劳动者,将其对合同的变更限制在合理范围内,法律对劳动合同的变更作了严格要求。变更劳动合同的行为,必须满足两项要件才能有效:一是应经双方当事人协商一致,协商不一致的,劳动合同应当继续履行;二是应采用书面形式变更。

显然,本案中张小姐所在单位单方面强行变更其工作岗位的做法不符合劳动合同变更的法定程序,因而得不到法院的支持。

二、经济补偿金能否协商支付?

劳动合同解除或终止后的经济补偿,是指劳动合同解除或终止后由用人单位给予劳动者的一次性经济补助。根据《劳动合同法》第四十七条的规定,经济补偿按劳动者在本单位工作的年限,每满1年支付1个月工资的标准向劳动者支付;6个月以上不满1年的,按1年计算;不满6个月的,向劳动者支付半个月工资的经济补偿。劳动者月工资高于用人单位所在的直辖市、设区的市级人民政府公布的本地区上年度职工月平均工资3倍的,向其支付经济补偿的标准按职工月平均工资3倍的数额支付,向其支付经济补偿的年限最高不超过12年。

【知识概述】如果协商支付的经济补偿的标准在法定标准之上,则只要劳动者与用人单位双方约定并明确于劳动合同当中,此经济补偿即应视为合法。此外,由于原则上经济补偿不得低于法定标准,那么对于劳动者与用人单位双方约定并达成协议的低于法定标准的经济补偿,则劳动者和用人单位双方在订立协议时须明确标注出已明确告知劳动者经济补偿的法定标准,并且须提供劳动者在协议中明确放弃要求补足差额之权利的证明。那么此时,对此类经济补偿的协商支付也应视为合法。

【问题提示】如何才算劳动者自愿放弃补足差额的权利?经济补偿基础的范围该如何确定?

【案例导读】

案例1:冯某于2006年11月3日与某公司签订了为期10年的劳动合同,任销售部经理。2010年3月,该公司与冯某协商解除劳动合同,冯某同意。经协商,该公司向冯某支付经济补偿2.5万元,双方解除了劳动合同。冯某解除劳动合同前12个月的平均工资为1万元。

2010年5月,冯某以该公司拖欠经济补偿为由,向当地劳动争议仲裁委员会提出仲裁,要求该公司补发经济补偿2万元并加付50%的额外经济补偿金1万元。

案例2:员工小贾于2007年6月进上海某外贸企业,与之订立了自2007年6月1日至2010年5月31日为期三年的劳动合同,约定的工资标准为2 000元。自2008年下半年起,小贾的工作量不够,企业有时安排小贾(包括其所在部门其他职工)待工,按最低工资标准计发待工工资,每月为1 350元到1 980元不等。同年9月份,该公司出台了协商解除劳动合同的政策,小贾所在部门也在这一范围内。考虑到就业形势比较严峻,自己刚毕业工作经验又不足,小贾并未提出协商解除劳动合同。

2008年11月初,该公司以"客观情况发生重大变化",原工作任务已经不存在为由,要求调小贾去做统计员。小贾对此不同意,于是该公司于11月21日向小贾书面发出"解除劳动合同通知书",并按与小贾解除劳动合同前12个月的平均月工资性收入1 782元/月的标准,向其支付了一个月工资的补偿金和提前一个月通知的工资。

对此,小贾表示不能接受。他认为,以解除合同前12个月的平均工资性收入作为标准是不合理的,因为前几个月企业都安排了待工,工资收入有明显降低,因此应当按2008年6月以前12个月的工资标准计算,把自己原先的加班等工资全部计算在内,这样的话平均工资性收入应当有2 563元。并且,该公司还应当支付自己2007年大半年工龄的经济补偿金,计一个月的工资性收入。因此,小贾要求企业补足代通知金的经济补偿金的差额4 125元。

案例1和案例2的裁决结果如下。

案例1中,虽然本案中冯某和其所在公司在协商解除劳动合同时约定了经济补偿,但是由于经济补偿不得低于法定经济补偿标准,且该公司除了解除劳动合同的协议之外,未提交任何有效证据证明冯某主动放弃了差额部分。因此,仲裁委经审理后裁决支持了冯某的请求。

案例2中,裁决认为,月工资应按解除劳动合同之前劳动者12个月的平均工资确认,因此,该公司的计算方法是合法的。但是,在小贾的经济补偿金期限方面应直接计算其连续工作年限,既然还不到一年半,则应支付其1.5个月工资的经济补偿金。因此,该公司仅以小贾2008年以后的工龄计算补偿金是错误的,应当补发小贾半个月工资的补偿金。为此,裁决要求该公司补发小贾经补偿金891元。

从经济补偿的支付方式和上述案例中可知,经济补偿也是可以协商支付的,当然支付的数额不应少于法定经济补偿的标准,因为这是劳动者的权利,也是用人单位的义务。

如果用人单位在明确告知劳动者经济补偿的法定标准的情况下,劳动者仍然明确在合同中放弃了要求补足差额的权利,这种情况下双方协定的经济补偿也是具有法律效力的,劳动者事后也无权再要回那部分差额。由案例1可知,用人单位无法提供相关证据来有效证明劳动者自愿放弃了那部分差额的权利,因此用人单位必须对此加以补足。

在双方没有约定的情况下,应根据劳动者在用人单位的年限来支付其经济补偿。在这之中,不仅涉及劳动者的工作年限,而且涉及作为计算标准的劳动者上年度的平均工资。在此,对工资基数的范围就需加以确定,而不是将加班费等都算在里面。可见,案例2中该企业的算法是正确的。按照我国相关法律规定,以下几条是不列入工资计算的:①社会保险福利费用,如丧葬抚恤救济费、生活困难补助费、计划生育补贴等;②劳动保护费用,如工作服、解毒剂、清凉饮料费用等;③按规定未列入工资总额的各种劳动报酬及其他劳动收入,如创造发明奖、国家星火奖、自然科学奖、科学技术进步奖、合理化建议和技术改进奖、中华技能大奖等,以及稿费、讲课费、翻译费等。

三、何谓解除劳动合同的"严重违纪"行为?

我国《劳动合同法》第三十九条规定,除在试用期间被证明不符合录用条件和被依法追究刑事责任的情形以外,劳动者严重违反用人单位的规章制度的,用人单位可以即时通知劳动者解除劳动合同。

在此需要特别强调的是,对于有违规行为和对用人单位造成损害的员工,用人单位并非可以一概辞退。《劳动合同法》规定,必须是有严重违规行为的员工,用人单位方可辞退。因此,何谓"严重违规"对于用人单位而言至关重要。关于严重违规的标准问题,法律上并无明确规定,用人单位应通过劳动规章制度对其加以界定和量化。

【知识概述】用人单位以职工严重违纪为由解除劳动合同需要满足两个条

件：一是职工的行为必须达到严重的程度，如果是一般违纪则不能据此解除双方签订的劳动合同；二是单位的规章制度本身必须符合法律的要求。如果规章制度本身是不合法的，则职工即使违反了这样的规章制度，也是不能被解除劳动合同的。

用人单位的规章制度是用人单位制定的组织劳动过程和进行劳动管理的规则和制度的总和，是企业的"家法"，亦被称为企业的"小宪法"。《劳动法》第二十五条和《劳动合同法》第三十九条均将劳动者"严重违反用人单位规章制度"规定为用人单位可以单方解除劳动合同的情形。

那么，法律对用人单位规章制度的要求是什么呢？《劳动合同法》出台前，最高人民法院《关于审理劳动争议案件适用法律若干问题的解释》第十九条规定："用人单位根据《劳动法》第四条之规定，通过民主程序制定的规章制度，不违反国家法律、行政法规及政策规定，并已向劳动者公示的，可以作为人民法院审理劳动争议案件的依据。"该规定确立了规章制度具有法律效力所应当具备的三个条件：一是制定要通过民主程序，二是内容须具合法性，三是要向劳动者公示。

《劳动合同法》第四条规定："用人单位在制定、修改或者决定有关劳动报酬、工作时间、休息休假、劳动安全卫生、保险福利、职工培训、劳动纪律以及劳动定额管理等直接涉及劳动者切身利益的规章制度或者重大事项时，应当经职工代表大会或者全体职工讨论，提出方案和意见，与工会或者职工代表平等协商确定。在规章制度和重大事项决定实施过程中，工会或者职工认为不适当的，有权向用人单位提出，通过协商予以修改完善。用人单位应当将直接涉及劳动者切身利益的规章制度和重大事项决定公示，或者告知劳动者。"该法第八十条规定：用人单位直接涉及劳动者切身利益的规章制度违反法律法规规定的，由劳动行政部门责令改正，给予警告；给劳动者造成损害的，应当承担赔偿责任。

所谓民主程序，根据《劳动合同法》第四条的规定，第一步是讨论程序，即经职工代表大会或全体职工讨论，提出方案和意见；第二步是协商确定程序，即用人单位与工会或职工代表协商确定。

那么，究竟什么是"平等协商确定"？意见不一时如何确定？最终由劳资双方共同决定还是由资方单方决定？对此，《劳动合同法》尚未给出明确的答案。

所谓规章制度内容合法，就是指其内容应符合《劳动法》《劳动合同法》及相关的法律法规，不能与之相抵触，否则无效。例如，《劳动法》第四条、《劳动合同法》第四条明确规定，用人单位的规章制度要依法制定；《劳动部关于〈劳动法〉若干条文的说明》指出，《劳动法》第四条规定的"依法"，是指依据所有的法律法规和规章，包括宪法、法律、行政法规、地方法规、行政规章等。依法制定规章制度，是保证其内容合法的基础。为此，用人单位应当依据法律的规定和劳动立法的基本精神，制定符合本单位实际情况具体的规章制度。

规章制度要让劳动者遵守执行，就应当让劳动者知悉。对于如何公示、告知，《劳动合同法》并没有作出明确规定。实践中，用人单位往往通过在单位公告栏、员工工作区间、办公场所等处张贴告示，或将其作为劳动合同附件，或通过组织学习、培训、考试、制作员工手册等方式履行公示、告知的义务。那些管理相对完善的用人单位，还要求员工签字确认，为日后一旦发生劳动争议作举证责任的准备。

【问题提示】如何判断"一般违纪"和"严重违纪"？如何判断规章制度的合理性？

【案例导读】

案例1：某商场内部规章制度规定，本商场内经营特殊商品（如游泳衣、内衣等）的营业员，不得将其经营的这些商品打开包装私自使用，不得将这些商品拿出柜台以外，否则视为一般违纪行为；尤其是，不得将这些商品拿出商场以外，否则视为严重违纪行为。如果构成严重违纪行为，则商场将决定与之解除劳动合同。

某日，该商场内一位姓张的女营业员下班前接到其丈夫电话，称晚上准备邀请两名客户吃饭，并计划在吃完饭后陪其游泳。其丈夫让张某也一同前来，并捎四件泳衣。张某认为，自己经营的商品就是泳衣，不用另外再买，不如使用一次后还回商场。于是，她在下班后趁人不注意就往自己的提包里塞进了4件泳衣。

结果，当天晚上那两位客户喝醉了，就没有去游泳。第二天，当张某将尚未使用过的泳衣放入柜台时被值班经理发现。商场以此为由解除了与之的劳动合同，而张某不服这样的处理结果。

案例2：某石油公司规定，员工上班时间吸烟属于严重违反规章制度的行为，单位可以据此解除劳动合同。李姓员工在该石油公司下属的一加油站上班，由于一次吸烟行为而被该石油公司解除了劳动合同。对此结果，该李姓员工表示不能接受。

上述案例的裁决结果是：

案例 1 中，仲裁委员会经审理认为，维持商场解除劳动合同的决定。

案例 2 中，仲裁委员会经审理后，支持了该石油公司的决定。

对于劳动者有无违反用人单位规章制度的行为，可依客观事实和证据作出认定。对确定其违规行为是否已达到"严重"程度，即属于一般违规行为还是严重违规行为，则一般应根据劳动法律法规所规定的限度和用人单位规章制度，以此作为具体的界限和标准。

《劳动合同法》施行前，我国企业劳动处罚制度基本上是由《企业职工奖惩条例》（2008 年 1 月废止）及《国营企业辞退违纪职工暂行规》（2001 年 12 月废止）两部法规构成的。随着该两部法规相继退出历史舞台，规章制度成为企业行使管理权的"自留地"。如何判定"严重"，需要用人单位规章制度作出具体规定。当然，企业的规章制度须符合法律规定，具备相应法律效力，同时必须注意规章制度的合理性问题。

但是，究竟什么样的规章制度才是合理的？衡量其合理性的标准又是什么？现实中，把握相关尺度并不容易。因为，用人单位分布在各行各业，其情况千差万别；即使在同一个单位，员工的职务、工作性质、岗位、场所往往也各不相同。

因此，在具体个案中，具体情况应该具体分析。用人单位规章制度的具体规定，不能成为确定劳动者违反规章制度是否达到"严重"程度的唯一准绳。在实践中，应按正常情况的一般性评判标准考量用人单位规章制度的合理性，并综合企业的类型、规模与职工行为的性质以及该行为给企业带来的负面影响的大小等作出综合评判。

就案例 1 而言，张女士的行为不仅符合商场规章制度的内容，而且该规章制度也是完全合理的。如果一家商场的泳衣、内衣等可以随便被营业员带出商场以外，那么谁还敢来此购买？

就案例 2 而言，企业和仲裁委员会的处理也是合理、合法的。对于加油站这样对明火极其敏感的场合，这样的规定合情合理。但如果该员工是在公司办公楼内工作的，则这样的规定就显得过于苛刻，值得商榷。

四、何谓解除劳动合同的"重大损害"标准？

通常情况下，劳动合同的签订意味着劳动关系的确立。劳动关系受《劳动法》的保护，用人单位不能随意解除与员工的劳动关系。但是，根据《劳动合同法》第三十九条的规定，如果劳动者在劳动工作中出现严重失职、营私舞弊等行为，并且给用人单位造成重大损害的，则用人单位有权单方面决定解除双方的劳动合同，以维护自身利益。

【知识概述】何谓重大损害？《劳动合同法》对此并未加以明示。一般来讲，造成重大损害的前提是存在过失，而过失可以简单分为两种情况：一是可以避免但由于疏忽大意造成的过失，二是由于过于自信而引起的失误。

在劳动关系的概念里，不论哪种过失，根据过失行为所带来的后果的严重程度，可以分为重大损害和一般损害。实践中，用人单位如与给其造成一般损害的劳动者解除劳动合同，则理由往往不够充分；只有给用人单位造成重大损害的，其方可以此为由解除双方的劳动合同。

【问题提示】何为严重失职，营私舞弊？现实中，如何界定发生重大损害时劳动者所应承担的责任？

【案情导读】

佟女士于1994年9月进入某报社工作，曾在该报社的广告部门从事制作、核版等多项工作。开始时，佟女士在工作中认真负责，遵守各项劳动纪律，并曾多次获得该单位先进工作者的称号。2005年12月15日，该报社与佟女士签订了无固定期限的劳动合同。

之后，佟女士的思想发生了变化，认为单位既然与自己签订了无固定期限劳动合同，那就算有了铁饭碗，可以旱涝保收了。自己以后只要大错误不犯，那么小错误不断也没事，即使有违纪行为，单位也奈何不了自己。基于这样的想法，她开始摆起老资格，居功自傲起来了，工作中表现得松散懈怠，漫不经心，更没有了往日团结合作、积极进取的向上精神。

2006年3月20日，该报社与一家汽车公司签订了一项金额为20万元的广告订单。该客户要求在该报上刊登"居中跨页半版"的汽车广告。之后，报社马上进入制作、核版阶段。这笔订单业务由何先生担任制作工作，佟女士担任核版校对工作。

何先生是个大大咧咧、马马虎虎的人。接到订单以后，他觉得这笔广告订单太简单,就没有仔细看订单要求,便不假思索、想当然地干起活来。按照程序,这类订单至少需要1周才能完成,可他仅用了不到4天的时间就草草制作完了这一广告的模板。之后,他把模板交给佟女士进行核版。佟女士在核版过程中发现,何先生制作的广告模板版面的位置与订单不符,随即找到何先生,要求其进行修改。何先生漫不经心地听后,不耐烦地说,"知道了"。但是,过了几天,佟女士再检查时发现,何先生仍然没有改过来。这时,她的消极思想暴露了出来,她想:反正我已经提醒过了,不改是他自己的事,跟我没关系。

就这样,这则错误的广告于2006年4月20日对外刊登了。果然不出所料,这家汽车公司马上与报社进行交涉,指出了错误所在并要求退还广告费20万元。报社面对错误已经发生的既成事实,只得向这家汽车公司赔礼道歉并退回广告费20万元。

2006年4月21日,该报社调查了发生错刊事故的原因,并召开了社办公会。经研究决定,该报社认为何先生、佟女士存在严重违纪事实,依据单位的规章制度第二十六条之规定,对上述两人作出了解除劳动合同的决定。

得知消息后,佟女士一下子傻了眼,她怎么也想不到会有这种结果,感到后悔、恼怒,内心难以平静。思来想去,她实在不服报社的决定,认为单位领导处理不公,于是决定找领导去评理。可是,经多次找领导协商,始终未果。2006年5月8日,佟女士向劳动争议仲裁委员会提起申诉,要求该报社撤销上述决定,并向其支付解除劳动合同的经济补偿金。

裁判结果是:劳动争议仲裁委员会最终驳回了佟女士的申诉请求,维持了该报社对其解除劳动合同的决定。

这是一起因职工违纪而单位作出解除劳动合同决定的典型案件。劳动争议仲裁委员会之所以作出上述裁决,其理由有以下几点。

其一,佟女士已违反了《劳动法》的相关规定,对其作出解除劳动合同的决定有法可依。《劳动法》第二十五条第二款规定,职工严重失职,营私舞弊,对用人单位利益造成重大损害的,用人单位可以与之解除劳动关系。本案中,错刊广告的出现以及由此造成的赔偿损失,究其原因是何先生和佟女士的工作失职造成的。由此,该报社对佟女士作出的解除劳动合同的决定符合法律规定,理应受到劳动争议仲裁委员会的支持。

其二,佟女士觉得自己已经尽职,且指出了何先生的工作错误,所以此事与其无关,她对广告错刊事故不应负有责任,即报社应对第一责任人何先生作出解除劳动合同的决定,而不应对其作出解除劳动合同的处理决定。佟女士的想法,虽情有可原,但于法无据。

诚然,佟女士在这次广告错刊事故中虽然指出了何先生在工作中的错误,但是,这次事件带来的后果是严重的:给单位造成20万元的巨大赔偿损失。作为一名职工,当指出别人工作中的错误但发现其未改正时,应主动及时向领导及时汇报,由领导对其进行批评教育和处理。本案中,佟女士如果这样做了,就可能避免此次广告错刊事故的发生。其实,这也是她的分内之事。

总之,佟女士未向领导及时汇报,这也是造成错刊事故发生的主要原因之一,且造成的直接经济损失高达20万元。因此,该报社依据《劳动法》第二十五条及单位的规章制度对其作出解除劳动合同的决定,法律依据适当,程序合法,应该说是合情合理,并无不当之处。

此外,导致这样的结果,究其原因,与佟女士平时放松了对自己的要求有关,主要责任在其自身。

佟女士因工作失职给报社造成重大损害,根据《劳动合同法》,这种情况不符合支付其经济补偿的条件。因此,佟女士不能得到解除劳动关系的经济补偿金。在本案例中,有两个尤为值得重视的地方。

首先,无固定期限合同并非真正意义上的铁饭碗,签订无固定期限劳动合同的员工仍然存在被用人单位解除劳动关系的可能。所以,在这个问题的认识上,佟女士犯了一个根本性的错误。

其次,造成报社产生损失的根本原因是何先生的漫不经心和佟女士的不负责任。换言之,这个广告模板本应由他们两人负责,但是由于他们两人的同时失职——做模板的不认真,检查模板的发现问题后不坚决予以指正,从而造成了报社的重大损失。因此,这一责任自然应当由何先生和佟女士共同承担。

简言之,所谓失职就是本该由你负责、由你担当责任的事情,你却没有尽到应尽的责任,从而导致没有完成工作。总之,因为佟女士与何先生的失职,公司有权按相关规定解除与两个人之间的劳动合同。

五、高收入者获得经济补偿金的限制

经济补偿金的性质是什么?一般而言,劳动者在解除和终止劳动合同,也就是失去工作时，需要一段时间重新寻找工作，其在失业期间也需要获得一些物质帮助，以保证其基本生活。在此期间，保证其基本生活的物质帮助是由两部分组成的，一部分是失业保险，另一部分就是企业支付给劳动者的经济补偿。这在世界上是具有通例性质的，实践中则根据每个国家和地区的具体情况来确定失业保险的水平和经济补偿的标准。

《劳动合同法》把经济补偿的标准确定为：按照劳动者的工作年限，每工作1年支付的经济补偿为1个月的工资，月工资标准是解除合同前12个月的平均工资；不满6个月解除的支付半个月的工资。

现实中，一些高端劳动者的收入也是相当高的，与低端劳动者的差距很大。如果高端劳动者完全照此标准执行，则企业按其工作年限支付经济补偿的话，负担会很大。所以，按照国际上的一些通例，我国对这种情况也进行了一些最高限额（即封顶）的规定。

【知识概述】由于经济补偿金是根据劳动者在本单位的工作年限及其被解除劳动合同前12个月的平均工资计算而成的，因此那些工作年限越长、工资基数越大的劳动者可获得的经济补偿金也越多，以至于出现了一些企业的高管在离职时获得几十万、几百万甚至上千万元经济补偿金的情况。尤其在那些破产、改制的企业中，这些高额经济补偿金造成了对其他债权人的不公平。在一些国有企业中，有的高管为了获得高额经济补偿金，故意大幅提高自己的工资水平，从而造成国有资产的流失。

针对这些情况，《劳动合同法》第四十七条对工资较高的劳动者的经济补偿金作出了一定限制，这就是俗称高收入者经济补偿金支付的"双封顶"制度：劳动者月工资高于用人单位所在直辖市、设区的市上年度职工月平均工资3倍的，在计算经济补偿金时，实行基数封顶和年限封顶双重限制。该法规定，经济补偿金基数按职工月平均工资3倍的数额计算，经济补偿金年限最高不超过12年。实际上，这是对高收入者经济补偿的法律调节。

【问题提示】高收入者的工资如何确定？

【案例导读】俞某在一家计算机公司任财务经理，属于公司的高管人员，其在该公司已经工作了18年。后来，其因与总经理在财务管理制度方面的理念不合而萌生去意，公司方面也有意更换一名财务经理。于是，公司主动提出与他解除双方的劳动合同，并答应支付其经济补偿金。

但双方在俞某是否是高收入者的问题上产生了不同意见：公司认为俞某

是高收入者，因为根据其工资计算来看，他的每月工资是11 070元，而其所在城市的上年职工月平均工资仅为3 590元，该工资的3倍即是10 770元。显然，以俞某的工资来看，其属于高收入者，所获经济补偿金亦应受到"双封顶"制度的限制，即计算其经济补偿金的工资基数应为10 770元，工作年限应为12年。俞某则认为这样的计算不对，公司给其每月11 070元的工资是应得工资，扣除税收以及其他项目后的实得工资只有9 080元，所以自己不是高收入者。

裁决结果是：当地劳动争议仲裁委员会认为，公司的认定是正确的，经济补偿金的工资基数应按应得工资计算。

此外，如前所述，我国法律规定，经济补偿金的计算基数为劳动者的月工资标准，按照劳动者在其单位工作的年限，每满1年支付1个月工资标准的经济补偿金；劳动者的月工资是指劳动者在劳动合同解除或者终止前12个月的平均工资。这里的工资是指劳动者的应得工资，一般包括计时工资、计件工资、奖金、津贴和补贴、加班加点工资、特殊情况下支付的工资等。现实中，一些用人单位以劳动者的所谓"最低工资"或者"基本工资"作为工资计算基数是不正确的。

对此，《劳动合同法实施条例》作出了明确规定，该条例第二十七条规定："劳动合同法第四十七条规定的经济补偿的月工资按照劳动者应得工资计算，包括计时工资或者计件工资以及奖金、津贴和补贴等货币性收入。劳动者在劳动合同解除或者终止前12个月的平均工资低于当地最低工资标准的，按照当地最低工资标准计算。劳动者工作不满12个月的，按照实际工作的月数计算平均工资。"所以，本案中俞某的工资计算方法是不正确的。

六、劳动合同终止经济补偿金的支付

劳动合同期满或者当事人约定的劳动合同终止条件出现时，劳动合同即行终止。劳动合同的终止，是指终止劳动合同的法律效力。从狭义上讲，劳动合同的终止是指劳动合同的双方当事人按照合同所规定的权利和义务都已经完全履行，且任何一方当事人均未提出继续保持劳动关系的法律行为。广义的劳动合同终止，则还包括劳动合同的解除。我们在这里所讲的劳动合同，是从狭义上来理解的。

劳动合同终止的经济补偿问题，常常成为用人单位和劳动者的矛盾与纠纷所在。那么，在何种情形下用人单位应当向劳动者支付经济补偿呢？

【知识概述】根据《劳动合同法》的规定，有下列终止劳动合同情形之一的，用人单位应当向劳动者支付经济补偿。

其一，除用人单位维持或者提高劳动合同约定条件续订劳动合同，劳动者不愿意续订的情形外，因劳动合同期满而终止固定期限劳动合同。

在劳动合同到期终止时，通常会出现下列情况：①在劳动合同终止时，用人单位主动提出续订合同，并且续订合同的条件是维持或是提高劳动合同约定的，但是劳动者不同意续订；②用人单位同意续订合同，但是续订的合同条件比原来的条件差，致使劳动者不同意续订劳动合同；③劳动者同意续订劳动合同，用人单位不同意；④双方都不同意续订合同。此条所指的是上述②和③这两种情形。

其二，因用人单位被依法宣告破产而终止劳动合同。

其三，因用人单位被吊销营业执照、责令关闭、撤销或者用人单位决定提前解散而终止劳动合同。

关于上述情况中经济补偿金的计算，《劳动合同法》规定，经济补偿金按劳动者在本单位的工作年限，每满1年支付1个月工资，6个月以上不满1年的，按1年计算；不满6个月的，支付半个月工资。月工资是指劳动者在劳动合同解除或者终止前12个月的平均工资。

【问题提示】其一，在以上三种情形下，用人单位应按照什么标准支付经济补偿金？其二，处理劳动合同终止时的经济补偿问题，需要考虑的一个重要因素就是时间，包括《劳动合同法》的生效时间、企业宣告破产和吊销营业执照的时间等。

【案例导读】

案例1：赵某2006年7月大学毕业后，与某企业签订了为期两年的劳动合同，每月工资为2 000元。2008年6月底，劳动合同期满，该企业未与赵某续签，双方终止劳动关系。办理离职手续时，赵某要求企业支付相当于2个月工资共4 000元经济补偿金，企业没有同意。

案例2：2001年9月13日，深圳某公司（一家效益不错、有几百名员工的中外合作企业——名为合作实为外商独资）突然发出一个"结业通知"，称其已于2001年7月12日经营期满（开业时间为1989年7月12日），因种种原因延期未果，现依法停业清算，员工工作至9月底将全部终止劳动合同。

另外，公司将成立一个新公司继续经营，欢迎表现好的员工到新公司申请工作。

　　本案中，该公司超期 2 个多月才突然告知员工经营期满的情况，并在经营期满后还非法用工近 3 个月；公司与员工签订的劳动合同则将于 2002 年 2 月 28 日才到期。显然，老板结束旧公司、另立新公司，是为了得到税收优惠和规避对员工的经济补偿。

　　当时，围绕企业因经营期满终止或解除劳动合同是否应给予员工经济补偿的问题，法律规定不明显（明确但不明显），加之全国范围内似均未见过此类案例，所以此案引起了全国各地许多劳动法专家、律师、仲裁员、法官、法律爱好者的兴趣和关注。

　　案例 3：桑某于 1978 年 10 月到北京某商店工作，双方于 1994 年 10 月 25 日签订了至 2004 年 10 月 25 日为止的劳动合同。2004 年 10 月 26 日，双方又签订了无固定期限的劳动合同续订书。2007 年 10 月 17 日，当地工商部门向该商店发出行政处罚决定书，吊销了其营业执照。

　　2008 年 3 月 10 日，该商店向桑某送达了双方于 2008 年 4 月 10 日终止劳动合同的证明书，并于同日向桑某送达将其档案关系转向街道的通知。同年 4 月 14 日，该商店通知桑某于当月 20 日前带上劳动合同前来单位领取终止劳动合同的补偿金。

　　随即，桑某向当地劳动争议仲裁委员会提出申诉，要求该商店支付解除劳动关系经济补偿金及赔偿金。仲裁委于 2008 年 6 月 17 日作出驳回其申诉请求的裁决书。桑某又向法院提起诉讼。

　　案例 4：刘某在某厂从事车工，月平均工资为 1 500 元。2008 年 6 月 30 日，刘某以工资偏低为由，拒绝了原厂续签劳动合同的要求（该合同维持原来待遇），声明工作至 2008 年 7 月 31 日即离厂到另一用人单位工作。该厂同意了刘某要求，并结清了与刘某的相关费用。随后，刘某申请劳动争议仲裁，要求该厂支付终止劳动关系的经济补偿金。

　　案例 5：陈某于 2007 年 8 月 20 日与某公司签订了一份一年期的劳动合同，合同到期日为 2008 年 8 月 25 日。2008 年 7 月 8 日，该公司发给陈某一份征求意见单，意见单写明："您与公司签订的合同将于 2008 年 8 月 25 日期满，今特提前 1.5 个月征求您意见。现公司不降低原劳动合同的约定条件，期满后续订劳动合同为 3 年。请您慎重考虑，期满后需要续签合同还是不再需要续签合同,将个人意见记录在个人意见栏内并签名,不认可上述条件或逾期不交此单的视作本人拒签劳动合同,2008年8月25日期满后,人事科将办理终止合同手续。"

陈某收到此征求意见单后,于2008年7月20日前按时返回,并签注"同意续签合同一年"。2008年8月25日,该公司却以陈某不愿续订合同为由终止了陈某劳动合同,并不予支付经济补偿金。事后,陈某向苏州高新区劳动争议仲裁委提出申请,认为用人单位因协商不一致而终止劳动合同,要求公司向其支付1个月的经济补偿金。

案例6:赵某2006年7月大学毕业后,进入一家企业工作,签订了为期2年的劳动合同,每月工资为3 000元。2008年6月底,双方签订的劳动合同期满。由于当时市场不景气,该企业的经营状况每况愈下,就未与赵某续签,双方终止了劳动关系。在办理离职手续时,赵某要求企业支付相当于2个月工资共6 000元经济补偿金及6月的加班费500元,企业没有同意。

上述案例的裁决结果如下。

案例1中,劳动争议仲裁委员会认为,该企业应按《劳动合同法》的规定支付赵某的经济补偿金,但经济补偿年限自《劳动合同法》施行之日(即2008年1月1日)起计算。2008年1月1日至2008年6月底不满6个月,依据《劳动合同法》第四十七条之规定,该企业应向赵某支付半个月工资的经济补偿1 000元。

案例2中,当地劳动争议仲裁委员会认为,用人单位故意隐瞒企业经营期限,订立超过企业经营期限的劳动合同,被认定合同无效,其应依照《最高人民法院关于审理劳动争议案件适用法律若干问题的解释》(以下简称《解释》)第十四条的规定赔偿劳动者的经济损失。

经济损失方面,应当按照《劳动部关于违反〈劳动法〉有关劳动合同规定的赔偿办法》的规定,并比照《解释》第十四条第二款"根据《劳动法》第九十七条的规定,由于用人单位的原因订立的无效合同,给劳动者造成损害的,应当比照违反和解除劳动合同经济补偿金的支付标准,赔偿劳动者因合同无效所造成的经济损失"等规定进行计算。

案例3中,人民法院经审理认为,2007年10月17日,该商店被工商行政管理部门吊销营业执照,这就意味着当时这家商店已经丧失了劳动关系的主体资格,双方的劳动关系应该在2007年10月17日就已经终止。然而,该用人单位于2008年3月10日才向桑某送达了终止劳动关系的通知书，即终止事由发生5个月以后才作出了终止劳动关系的，因此这份终止通知书在法律上没有任何意义。

虽然依据《劳动合同法》第四十六条规定，在这种情况下导致劳动合同终止的，应当向劳动者支付经济补偿。但是本案中，由于双方的劳动合同在2007年已经予以终止，应当适用于当时的法律，而《劳动合同法》生效之前，我国并没有相应的劳动法律法规规定劳动合同终止需要支付经济补偿金。因此，该商店无须向桑某支付经济补偿金。

案例4中，刘某拒绝了原单位在原来待遇条件下续签劳动合同的建议，因此其不能获得经济补偿金。

案例5中，用人单位应当付给陈某经济补偿金，因为，在劳动合同终止后，陈某的表现不能成为该用人单位拒付经济补偿金的理由。

案例6中，用人单位在待遇方面维持原来的水平，且其在劳动合同期限方面的认定多于赵某要求的一年，所以用人单位开出的条件不低于赵某的要求，赵某拒绝后便不能获得经济补偿金。

如前所述，根据《劳动合同法》规定，用人单位解除劳动合同的经济补偿标准是：按劳动者在本单位工作的年限，每满1年支付1个月工资。6个月以上不满一年的，按1年计算；不满6个月的，向劳动者支付半个月工资的经济补偿。又根据《劳动合同法》第四十六条规定，有下列情形之一的，用人单位应当向劳动者支付经济补偿：除用人单位维持或者提高劳动合同约定条件续订劳动合同，劳动者不同意续订的情形外，依照本法第四十四条第一项规定终止固定期限劳动合同的。换言之，按照该法第四十四条第一项规定的劳动合同终止，即指劳动合同期满。

同时，该法第九十七条第三款规定："本法施行之日存续的劳动合同在本法施行后解除或者终止，依照本法第四十六条规定应当支付经济补偿的，经济补偿年限自本法施行之日起计算；本法施行前按照当时有关规定，用人单位应当向劳动者支付经济补偿的，按照当时有关规定执行。"根据上述的分析和法律规定，案例1中赵某自《劳动合同法》实施之日起不满6个月，理应获赔1 000元。

根据《劳动合同法》第四十四条的规定，有下列情形之一的，劳动合同终止：用人单位被吊销营业执照、责令关闭、撤销或者用人单位决定提前解散的。《劳动合同法》第四十六条第六项规定,有下列情形之一的,用人单位应当向劳动者支付经济补偿:依照本法第四十四条第四项、第五项规定终止劳动合同的。

由此可知,用人单位被吊销营业执照的,属于劳动合同的法定终止事由。根据这些法律规定,在案例2和案例3中,劳动争议仲裁委员会和人民法院才作出了相应的裁判结果。另外值得关注的一点是,《劳动合同法》自2008年1月1日起施行,以上案例中有关劳动者经济补偿问题的都涉及《劳动合同法》实施时间的问题。案例3中,桑某正是由于2007年10月17日《劳动合同法》没有实施才导致的败诉。

七、劳动者辞职能否获得经济补偿金?

用人单位向劳动者支付经济补偿金的条件一般是因为用人单位的原因导致劳动合同被解除。劳动者辞职的情况下能否获得经济补偿金?我国《关于实行劳动合同制度若干问题的通知》规定:劳动者主动提出解除劳动合同的,用人单位可以不支付经济补偿金。那么,此规定是否就意味着劳动者不论在任何情形下的辞职都不能获得经济补偿金呢?

【知识概述】对上述的规定不能一概而论。根据《劳动合同法》,系用人单位违约在先导致劳动者被迫辞职的,用人单位不仅不可免除给付经济补偿金的义务,而且还负有相应赔偿义务。

该法明确规定,在6种情况下,劳动者有权解除劳动合同并且有权取得经济补偿金:①未按照劳动合同约定提供劳动保护或者劳动条件的;②未及时足额支付劳动报酬的;③未依法为劳动者缴纳社会保险费的;④用人单位的规章制度违反法律法规的规定,损害劳动者权益的;⑤因一方以欺诈、胁迫的手段或者乘人之危,使对方在违背真实意思的情况下订立或者变更劳动合同,致使劳动合同无效的;⑥用人单位以暴力、威胁或者非法限制人身自由的手段强迫劳动者劳动的,或者用人单位违章指挥、强令冒险作业危及劳动者人身安全的,劳动者可以立即解除劳动合同,不需事先告知用人单位。

《劳动合同法》中的经济补偿金又称"资遣费",其法律性质为对受解雇职工之"离职补贴"。适用的法律前提是归责于雇主之事由使职工被迫辞职,因此资遣费之性质具有民事违约制裁之意义。如果用工单位无违约、违法等过错行为,而是劳动者主动辞职的,其实质上就是行使法定解除权,是因劳动者自身原因解除劳动合同，此时经济补偿金就失去了支付的法律依据。但如果用工单位有法律法规所规定的违法过错行为，则劳动者可以要求用人单位支付经济补偿金。

【问题提示】 如何评定劳动者辞职是否有经济补偿金？怎样界定经济补偿金是否需要给予员工？

【案例导读】

案例1：王某与世纪公司于1998年建立劳动关系，世纪公司聘用王某为该公司人力资源部主管，月工资为8 000元。2002年1月起公司因经营不善，每月仅发放王某工资1 500元。2002年4月初王某以世纪公司长期拖欠工资为由提出辞职，并要求世纪公司在为其办理离职手续时全额补发工资并支付经济补偿金。双方为此产生争议。世纪公司在法院当庭辩称：因王某属于自行辞职，故其无权向公司追索经济补偿金。

案例2：张小姐与某房地产公司的劳动合同要到2010年10月才到期，但张小姐觉得公司对其一笔加班费的计算不符合有关规定，遂提出辞职。公司同意张小姐的辞职申请并结算工资。张小姐觉得，自己因公司未及时足额支付劳动报酬而被迫辞职，公司应支付经济补偿金。

案例3：刘某在某厂从事车工，月平均工资为1 500元，双方未签订书面劳动合同。2008年6月30日，刘某以工资偏低为由向该厂递交辞呈，声明将工作至2008年7月31日止离厂。该厂同意了刘某要求，并结清了刘某的相关费用。随后，刘某申请劳动争议仲裁，要求该厂支付：①未签订劳动合同的双倍工资差额9 000元；②解除劳动关系经济补偿金18 000元。仲裁委员会裁决：①工厂支付刘某双倍工资差额9 000元（2008年2月1日至2008年7月31日）；②驳回刘某其他诉讼请求。刘某不服仲裁裁决，遂起诉至法院，要求判令工厂支付经济补偿金。

案例4：李某与公司签订了3年期固定期限劳动合同。此后，公司突然宣布受金融风暴影响，已无力继续经营，即将关闭，并召开全体人员会议，口头宣布与各位员工解除劳动合同。李某经过考虑，同意解除劳动合同，遂按照公司要求写了一份辞职书。对此，李某能否要求公司支付经济补偿金呢？

上述案例的裁决结果如下。

案例1中，法院判决世纪公司按原工资标准向王某补付工资，同时按王某的工作年限向其支付解除劳动合同的经济补偿金。

案例2中,张小姐以用人单位未及时足额支付劳动报酬而导致其被迫辞职的理由不充分,所以其不能主张经济补偿。

案例3中,法院判决维持劳动争议仲裁委员会的裁决。

案例4中,尽管表面上看是李某辞职,但这不能掩盖是公司提出解除劳动合同的事实,故公司应当向李某支付经济补偿金。

就案例1而言,依据《最高人民法院关于审理劳动争议案件适用法律若干问题的解释》第十五条之规定:用人单位未按劳动合同约定支付劳动报酬或者提供劳动条件的、克扣或者无故拖欠劳动者工资的,迫使劳动者提出解除劳动合同,用人单位应支付劳动者的劳动报酬和经济补偿金,并可支付赔偿金。据此,法院判决世纪公司按原工资标准向王某补付工资,同时按王某的工作年限向其支付解除劳动合同的经济补偿金。

就案例2而言,《劳动合同法》第三十七条规定:"劳动者提前三十日以书面形式通知用人单位,可以解除劳动合同。劳动者在试用期内提前三日通知用人单位,可以解除劳动合同。"一般所谓劳动者主动辞职,指的就是这种情况,这是不需要支付经济补偿的。如因用人单位未按劳动合同约定提供劳动保护或劳动条件的,未及时足额支付劳动报酬的,或未依法为劳动者缴纳社会保险费等原因,即劳动者依据《劳动合同法》第三十八条等提出辞职的,则用人单位须支付经济补偿。

应注意的是,劳动报酬和社保金的计算标准在实际操作中往往比较复杂。在裁审实践中,用人单位因主观恶意而未及时、足额支付劳动报酬或未缴纳社保金的,可以作为劳动者解除合同的理由。但对确因客观原因造成计算标准不清楚、有争议,导致用人单位未能及时、足额支付劳动报酬或未缴纳社保金的,则劳动者不能简单据此作为主动解除合同的依据。因此,本案中张小姐以用人单位未及时足额支付劳动报酬而导致其被迫辞职的理由不充分,所以不能主张经济补偿。

就案例3而言,《劳动合同法》第十条、第八十二条规定,工厂在《劳动合同法》生效之后超过1个月不满1年未与刘某订立书面劳动合同,应当向其每月支付2倍的工资。本案的另一法律问题是,如果用人单位同意劳动者辞职,应否支付经济补偿金?

一种诉讼意见认为,劳动者预告辞职,如果用人单位不同意,就不应支付经济补偿金,而如果用人单位同意,应视为用人单位与劳动者协商一致解除合同，参照《劳动合同法》第四十六条第二项规定，用人单位应向劳动者支付经济补偿金。另一种诉讼意见认为，劳动者预告辞职，实质上就是行使《劳动合同法》第三十七条所规定的法定解除权，不论用人单位是否同意，均产生劳动合同解除的法律效果。因此，劳动者预告辞职，即使用人单位同意，也不应当视为协议解除，因不可归责于用工方的事由解除劳动合同，用工方免予支付经济补偿金。

依照《劳动合同法》第三十八规定，仅在归责于用工方的前提下，即前述该法条所列举的用工方存在的6种违约情况或违反法律法规规定，损害劳动者权益之情形，劳动者据此提出辞职，用工方才予以支付经济补偿金。但是，在不可归责于用工方的情况下，劳动者无故提出解除劳动合同，则用工方无须支付经济补偿金。

另外，《劳动合同法》第四十六条第二项规定，在用人单位先予提出解除合同并与劳动者协商一致的情况下，应支付经济补偿金。本案中，劳动者预告辞职，工厂并无过错，故不符合该条规定。

确立经济补偿制度的立法目的是减轻失业者的生活负担，维护社会稳定；同时，经济补偿也是国家调节劳动关系的一种经济杠杆，可以引导用工单位进行利益权衡，谨慎行使解除劳动合同行为。综上，法院判决维持劳动争议仲裁委员会的裁决。

就案例4而言，《劳动合同法》第四十六条第二项规定："用人单位依照本法第三十六条规定（即用人单位与劳动者协商一致，可以解除劳动合同）向劳动者提出解除劳动合同并与劳动者协商一致解除劳动合同的，应当向劳动者支付经济补偿。"据此规定，在协商一致解除劳动合同的情况下，若为用人单位提出的，则用人单位须支付经济补偿金；若为劳动者提出的，则用人单位无须支付经济补偿金。

结合本案李某的情况，其公司在决定关闭的情况下，召开大会宣布与职工解除劳动合同，但并不出具书面解除文书，而是要求职工写辞职书，造成职工辞职的假象，从而逃避支付经济补偿金。公司这种规避法律、逃避责任的行为是违反劳动法律法规的，尽管表面上是李某辞职，但不能掩盖公司提出解除劳动合同的事实，故该公司应当向李某支付经济补偿金。

八、禁止性解除能限制哪些解除劳动合同的情形？

根据我国《劳动法》以及《劳动合同法》的规定，用人单位拥有单方解除劳动合同的权利,同时需要遵守一定的条件和程序;但如果劳动者出现了一些特殊情况,则用人单位就不能依据上述的条件和程序解除劳动合同,这体现了对特殊劳动者的一种法律保护,这些特殊情况被称为禁止性解除的理由。那么,这些禁止性解除的理由能限制哪些解除劳动合同的情形呢?

【知识概述】

一方面,用人单位单方解除劳动合同解除的条件共有三种。

第一,因劳动者有过失而单方解除劳动合同(以下简称"过失性解除")。过失性解除的法定许可性条件一般为劳动者经试用不合格或者劳动者违纪、违法达到一定严重程度,当出现此类许可性条件,用人单位无须向对方预告就可随时通知解除劳动合同。因此,过失性解除也称即时解除。

根据我国《劳动法》《劳动合同法》等有关法规的规定,过失性解除的条件限于劳动者有下列情形之一。

一是试用期间被证明不符合录用条件。此处之是否符合,应当以法定的最低就业年龄等基本录用条件和招用时规定的文化、技术、身体、品质等条件为准;在具体录用条件不明确时,还应以是否胜任商定的工作为准。所谓不符合,既包括完全不具备录用条件,也包括部分不具备录用条件,但都必须由用人单位以此提出合法有效的证明。至于是否处于试用期间,应当以劳动合同的约定为准;若劳动合同约定的试用期超出法定最长时间,应以法定最长时间为准;若试用期满后仍未办理劳动者转正手续,则不能认为还处在试用期间,即用人单位不能再以试用不合格为由解除劳动合同。

二是严重违反用人单位的规章制度。是否违纪违章,应当以劳动者本人有义务遵循的劳动纪律及用人单位规章制度为准,其范围既包括全体劳动者都有义务遵循的内容,也包括劳动者本人依其职务、岗位而有义务遵循的内容。违纪是否严重,一般应当以劳动法规所规定的限度和用人单位内部劳动规则依此限度所规定的具体界限为准。

三是严重失职,营私舞弊,对用人单位利益造成重大损害。此即劳动者在履行劳动合同期间,违反其忠于职守、维护和增进用人单位利益的义务,有未尽职责的严重过失行为或者利用职务之便谋取私利的故意行为,使用人单位有形财产、无形财产或人员等遭受重大损害,但不够刑罚处罚的程度。例如,因粗心大意、玩忽职守而造成事故;因工作不负责而经常产生废品,损坏工具设备,浪费原材料或能源;贪污受贿,挪用资金,侵占公司财产,泄露或出卖商业秘密；等等。

四是被依法追究刑事责任。即劳动者在劳动合同存续期间，因严重违法构成犯罪而被人民法院依法判处刑罚（或裁定免予刑事处分）。

五是劳动者同时与其他用人单位建立劳动关系，对完成本单位的工作任务造成严重影响；或经用人单位提出但拒不改正的。

六是因劳动者的原因致使劳动合同无效的。

第二，因非过失性原因而单方解除劳动合同（以下简称"非过失性解除"）。非过失性解除是指用人单位因非过失性原因而单方解除劳动合同的行为，亦称预告解除，即用人单位须向对方预告后才能解除合同。其法定许可性条件一般限于劳动者在无过错的情况下，由于主客观情况的变化而导致劳动合同无法履行的情形。

根据我国《劳动法》的规定，预告解除的许可性条件，需要包括下列情形之一。

一是劳动者患病或非因工负伤，医疗期满后不能从事原工作也不能从事由用人单位另行安排的工作。这里的医疗期，是指劳动者根据其工龄等条件，依法可以享受的停工医疗并发给病假工资的期间，而不是劳动者病伤治愈实际需要的医疗期。

二是劳动者不能胜任工作，经过培训或调整工作岗位，仍不能胜任工作。这里所谓的"不能胜任工作"，是指不能按要求完成劳动合同中约定的任务或者同工种、同岗位人员的工作量。在此，用人单位不得故意、任意提高定额、标准，使劳动者无法完成其工作。劳动者在试用期满后不能胜任劳动合同所约定的工作的，用人单位应对其进行培训或者为其调整工作岗位。如果劳动者经过一定期间的培训仍不能胜任原约定的工作，或者对重新安排的工作也不胜任，则意味着劳动者缺乏履行劳动合同的劳动能力，用人单位可以预告解除。

三是劳动合同订立时所依据的客观情况发生重大变化，致使劳动合同无法履行，经当事人协商不能就变更劳动合同达成协议。这里的客观情况，是指履行原劳动合同所必要的客观条件，如自然条件、原材料或能源供给条件、生产设备条件、产品销售条件、劳动安全卫生条件等。

如果这类客观条件由于发生不可抗力或出现其他情况，而发生了足以使原劳动合同不能履行或不必要履行的变化，那么用人单位应当就劳动合同变更问题与此劳动者协商；如果劳动者不同意变更劳动合同，则原劳动合同所确立的劳动关系就没有存续的必要。

本项规定是情势变更原则在劳动合同中的体现。劳动合同作为合同之债的一种，其履行亦应适用情势变更原则。情势变更原则在劳动法律法规中的确立，其目的在于追求劳动关系上的公平与正义。在劳动合同履行过程中，援引情势变更原则单方解除劳动合同应具备以下条件：①有情势变更的客观事实发生；②情势变更为不可归责于当事人的事由所致；③情势变更未为当事人所预料，且不能为当事人所预料，情势变更发生在劳动合同生效之后、终止之前；④情势变更导致劳动合同不能履行，或继续履行原劳动合同将显失公平；⑤经劳动合同双方当事人协商，不能达成变更劳动合同的协议；等等。具备上述条件时，用人单位可以单方解除劳动合同，除履行提前30日以书面形式预告通知劳动者本人的义务外，还应依据相关规定给予劳动者经济补偿金。

第三，因经济性裁员而单方解除劳动合同（以下简称"经济性裁员"）。所谓经济性裁员，即用人单位依照法律规定一次解除与部分劳动者的劳动关系，以缩减劳动者人数的行为作为改善生产经营状况的一种手段。其原因在于经济方面，即用人单位由于生产经营状况发生变化而出现劳动力过剩的现象，因而被称为经济性裁员。

市场状况的变化或企业自身经营的调整，有时会造成企业裁减职工的情况发生。允许其裁员，是为了保护企业在激烈的市场竞争中渡过难关，在未来能有更好的发展。

现实中，尽管裁员具有不可避免性，但裁员涉及广大劳动者的利益，更涉及社会的稳定，因此，立法对企业经济性裁员既允许又从严限制。在我国，经济性裁员的法定许可性条件被限定为以下几种：①依照企业破产法规定进行重整的；②生产经营发生严重困难的；③企业转产、重大技术革新或者经营方式调整，经变更劳动合同后，仍须裁减人员的；④其他因劳动合同订立时所依据的客观经济情况发生重大变化，致使劳动合同无法履行的。

同时，法律对用人单位经济性裁员规定了严格的程序，考虑到我国劳动力供大于求的状况在短期内不会改变、目前企业（尤其是国有企业）中富余人员普遍较多等实际情况，为防止短期内大量裁减职工给社会造成不安定的问题和对劳动者权益的潜在侵犯，立法对用人单位因经济性原因而单方解除劳动合同的行为规定了严格的程序，违反法定程序裁员的应承担相应的法律责任，具体如下。

首先，用人单位在决定裁减人员时，应当提前30日向工会或全体职工说明情况，听取工会或者职工的意见。换言之，用人单位在裁减人员时应先向工会和职工进行预先通知，并提供有关生产经营状况的资料，考虑工人和工会的意见。预先通知的目的在于让职工事先准备，在30日的期限内重新找工作，避免"裁员即失业"情况的发生。

其次，提出裁减人员方案，主要内容包括被裁减人员名单，裁减时间及实施步骤，符合法律法规规定和集体合同约定的被裁减人员的经济补偿办法，等等。

再次，就裁减人员方案征求工会或全体职工的意见，并对方案进行修改和完善。然后向劳动行政部门报告裁减人员方案以及工会或者全体职工的意见，使劳动部门有时间对用人单位的裁减行为进行审查。如果发现不符合裁员条件或事先未向工会或职工进行通知，则劳动部门可责令用人单位停止实施裁员行为并对其进行处罚。

最后，用人单位正式公布裁减人员方案，与被裁减人员办理解除劳动合同手续，并按照法律法规的规定向被裁减人员支付经济补偿金。为防止用人单位以经营状况严重困难为借口任意裁减职工，侵犯职工的合法权益，《劳动法》还规定用人单位人自裁减人员之日起，6个月内需要新招人员的，必须优先从本单位裁减的人员中录用，并向劳动行政部门报告录用人员的数量、时间、条件以及优先录用被裁减人员的情况。

另一方面，用人单位不得单方解除劳动合同的情形（以下简称"禁止性解除"）。

我国《劳动法》第二十九条规定的禁止性条件，适用于非过失性解除和经济性裁员。这就是说，当具备禁止性条件时，用人单位不得依据非过失性原因或经济性原因而单方解除劳动合同。如果劳动者有过失性辞退的情形之一，则即使具备禁止性条件的情形，用人单位也可以单方解除劳动合同。

关于解除的禁止性条件规定主要有以下几种。

第一，从事接触职业病危害作业的劳动者，未进行离岗前职业健康检查，或者疑似职业病病人在诊断或者医学观察期间的。

第二，患职业病或者因工负伤并被确认丧失或部分丧失劳动能力的。职业病和工伤都是由劳动过程中的职业危害因素所致的，用人单位对由此而丧失或部分丧失劳动能力的劳动者负有保障其生活和劳动权的义务，不得因此单方解除劳动合同。劳动能力丧失的程度须由劳动鉴定委员会鉴定并出具证明。

第三，患病或者负伤，在规定的医疗期之内的。此处的"患病"是指劳动者患职业病以外的疾病，"负伤"是指非因工负伤。劳动者患普遍病或非因工负伤的，用人单位应当给予一定的医疗期以保证其治病疗伤的需要，并在此期限内负有保障其医疗和生活的义务。员工在医疗期内的，用人单位即使出现特殊的经营困难，也不得与之解除劳动合同。我国《劳动法》规定，应按照劳动者实际工作年限和本单位工作年限的长短确定其医疗期，一般为3个月至2年；患特殊病的职工在2年内尚不能痊愈的，经企业和劳动行政部门批准可适当延长医疗期。

第四，女职工在孕期、产期、哺乳期之内的。以此作为禁止性条件，旨在充分保护妇女和儿童的特殊权益。为保护妇女的合法权益和下一代的身心健康，用人单位不得与处于上述阶段内的女职工解除劳动合同。

第五，在本单位连续工作满15年，且距法定退休年龄不足5年的。

第六，法律法规规定的其他情形。由于现实情况十分复杂，变化万千，在一个法规中很难对可能出现的所有情况进行预设。为了更好地保护劳动者，法律在此作了开放性规定，以便为其他法律法规的制定打下基础。

【问题提示】如何理解禁止性解除的条件？

【案例导读】刘某系某内衣厂的女职工，该内衣厂的内部规章制度规定：由于本厂内车间里有大量生产内衣的原料——棉花，为了避免发生火灾，职工在车间内不得抽烟，否则将视为严重违纪行为。

某天刘某在上班时感到比较疲劳，于是就点了一支烟，不料被车间的监视镜头拍了下来。厂领导经研究后，作出对刘某解除劳动合同的决定。刘某表示不服，声称自己已经怀孕3个月，并提供了医院的诊断证明。但厂方调查后仍然决定解除其劳动合同，理由是她这次怀孕是违反计划生育法的（本案发生于国家最新生育政策出台之前），因为此时刘某已经有了一个3岁的女儿了。双方为此发生争议。

裁决结论是：当地劳动争议仲裁委员会认为，厂里的决定是合法合理的，维持厂里的解除决定。

对于上述裁决结论，笔者认为，首先，该厂以刘某严重违纪为由解除劳动合同是合法的，上述理由属于过失性解除，而刘某怀孕属于禁止性解除；根据我国《劳动合同法》的规定，禁止性解除并不能限制过失性解除。其次，刘某的这次怀孕是违反计划生育法的，因为刘某已经有了一个三岁的女儿了，这次怀孕属于超生。这种情况是不符合禁止性解除的理由的，因为禁止性解除中的"女职工孕期、产期和哺乳期"是指合法的孕期、产期和哺乳期，而刘某的情况显然不属于此类。

九、劳动合同解除、终止后用人单位的法定义务

在劳动合同解除或终止后，用人单位应履行的法定义务在《劳动合同法》中有明确的规定："用人单位应当在解除或者终止劳动合同时出具解除或者终止劳动合同的证明，并在十五日内为劳动者办理档案和社会保险关系转移手续。劳动者应当按照双方约定，办理工作交接。用人单位依照本法有关规定应当向劳动者支付经济补偿的，在办结工作交接时支付。用人单位对已经解除或者终止的劳动合同的文本，至少保存二年备查。"

【知识概述】在劳动合同解除或终止后，除了上述的义务外，用人单位还要承担向劳动者支付经济补偿的义务。《劳动合同法》第四十六条规定，有下列情形之一的，用人单位应当向劳动者支付经济补偿：①劳动者依照本法第三十八条规定解除劳动合同的；②用人单位依照本法第三十六条规定向劳动者提出解除劳动合同并与劳动者协商一致解除劳动合同的；③用人单位依照本法第四十条规定解除劳动合同的；④用人单位依照本法第四十一条第一项规定解除劳动合同的；⑤除用人单位维持或者提高劳动合同约定条件续订劳动合同，劳动者不同意续订的情形外，依照本法第四十四条第一项规定终止固定期限劳动合同的；⑥依照本法第四十四条第四项、第五项规定终止劳动合同的；⑦法律、行政法规规定的其他情形。

【问题提示】用人单位违反规定，未尽劳动合同解除或终止后法定义务的后果是什么？

【案例导读】徐明于1985年因过失犯罪被判刑，并于1986年1月1日被其所在的木器加工厂开除，双方之间的劳动关系也因此解除。1995年，徐明刑满释放。重新就业需要档案，为此徐明多次找该厂，想要回自己的档案，但得到的答复是"没有档案"。2005年9月，徐明又要求该厂转移其人事档

案。9月26日,该厂将徐明的档案转移至其户口所在地的街道办事处。

2006年3月26日,徐明诉至当地劳动争议仲裁委员会,要求该厂支付因未及时转移档案而给自己带来的各项经济损失9万元、失业保险金损失8 000元;补办此期间的养老保险、失业保险、医疗保险,并缴纳1995年1月至2005年9月的社会保险费用。

劳动争议仲裁委员会的裁决结果是:木器加工厂支付未及时转移档案给徐明造成的损失2万元。

笔者认为,《劳动合同法》规定,用人单位应当在出具解除或者终止劳动合同的证明之日起15日内为劳动者办理档案和社会保险关系转移手续。这是用人单位应当履行的法定义务,也是职工终止劳动关系时应获得的劳动权利。如果用人单位与劳动者解除或终止劳动关系时不按规定转移职工档案,则属于对职工劳动权利的侵害,是不履行法定义务的违法行为,为此应给予劳动者适当补偿。

十、用人单位和劳动者在何种情况下可以解除劳动合同?

劳动合同的解除是劳动活动中经常发生的情况。劳动合同的解除有多种形式,在不同形式下,用人单位是否需要支付经济补偿金便成为管理者和劳动者都需要理清的重要内容。

【知识概述】 劳动合同的解除分为多种形式,概括起来包括以下几种。

其一,双方协商一致,达成解除劳动合同的协议。

其二,用人单位有下列情形之一的,劳动者可以单方解除劳动合同:①未按照劳动合同约定提供劳动保护或者劳动条件的;②未及时足额支付劳动报酬的;③未依法为劳动者缴纳社会保险费的;④用人单位的规章制度违反法律法规的规定,损害劳动者权益的;⑤因用人单位以欺诈、胁迫的手段或者乘人之危,使劳动者在违背真实意思的情况下订立或者变更劳动合同致使劳动合同无效的。

其三,劳动者有下列情形之一的,用人单位可以解除劳动合同:①在试用期间被证明不符合录用条件的;②严重违反用人单位的规章制度的;③严重失职,营私舞弊,给用人单位造成重大损害的;④劳动者同时与其他用人单位建立劳动关系,对完成本单位的工作任务造成严重影响,或者经用人单位提出,拒不改正的;⑤劳动者以欺诈的手段使用人单位在违背真实意思的情况下订立或者变更劳动合同致使劳动合同无效的;⑥被依法追究刑事责任的。

其四,有下列情形之一的,用人单位提前 30 日以书面形式通知劳动者本人或者额外支付劳动者一个月工资后,可解除劳动合同:①劳动者患病或者非因工负伤,在规定的医疗期满后不能从事原工作,也不能从事由用人单位另行安排的工作的;②劳动者不能胜任工作,经过培训或者调整工作岗位,仍不能胜任工作的;③劳动合同订立时所依据的客观情况发生重大变化,致使劳动合同无法履行,经用人单位与劳动者协商,未能就变更劳动合同内容达成协议的。

其五,有下列情形之一,需要裁减人员 20 人以上或者裁减不足 20 人但占企业职工总数 10%以上的,用人单位提前 30 日向工会或者全体职工说明情况,听取工会或者职工的意见后,裁减人员方案经向劳动行政部门报告,可以解除劳动合同:①依照企业破产法规定进行重整;②生产经营发生严重困难的;③企业转产、重大技术革新或者经营方式调整,经变更劳动合同后,仍须裁减人员的;④其他因劳动合同订立时所依据的客观经济情况发生重大变化,致使劳动合同无法履行的。如果用人单位没有上述的理由而解除劳动合同,则属于违法单方面解除劳动合同的行为。

【问题提示】劳动者和用人单位解除劳动合同的法定理由都有哪些?

【案例导读】

案例 1:2008 年 11 月,刁先生到北京华联综合超市股份有限公司五道口分公司(以下简称"华联五道口分公司")工作。2008 年 12 月,刁先生与该公司签订劳动合同书,合同期限自 2008 年 11 月 30 日至 2009 年 11 月 29 日,岗位为安保员,月工资为 1 100 元。该劳动合同第十七条约定:"乙方有下列情形之一的,甲方可以解除劳动合同,并不给乙方任何补偿:……提供虚假个人信息和身份证明、履历、学历、职业资格、健康证明、医疗证明等材料的……"

2009 年 3 月 2 日,该公司以刁先生有过犯罪记录且在档案中对此加以隐瞒为由,作出《关于辞退安保部员工刁先生的通知》,并于 2009 年 3 月 3 日向刁先生送达该通知,且未给刁先生任何经济补偿。刁先生与公司协商无果后,向当地劳动争议仲裁委员会申请仲裁。

案例 2:徐某是深圳某电子有限公司的开发部技术人员,双方签订的劳动合同期限是 2000 年 9 月 1 日至 2003 年 9 月 1 日。2001 年，该公司为提高生产力，优化企业内部管理，于是引进国外先进管理理念，制定系统的评估制度，对每个员工进行严格的岗位绩效评估，以决定员工的奖金、工资水平；对绩效不合格的员工，予以再次评估的机会，如两次绩效评估均不合格，则公司将采取辞退措施。

2002 年 12 月，徐某因两次绩效评估未合格，被该公司以绩效评估不合格、不胜任工作为由解除了劳动合同。同时，该公司以徐某工作能力不能达成公司要求，依公司制度解除合同，责任在徐某为由，拒绝向其支付经济补偿金。

案例 3：索女士进入某通信公司工作。双方最后一份劳动合同签订于 2009 年 1 月 1 日，合同期限至 2010 年 12 月 30 日。2009 年 6 月 18 日，索女士接到公司的书面通知，称"因你与公司各部门之间无法默契配合，基于公司全局管理的考虑，决定于 2009 年 6 月 30 日与你解除劳动合同"。

上述案例的裁决结果是：

案例 1 中，刁先生没有得到经济补偿金。

案例 2 中，企业应当支付经济补偿金。

案例 3 中，企业应支付经济补偿金。进一步而言，由于该公司违法解除劳动关系，索女士可以继续在该公司工作或者获得经济补偿标准 2 倍的经济补偿金。

对此笔者认为，在案例 1 中，华联五道口分公司是以刁先生有过犯罪记录并在档案中对此加以隐瞒为由而对其作出辞退决定的。因为刁先生的这一隐瞒行为会导致劳动合同的无效，故该公司可以不支付经济补偿金。

在案例 2 中，该公司是以劳动者不能胜任工作，经过培训或者调整工作岗位仍不能胜任工作为由解除劳动合同的。按照我国相关劳动法规，这种情况应该向劳动者支付经济补偿金。

案例 3 中，某通信公司因索女士与公司各部门之间无法默契配合，基于公司全局管理的考虑，而决定与之解除劳动合同，但这一理由不是法定理由。故索女士可以有两种选择：一是要求继续履行劳动合同，则用人单位应当继续履行；二是不要求继续履行劳动合同或者劳动合同已经不能继续履行，则可获得经济补偿标准 2 倍的赔偿金。

十一、劳务派遣工能否被用工单位直接解除劳动合同？

一般情况下，在劳务派遣中，实际用工单位不能直接开除和辞退被派遣员工，而要明确将被派遣员工退回劳务派遣公司。同时，用工单位也不能接受被派遣员工辞职，即使该员工在退回派遣公司的同时与劳务派遣公司解除劳动合同，也应注意是从劳务派遣公司辞职的，而不是从实际用人单位辞职的。

【知识概述】一般而言，劳务派遣又称人才派遣、劳动力租赁，是指由劳务派遣机构与派遣劳工订立劳动合同，由派遣劳工向要派企业（实际用工单位）给付劳务，劳动合同关系存在于劳务派遣机构与派遣劳工之间，但劳动力给付的事实发生于派遣劳工与要派企业之间。劳动派遣的最显著特征就是劳动力的雇用和使用分离。劳动派遣机构已经不同于职业介绍机构，它成为与劳动者签订劳动合同的一方当事人。简单地讲，劳动者与其工作的单位并没有劳动关系，而是与另一人才派遣等专门单位形成了劳动关系，再由该人才派遣机构派到用工单位去，用工单位则与人才机构签订派遣协议。

《劳动合同法》明确了用工单位和派遣单位在劳动者出现过错或者违反劳动合同，以及违反单位（包括用工单位和派遣单位）的规章制度时的权责范围。根据《劳动合同法》第六十五条规定：被派遣劳动者有本法第三十九条和第四十条第一项、第二项规定情形的，用工单位可以将劳动者退回劳务派遣单位，劳务派遣单位依照本法有关规定，可以与劳动者解除劳动合同。

【问题提示】用工单位发现劳动者出现过错或者有违反劳动合同的行为时，应采取怎样的措施？

【案例导读】

案例1：魏某与某劳务派遣公司于2009年1月签订了为期2年的劳动合同，并于同年1月16日被派遣到蒙阴县某物业公司工作。2010年2月，该物业公司以魏某当班期间长时间脱岗并遭到客户投诉、严重违反公司规章制度为由，向魏某发出了书面解除劳动合同通知书，并让魏某当天办理工作交接手续离开公司。魏某接到解除劳动合同通知书后，认为即使自己违反劳动纪律属实，公司也不能直接与其解除劳动合同，因此要求公司与其恢复劳动关系。于是该物业公司去当地劳动争议仲裁委员会，咨询是否可以直接与魏某解除劳动合同。

案例2：某外资企业是生产性企业，生产车间的操作工全部是劳务派遣工。其中，员工张某是某外企服务公司（劳务派遣公司）于2008年3月派遣到此单位的，张某同该外企服务公司签订了自2008年3月1日至2010年2月28日为期两年的劳动合同。2009年11月，张某由于发生家庭矛盾，擅自不到岗工作，造成其岗位空缺。单位以张某连续旷工10天、严重违反本单位规章制度为由向张某发出了解除劳动合同的通知，并要求张某当天办理工作交接离开公司。张某接到解除劳动合同通知书后，认为自己旷工是事实，但是单位不能直接同其解除劳动合同，因此要求单位与其恢复劳动关系，否则将申诉至劳动争议仲裁委员会。那么，该企业是否可以直接与张某解除劳动合同？

上述案例的裁决结果如下。

案例1中，物业公司不能直接与魏某解除劳动合同关系。该物业公司作为用工单位，与魏某只有实际用工关系而没有形式劳动合同关系。因此，如果因魏某严重违反物业公司的规章制度，物业公司要与其解除劳动关系的话，只能将其退回至与其有形式劳动合同关系的劳务派遣公司，并提供相关违纪事实资料。然后，由劳务派遣公司依据法律规定与魏某解除劳动合同并办理相关手续。可见，该物业公司是不能直接与魏某解除劳动合同的。

案例2中，实际用人单位在张某严重违反单位规章制度后，可以将其退回外企服务公司，并将其相关违纪事实资料提供给外企服务公司，再由外企服务公司根据实际用人单位提供的资料，依照法律规定与张某解除劳动合同。

笔者认为，就案例2而言，其中的三种关系分别是：劳务派遣单位和派遣劳动者是形式劳动关系，有劳动合同但没有实际用工；用工单位和派遣劳动者是实际劳动关系，有实际用工但没有劳动合同；劳务派遣单位和用工单位是民事法律关系，双方以劳务派遣协议为依托。基于这三种关系，三方应享受不同权利，承担不同义务。我国《劳动合同法》明确了用工单位和派遣单位在劳动者出现过错，或其违反劳动合同、违反单位（包括用工单位和派遣单位）规章制度时的权责范围。用工单位与派遣劳动者只有实际用工关系但没有形式劳动合同关系，因此如果要解除与派遣劳动者的劳动关系，只能将其退回与之有形式劳动合同关系的派遣单位，再由派遣单位依据用工单位提供的证据资料，依据法律规定与派遣劳动者解除劳动合同并办理相关手续。

第三节　外来务工人员在社会保险领域中的常见问题

一、外来务工人员应享受哪些社会保险？

劳动者应该依法享有社会保险。社会保险是国家通过立法建立的一种社会保障制度，目的是使劳动者因年老、失业、患病、工伤、生育而减少或丧失劳动收入时，能从社会层面获得经济补偿和物质帮助，以保障基本生活。由此可见，社会保险是一种为丧失劳动能力、暂时失去劳动岗位或因健康原因造成损失的人提供收入或补偿的一种社会和经济制度。

社会保险计划（以下简称"社保计划"）由政府举办，强制某一群体将其收入的一部分作为社会保险税（费）并形成社会保险基金（以下简称"社保基金"）。在满足一定条件的情况下，被保险人可从社保基金处获得固定的收入或损失的补偿。可见，社保计划是一种再分配制度，其目标是保证劳动力的再生产和社会的稳定。

【知识概述】 社会保险具有以下五大特征：

第一，社会保险的客观基础是劳动领域中存在的风险，其保险的标的是劳动者的人身；

第二，社会保险的主体是特定的，包括劳动者（含其亲属）与用人单位；

第三，社会保险属于强制性保险；

第四，社会保险的主要目的之一是维持劳动力的再生产；

第五，社保基金来源于用人单位和劳动者的缴费以及财政的支持。

社保基金的保险对象范围限于职工，不包括其他社会成员；其保险内容范围限于劳动风险中的各种风险，不包括此外的财产、经济等风险。我国的现行社会保险主要包括五种，分别如下。

一是养老保险。这是指劳动者在达到法定退休年龄或因年老、疾病丧失劳动能力时，按国家规定退出工作岗位并享受社会给予的一定物质帮助的一种社保类型。我国的离休、退休、退职制度等均属于养老保险范畴。养老保险待遇包括离休费、退休费、退职生活费以及物价补贴和生活补贴等。

二是医疗保险。这是指劳动者因疾病、伤残或生育等原因需要治疗时，由国家和社会提供必要的医疗服务和物质帮助的一种社保类型。

三是生育保险。这是指国家和社会对女职工由于妊娠、分娩而暂时丧失劳动能力时给予物质帮助的一种社保类型。生育保险待遇包括产假、产假工资、生育补助金和医疗服务等。

四是工伤保险。这是指劳动者因工作受伤以致残废，暂时或永久丧失劳动能力时从国家和社会处获得必要物质帮助的一种社保类型。工伤保险待遇包括工伤医疗待遇，医疗期间的生活待遇，因伤致伤、死亡待遇和康复待遇等。

五是失业保险。这是指国家建立失业保险基金，对因某种原因失去工作而中断生活来源的劳动者提供一定基本生活需要，并帮助其重新就业的一种社保类型。

【问题提示】 劳动者应该如何借助法律保护自己依法享有的社会保险权利？

【案例导读】

案例1：李女士于2008年1月到某保洁公司工作，月工资为1 000元，双方签订了2年的劳动合同。该保洁公司没有为李女士缴纳社会保险，后来李女士多次要求公司为她缴纳社会保险，但该公司一直没有应允。

2008年4月，李女士以该公司未为其缴纳社会保险为由提出辞职，她提交了辞职信并于2008年5月20日之后不再到该公司工作。2008年6月，李女士诉至当地劳动仲裁委，要求该保洁公司支付其解除劳动合同的经济补偿500元。保洁公司辩称：公司未提出与李女士解除劳动合同，其要求支付经济补偿金没有依据。

案例2：1998年4月，刘某等4人应聘至某公司。公司在待遇方面提出，如果职工坚持要求办理社会保险的话，则须从其工资中每月扣除300元。刘某等觉得还是多拿点工资好，至于办不办社会保险，也没什么关系。于是双方签订了为期3年的劳动合同，并在合同中约定：每月工资为2 000元，公司对社会保险事宜不予负责。

1999年12月，劳动保障部门在进行检查中发现，该公司没有依法为签订劳动合同的职工办理社会保险，遂对其下达限期整改指令书，要求该公司为刘某等办理参加社会保险手续。该公司则认为，公司不负责社会保险是经双方协商同意并已在劳动合同中明确约定了的。

上述案例的裁决结果如下。

案例1中，李女士提出的由保洁公司支付其解除劳动合同经济补偿金500元的要求得到了支持。

案例2中，经劳动保障部门工作人员对该公司宣讲国家有关社会保险的法律法规和政策，劳动关系双方依法修改了合同内容，该公司也为刘某等办理了参加社会保险手续。

笔者认为，劳动者依法享有社会保险的权利，不论用人单位以什么样的借口、什么样的理由，都不能剥夺劳动者的这项权利。现实中，劳动者是劳动关系中的弱势一方，应该借助法律武器好保护自己。

就案例1而言，根据《劳动合同法》第十七条的规定，劳动合同应当具备"社会保险"条款，因此该公司有责任为李某缴纳社会保险。该法第三十八条的规定，用人单位"未依法为劳动者缴纳社会保险费的，劳动者可以解除合同"；该法第四十六条规定，"劳动者依照本法第三十八条规定解除合同的，用人单位应当向劳动者支付经济补偿"。依据上述规定，李某获得经济补偿金是完全合理合法的。

就案例2而言，双方虽然在自愿、协商一致的基础上签订了劳动合同，但是合同中有关社会保险的约定违反了国家现行法律、行政法规等规定，从而导致双方合同中约定的部分条款无效，应当依法予以纠正。

上述案例给我们的启示是：单位和劳动者在建立劳动关系时应当依法签订劳动合同。合同的依法订立，一是要遵循平等自愿、协商一致的原则；二是合同的内容要合法，不能与国家法律、行政法规的规定相抵触。同时，要加强对社会保险有关法律法规政策的宣传，提高用人单位和职工依法参加社会保险的意识和自觉性。此外，劳动保障行政部门要进一步加强劳动合同鉴证工作，加强劳动合同管理，促进用人单位和职工之间签订合法有效的劳动合同，切实维护劳动合同双方当事人的合法权益。

二、员工能否要求单位直接将社会保险费支付给自己？

现实中，有的企业为规避缴纳社会保险的义务，而与员工约定"工资中已包含社会保险费"，有些员工也要求企业直接将社会保险费支付给自己；还有的企业与员工在劳动合同中明确约定了工资额度，并将依法应当由企业承担的社会保险费以工资形式支付给员工。那么，上述情况是否会获得法律的支持和保护呢？

【知识概述】上述行为的违法性是很明显的。一方面，为员工办理社会保险是用人单位的法定义务，其不能因其与员工另有约定而免除。另一方面，保险费的缴纳比例及基数均应当符合当地政府的规定，简单地约定"包含保险费"并不能证明用人单位已全面履行了缴费义务。社会保险是国家的强制保障制度，如员工未缴纳社会保险，当其发生失业、患病、工伤等情形时，必然得不到应有的物质帮助，从而影响正常生活。现实地看，即使员工承诺"企业可以将应承担的社会保险费打入工资，而无须为其缴纳"，日后一旦其违反承诺而要求企业承担"补缴社会保险或赔偿损失"的义务时，劳动仲裁委员会或人民法院仍会判令企业承担相应责任。

【问题提示】员工不缴纳社会保险的声明不能免除用人单位的法律责任。

【案例导读】李某是一度假村的餐厅服务员，来自河北农村。其在入职时曾向该度假村写下一份声明：单位不用为其缴纳各项社会保险费，单位将其承担的社会保险费打入自己的工资中。此后该度假村也确实是这样操作的。

工作4个月后，李某突然被医院诊断为肾衰竭，需要做手术换肾脏，医院为其联系了一肾源植入其体内，前后花去手术费18万元。不幸的是这一肾源在李某体内发生排斥反应，导致手术失败。医院建议再换植其母亲的一只肾，但再次失败。前后共计花费手术费30万元。这对于一个农村家庭来说无疑是天文数字。

由于之前没有缴纳医疗保险费，当地劳动社会保险部门拒绝为其报销。于是，李某要求该单位承担责任，为自己报销医疗费。但单位以其声明为由，也拒绝承担报销责任。

本案的裁决结果是：当地劳动争议仲裁委员会认为，该声明因违反国家法律强制性规定而无效，单位应承担相应的法律责任。

《劳动法》第七十条规定，国家发展社会保险事业，建立社会保险制度，设立社会保险基金，使劳动者在年老、患病、工伤、失业、生育等情况下获得帮助和补偿；第七十二条规定，社会保险基金按照保险类型确定资金来源，逐步实行社会统筹。用人单位和劳动者必须依法参加社会保险，缴纳社会保险费。《社会保险费征缴暂行条例》第十二条规定："缴费单位和缴费个人应当以货币形式全额缴纳社会保险费。缴费个人应当缴纳的社会保险费，由所在单位从其本人工资中代扣代缴。社会保险费不得减免。"

依据上述规定，社会保险是指由国家立法强制实施，由政府、用人单位和劳动者等社会各方面筹集资金建立专门基金,在劳动者年老、失业、患病、工伤、生育或者丧失劳动能力时,从国家或社会获得物质帮助的制度。工资则是指用人单位依据劳动合同的规定,以各种形式支付给劳动者的工资报酬。工资及社会保险费的支付均是用人单位的法定义务,二者不能相互替代、转移。

三、外来务工人员的养老保险能转移吗?

一些年来,尤其在春节临近时,一些城市会出现外来务工人员要求退保的现象。那么,他们为什么要退保呢?有些外来务工人员认为,退保可以拿一笔钱回老家,转移关系太麻烦。这一方面是由于眼前利益驱使(退保可以退个人账户的部分),加之养老意识不够强;另一方面是由于对政策不了解,怕转移养老保险的手续太麻烦,加之对将来的工作地点和时间等不确定,怕日后的养老权益得不到兑现,还不如现在就把钱拿在手里更实惠。

随着《中华人民共和国社会保险法》(以下简称《社会保险法》)的出台,外来务工人员的养老保险还能退保吗?跨地区转移养老保险手续麻烦吗?

【知识概述】应该说,随着《社会保险法》的实施,"退保"的概念已经退出历史舞台。根据该法第十四条的规定,个人账户不得提前支取,记账利率不得低于银行定期存款利率,免征利息税;个人死亡的,个人账户余额可以继承。同时,该法第十九条规定:"个人跨统筹地区就业的,其基本养老保险关系随本人转移,缴费年限累计计算。个人达到法定退休年龄时,基本养老金分段计算、统一支付。具体办法由国务院规定。"这就说明规定养老保险可以跨地区转移,从而免除了外来务工人员的各种后顾之忧。

【问题提示】如何才能办理养老保险的跨地区转移呢?

【案例导读】肖小姐是东北人,在广东南海购买了职工养老保险。按照她自己的规划,目前不会回东北发展,但将来可能会去华东地区工作。如果职工养老保险实现跨省转移,就可以解决自己社保分散购买的问题。

根据国务院出台的《城镇企业职工基本养老保险关系转移接续暂行办法》(以下简称"暂行办法"),从2010年1月1日起,包括农民工在内参加城镇企业职工基本养老保险的所有人员,其基本养老保险关系可在跨省就业时随同转移。社保部门将不再办理"退保"手续,农民工退保将退出历史舞台。

根据暂行办法,跨省流动就业的参保人办理社保转移接续手续的,原参保地与新参保地社保机构应在45天内办结审核、确认、跨地区转续等程序。转移过程中，个人账户储存额本息随个人转移，统筹基金按一定比例转移到转入地社保机构；参保缴费不足1年的，按实际缴费月数计算转移。

暂行办法第四条规定，参保人员跨省流动就业转移基本养老保险关系时，按下列方法计算转移资金。

第一，个人账户储存额：1998年1月1日之前按个人缴费累计本息计算转移，1998年1月1日后按计入个人账户的全部储存额计算转移。

第二，统筹基金（单位缴费）：以本人1998年1月1日后各年度实际缴费工资为基数，按12%的总和转移，参保缴费不足1年的，按实际缴费月数计算转移。

暂行办法第五条规定，参保人员跨省流动就业，其基本养老保险关系转移接续按下列规定办理。

第一，参保人员返回户籍所在地（指省、自治区、直辖市，下同）就业参保的，户籍所在地的相关社保经办机构应为其及时办理转移接续手续。

第二，参保人员未返回户籍所在地就业参保的，由新参保地的社保经办机构为其及时办理转移接续手续。但对男性年满50周岁和女性年满40周岁的，应在原参保地继续保留基本养老保险关系，同时在新参保地建立临时基本养老保险缴费账户，记录单位和个人全部缴费。参保人员再次跨省流动就业或在新参保地达到待遇领取条件时，将临时基本养老保险缴费账户中的全部缴费本息转移归集到原参保地或待遇领取地。

第三，参保人员经县级以上党委组织部门、人力资源社会保障行政部门批准调动，且与调入单位建立劳动关系并缴纳基本养老保险费的，不受以上年龄规定限制，应在调入地及时办理基本养老保险关系转移接续手续。

暂行办法第六条规定，跨省流动就业的参保人员达到待遇领取条件时，按下列规定确定其待遇领取地。

第一，基本养老保险关系在户籍所在地的，由户籍所在地负责办理待遇领取手续，享受基本养老保险待遇。

第二，基本养老保险关系不在户籍所在地，而在其基本养老保险关系所在地累计缴费年限满10年的，在该地办理待遇领取手续，享受当地基本养老保险待遇。

第三，基本养老保险关系不在户籍所在地，且在其基本养老保险关系所在地累计缴费年限不满10年的,将其基本养老保险关系转回上一个缴费年限满10年的原参保地办理待遇领取手续,享受基本养老保险待遇。

第四,基本养老保险关系不在户籍所在地,且在每个参保地的累计缴费年限均不满10年的,将其基本养老保险关系及相应资金归集到户籍所在地,由户籍所在地按规定办理待遇领取手续,享受基本养老保险待遇。

暂行办法第八条规定,参保人员跨省流动就业的,按下列程序办理基本养老保险关系转移接续手续。

第一,参保人员在新就业地按规定建立基本养老保险关系和缴费后,由用人单位或参保人员向新参保地社保经办机构提出基本养老保险关系转移接续的书面申请。

第二,新参保地社保经办机构在15个工作日内,审核转移接续申请,对符合本办法规定条件的,向参保人员原基本养老保险关系所在地的社保经办机构发出同意接收函,并提供相关信息;对不符合转移接续条件的,向申请单位或参保人员作出书面说明。

第三,原基本养老保险关系所在地社保经办机构在接到同意接收函的15个工作日内,办理好转移接续的各项手续。

第四,新参保地社保经办机构在收到参保人员原基本养老保险关系所在地社保经办机构转移的基本养老保险关系和资金后,应在15个工作日内办结有关手续,并将确认情况及时通知用人单位或参保人员。

暂行办法第九条规定,农民工中断就业或返乡没有继续缴费的,由原参保地社保经办机构保留其基本养老保险关系,保存其全部参保缴费记录及个人账户,个人账户储存额继续按规定计息。农民工返回城镇就业并继续参保缴费的,不论其回到原参保地就业还是到其他城镇就业,均按前述规定累计计算其缴费年限,合并计算其个人账户储存额,符合待遇领取条件的,与城镇职工同样享受基本养老保险待遇;农民工不再返回城镇就业的,其在城镇参保缴费记录及个人账户全部有效,并根据农民工的实际情况,或在其达到规定领取条件时享受城镇职工基本养老保险待遇,或转入新型农村社会养老保险。

四、非法用工单位如何承担工伤责任?

所谓非法用工单位,是指没有用工权而非法用工的用工主体。在我国,非法用工单位的劳动者依法享有《劳动法》第三条及《劳动部关于〈劳动法〉若干条文的说明》第三条规定的权利。当非法用工单位的劳动者受到事故伤害或者患职业病时，其依法享有工伤保险待遇。

【知识概述】 何谓非法用工？依据我国《工伤保险条例》第六十三条及《非法用工单位伤亡人员一次性赔偿办法》第二条之规定，所谓非法用工，是指"无营业执照或者未经依法登记、备案的单位以及被依法吊销营业执照或者撤销登记、备案的单位或者用人单位使用童工违法用工的情形"。

那么，非法用工单位的劳动者是否享有工伤保险待遇的权利呢？依据《工伤保险条例》第六十三条以及《非法用工单位伤亡人员一次性赔偿办法》第二条第二款之规定，非法用工单位必须按照《非法用工单位伤亡人员一次性赔偿办法》的规定向伤残职工或死亡职工的直系亲属、伤残童工或者死亡童工的直系亲属给予"一次性赔偿"，并且赔偿标准不得低于《工伤保险条例》所规定的工伤保险待遇。

所谓"一次性赔偿"，包括受到事故伤害或患职业病的职工或童工在治疗期间的费用和一次性赔偿金，一次性赔偿金数额应当在受到事故伤害或患职业病的职工或童工死亡或者经劳动能力鉴定后确定。职工或童工受到事故伤害或患职业病的，在其接受劳动能力鉴定之前进行治疗期间的生活费、医疗费、护理费、住院期间的伙食补助费及所需的交通费等，应按照《工伤保险条例》规定的标准和范围，全部由伤残职工或童工所在单位支付。

【问题提示】 如何认定非法用工？

【案例导读】

案例1：张某于2008年4月开办了兴盛家具厂，未去工商部门办理工商登记和其他相关手续。李某于2008年9月起到该厂上班。2009年6月15日下午2时左右，李某与工友抬一套沙发上车时，李某不慎从车上跌下。李某受伤后被送至当地医院，住院49天后康复出院。张某支付了李某住院期间的医疗费，但其他相关费用未予给付。经协商未果，故李某向当地劳动争议仲裁委提起申请，请求对其伤残进行劳动能力鉴定，并由张某给付住院护理费、伙食补助费、停工留薪工资、一次性伤残赔偿金、鉴定费等。

案例2：2005年2月，私营企业主李某某，欲成立一家专营轮胎的公司，公司暂定名为：深圳宝安腾跃实业有限公司（以下简称"腾跃公司"），其经营范围为从事轮胎的技术开发和销售等。随后，在办理工商注册登记手续时，李某某招用了唐某等几名员工，专门从事轮胎翻新工作。在办理工商注册登记时，李某某又认为"腾跃"这个名字不够响亮，于是最终决定用"浩大"作为其开设公司的名称。2005年9月，深圳市浩大轮胎有限公司（以下简称"浩大公司"）正式注册成立，李某某为其法定代表人，浩大公司注册地址仍在原址。唐某等也在浩大公司继续从事轮胎翻新工作。但是，浩大公司并未与唐某签订劳动合同，也未为其购买工伤保险、养老保险；并且因为李某某与唐某是老乡关系，公司在支付其工资时，根本没有让其签收。

2005年12月，唐某在工作中因轮胎爆炸导致左下肢受伤。事故发生后，李某某积极为唐某治疗，亲自联系医院，并为唐某支付医疗费、护理费等。2006年3月，在唐某第一个医疗期结束后，双方在宝安区人民调解委员会的主持下达成了调解协议，按照双方调解协议的约定，由被告支付全部医疗费以及2005年12月到2006年7月期间的工资共计5 299元。其中，医疗期间工资按照法定标准，被告少支付6 419元；护理费按照双方约定和法律规定，被告少支付1 800元，住院伙食费少支付950元。

2006年10月，唐某第二个医疗期结束后，李某某以腾跃公司的名义向深圳市劳动能力鉴定委员会申请鉴定，唐某被评定为九级伤残。随后，唐某要求李某某按非法用工九级伤残标准给予其工伤赔偿64 792元。对此李老板非常气愤，认为自己明明是合法注册的公司，怎么一下就成了非法用工呢？为此，双方在宝安某区人民调解委员会的主持下进行了第二次调解，但未达成任何协议。

之后，唐某以李某某为被告向深圳市宝安区法院提起诉讼，请求法院判令：①被告支付原告医疗期间工资、护理费、住院伙食补偿费、交通费和鉴定费共计8 549元；②被告支付原告一次性伤残赔偿金64 792元。此外，唐某要求李老板按《非法用工单位伤亡人员一次性赔偿方法》支付其一次性工伤赔偿金。唐某在起诉时，提交了印有腾跃轮胎公司的名片一张及工商查档证明一份，以证明工商机构中并没有腾跃公司的登记记录。

案例3：2007年4月，重庆市宇超机电有限责任公司（以下简称"宇超公司"）安排不满16岁的郎艳（1991年8月27日生）从事压机操作等工作。2007年4月29日中午，郎艳在工作中被机器压伤右手，当日送往医院治疗。2007年4月29日至6月20日，郎艳在重庆市九龙坡区第二人民医院住院治疗52天。出院诊断为右手严重碾压损毁伤，右拇食指全部挫灭、右中指部分挫灭，右手严重皮肤软组织缺损，右中指桡侧固有动脉、神经离断。经重庆市九龙坡区劳动能力鉴定委员会鉴定，原告为六级伤残，无护理依赖。由郎艳支出鉴定费200元。

2007年10月22日，郎艳向重庆市九龙坡区劳动争议仲裁委员会（以下简称"仲裁委"）申诉，请求对其伤情进行鉴定。根据其伤残等级，仲裁委按照非法用工相关法律法规，裁定由宇超公司支付一次性非法用工赔偿金115 290元，住院期间2个月工资800元，医疗费76.30元，交通费45.50元，仲裁费由宇超公司承担。

上述几个案例的裁决结果如下。

案例1中，经仲裁委受理后，委托当地劳动鉴定委员会对李某的伤残程度予以鉴定。经鉴定，李某的伤残等级为九级。后仲裁委审理支持了李某的申请请求。

案例2中，法院经审理认定李某某构成非法用工，判令其按《非法用工单位伤亡人员一次性赔偿方法》，支付原告唐某相当于深圳市2004年度职工年平均工资的2倍即63 856元。

案例3中，仲裁委裁定由宇超公司支付郎艳一次性赔偿金115 290元（19 215元×6倍）、停工留薪期工资1 600元（800元×2个月）、垫付的医疗费76.30元、交通费45.50元；仲裁受理费20元由郎艳承担，处理费500元由宇超公司承担。

笔者认为，非法用工一般具有以下特征。

第一，非法用工的主体是无营业执照或者未经依法登记、备案的单位，被依法吊销营业执照或者撤销登记、备案后没有再领取营业执照、再行登记、备案的单位，或者使用童工的用人单位。

第二，用人单位有非法从事生产经营活动的行为（包括过去、现在两个时间段）。

第三，用人单位有非法用工的事实。

就案例1而言，兴盛家具厂的业主张某在未办理工商登记和其他相关手续的情况下用工，应属非法用工。李某在家具厂上班期间受伤，张某应当承担其伤残待遇的赔偿责任。

就案例2而言，李某某构成非法用工行为的理由是：其一，李某某在招用唐某时，是以腾跃公司的名义招用的，唐某提交的名片充分证明了这一点；

其二，李某某是以腾跃公司的名义申请的伤残鉴定；其三，腾跃公司并没有经工商部门合法注册登记。因此，李某某的行为符合《非法用工单位伤亡人员一次性赔偿办法》确定的非法用工单位的特征，是典型的非法用工行为。

就案例 3 而言，宇超公司雇请不满 16 周岁的郎艳从事工作，属于非法用工行为。郎艳在工作期间受到伤害，作为用人单位的宇超公司应当向郎艳支付一次性赔偿。

五、外来务工人员能获得哪些工伤保险待遇？

和城镇职工相比，外来务工人员从事的多是苦、脏、累的体力劳动，同时也多是风险较高的行业，在工作过程中发生工伤的概率也较大。那么，当发生工伤以后，他们可以享受哪些工伤保险待遇呢？

【知识概述】发放工伤待遇前，一般需要经过工伤认定、劳动能力鉴定和工伤评残、工伤保险金发放等几个程序。外来务工人员一旦被认定为工伤并被评定伤残等级后，根据我国《工伤保险条例》的规定，其工伤保险待遇主要包括：

其一，职工因工作遭受事故伤害或者患职业病进行治疗的，享受工伤医疗待遇。

其二，职工因工作遭受事故伤害或者患职业病需要暂停工作接受工伤医疗的，在停工留薪期内，原工资福利待遇不变，由所在单位按月支付；停工留薪期一般不超过 12 个月。伤情严重或者情况特殊的，经设区的市级劳动能力鉴定委员会确认，可以适当延长，但延长不得超过 12 个月。工伤职工评定伤残等级后，停发原待遇，按照有关规定享受伤残待遇。工伤职工在停工留薪期满后仍需治疗的，继续享受工伤医疗待遇。

其三，生活不能自理的工伤职工在停工留薪期需要护理的，由所在单位负责。工伤职工已经评定伤残等级并经劳动能力鉴定委员会确认需要生活护理的，由工伤保险基金按月向其支付生活护理费。生活护理费按照生活完全不能自理、生活大部分不能自理或者生活部分不能自理 3 个不同等级支付，其标准分别为统筹地区上年度职工月平均工资的 50%、40% 或者 30%。

其四，职工因工致残被鉴定为一级至四级伤残的，保留劳动关系，退出工作岗位，享受以下待遇。

一是领取一次性伤残补助金。职工有权从工伤保险基金处按伤残等级支付一次性伤残补助金，其标准为：一级伤残为 27 个月的本人工资，二级伤残为 25 个月的本人工资，三级伤残为 23 个月的本人工资，四级伤残为 21 个月的本人工资。

二是领取伤残津贴。职工有权从工伤保险基金处按月支付伤残津贴，其标准为：一级伤残为本人工资的 90%，二级伤残为本人工资的 85%，三级伤残为本人工资的 80%，四级伤残为本人工资的 75%。伤残津贴实际金额低于当地最低工资标准的，由工伤保险基金补足差额。

三是享受养老保险待遇。工伤职工达到退休年龄并办理退休手续后，停发伤残津贴的，按照国家有关规定享受基本养老保险待遇。基本养老保险待遇低于伤残津贴的，由工伤保险基金补足差额。职工因工致残被鉴定为一级至四级伤残的，由用人单位和职工个人以伤残津贴为基数，缴纳基本医疗保险费。

其五，职工因工致残被鉴定为五级、六级伤残的，享受以下待遇。

一是享受一次性伤残补助金。从工伤保险基金按伤残等级支付一次性伤残补助金，其标准为：五级伤残为 18 个月的本人工资，六级伤残为 16 个月的本人工资。

二是有权要求用人单位安排适当工作。职工有权保留与用人单位的劳动关系，由用人单位安排适当工作。难以安排工作的，由用人单位按月发给伤残津贴，其标准为：五级伤残为本人工资的 70%，六级伤残为本人工资的 60%，并由用人单位按照规定为其缴纳应缴纳的各项社会保险费。伤残津贴实际金额低于当地最低工资标准的，由用人单位补足差额。

此外，经工伤职工本人提出，其可以与用人单位解除或者终止劳动关系，由工伤保险基金支付一次性工伤医疗补助金，由用人单位支付一次性伤残就业补助金。一次性工伤医疗补助金和一次性伤残就业补助金的具体标准由省、自治区、直辖市人民政府规定。

其六，职工因工致残被鉴定为七级至十级伤残的，享受以下待遇。

一是享受一次性伤残补助金。指从工伤保险基金处按伤残等级支付一次性伤残补助金，其标准为：七级伤残为 13 个月的本人工资，八级伤残为 11 个月的本人工资，九级伤残为 9 个月的本人工资，十级伤残为 7 个月的本人工资。

二是享受一次性工伤医疗补助金和一次性伤残就业补助金。劳动、聘用合同期满终止，或者职工本人提出解除劳动、聘用合同的，由工伤保险基金支付一次性工伤医疗补助金，由用人单位支付一次性伤残就业补助金。一次性工伤医疗补助金和一次性伤残就业补助金的具体标准由省、自治区、直辖市人民政府规定。

其七，职工因工死亡，其近亲属按照下列规定从工伤保险基金领取丧葬补助金、供养亲属抚恤金和一次性工亡补助金。

一是丧葬补助金，具体为6个月的统筹地区上年度职工月平均工资。

二是供养亲属抚恤金，按照职工本人工资的一定比例发给由因工死亡职工生前提供主要生活来源、无劳动能力的亲属。其标准为：配偶每月40%，其他亲属每人每月30%，孤寡老人或者孤儿每人每月在上述标准的基础上增加10%。核定的各供养亲属的抚恤金之和不应高于因工死亡职工生前的工资。供养亲属的具体范围由国务院社会保险行政部门规定。

三是一次性工亡补助金标准为上一年度全国城镇居民人均可支配收入的20倍。伤残职工在停工留薪期内因工伤导致死亡的，其近亲属享受上述条款规定的待遇。一级至四级伤残职工在停工留薪期满后死亡的，其近亲属可以享受上述丧葬补助金、供养亲属抚恤金中规定的待遇。

【问题提示】确定工伤保险待遇时是否应先区分合法用工还是非法用工？

【案例导读】刘某在一砖厂上班，2010年8月的一天，刘某上午工作之后发现自己身上很脏，想洗个澡，但砖厂内条件很差，没有正式的澡堂。这时，刘某发现砖厂内有一水池，此处系砖厂取土之后形成的，下雨后即形成水池。于是，刘某跳入该水池内洗澡，由于不会游泳，不幸溺水身亡。为此，刘某的家属要求该砖厂的负责人马某按照工伤保险待遇承担相应的责任；而马某认为自己砖厂不具有用人单位资质，不愿意承担这一责任。

本案的裁决结果是：当地劳动行政部门介入此案后认为，马某的砖厂没有营业执照，属于非法用工单位，应承担一次性赔偿责任。

笔者认为，该案中的砖厂由于没有营业执照，系非法用工单位，应按照《非法用工单位伤亡人员一次性赔偿办法》的规定进行赔偿。该办法规定，非法用工单位是指无营业执照或者未经依法登记、备案的单位以及被依法吊销营业执照或者撤销登记、备案的单位，非法用工单位伤亡人员是指在这些单位受到事故伤害或者患职业病的职工，或者用人单位因使用童工而造成的伤残、死亡童工。

该办法规定，一次性赔偿包括受到事故伤害或者患职业病的职工或童工在治疗期间的费用和一次性赔偿金。一次性赔偿金数额应当在受到事故伤害或者患职业病的职工或童工死亡或者经劳动能力鉴定后确定。

劳动能力鉴定按照属地原则，由单位所在地设区的市级劳动能力鉴定委员会办理。劳动能力鉴定费用由伤亡职工或童工所在单位支付。

职工或童工受到事故伤害或者患职业病的，其在劳动能力鉴定之前进行治疗期间的生活费按照统筹地区上年度职工月平均工资标准确定，医疗费、护理费、住院期间的伙食补助费以及所需的交通费等费用按照《工伤保险条例》规定的标准和范围确定，并全部由伤残职工或童工所在单位支付。

该办法第五条规定，一次性赔偿金按照以下标准支付：一级伤残的为赔偿基数的16倍，二级伤残的为赔偿基数的14倍，三级伤残的为赔偿基数的12倍，四级伤残的为赔偿基数的10倍，五级伤残的为赔偿基数的8倍，六级伤残的为赔偿基数的6倍，七级伤残的为赔偿基数的4倍，八级伤残的为赔偿基数的3倍，九级伤残的为赔偿基数的2倍，十级伤残的为赔偿基数的1倍。

上述所称赔偿基数，是指单位所在工伤保险统筹地区上年度职工的年平均工资。

该办法第六条规定，受到事故伤害或者患职业病造成死亡的，按照上一年度全国城镇居民人均可支配收入的20倍支付一次性赔偿金，并按照上一年度全国城镇居民人均可支配收入的10倍一次性支付丧葬补助等其他赔偿金。

同时，该办法第七条规定，单位拒不支付一次性赔偿的，伤残职工或者死亡职工的近亲属、伤残童工或者死亡童工的近亲属可以向人力资源和社会保障行政部门举报。经查证属实的，人力资源和社会保障行政部门应当责令该单位限期改正。

六、外来务工人员如何要求工伤认定？

当发生工伤事故后，一些外来务工人员往往不知道如何进行工伤认定，由此往往导致无法进行工伤认定或者因为错过时效而得不到法律的保护。所以，外来务工人员非常有必要了解工伤认定的要求、程序和条件等内容。

【知识概述】工伤认定是劳动行政部门依据法律的授权，对职工因事故伤害（或者患职业病）是否属于工伤或者视同工伤而予以定性的行政确认行为。

其特点主要有以下几点。

第一，工伤认定属于具体行政行为。

第二，工伤认定属于行政确认行为。确认的结果有四种：是工伤，非工伤，视同工伤，不视同工伤。

第三，工伤认定属于须申请的行政行为。"不申请，不认定"是工伤认定程序的特点。

第四，发生工伤的单位、职工或其直系亲属一方对工伤认定结论不服的，可以先申请行政复议，对复议结论不服的可以申请行政诉讼。在此，行政复议属于前置程序。

工伤认定的内容和程序具体如下。

第一，申请时间方面。《工伤保险条例》第十七条规定，职工发生事故伤害或者按照职业病防治法规定被诊断、鉴定为职业病的，其所在单位应当自事故伤害发生之日或者被诊断、鉴定为职业病之日起 30 日内，向统筹地区劳动保障行政部门提出工伤认定申请。遇有特殊情况，经报劳动保障行政部门同意，申请时限可以适当延长。

用人单位未按上述规定提出工伤认定申请的，工伤职工或者其直系亲属、工会组织在事故伤害发生之日或者被诊断、鉴定为职业病之日起 1 年内，可以直接向用人单位所在地统筹地区劳动保障行政部门提出工伤认定申请。

按照本条第一款规定，应当由省级劳动保障行政部门进行工伤认定的事项，根据属地原则由用人单位所在地的设区的市级劳动保障行政部门办理。用人单位未在本条第一款规定的时限内提交工伤认定申请的，在此期间发生符合本条例规定的工伤待遇等有关费用由该用人单位负担。

第二，申请材料方面。根据《工伤保险条例》第十八条的规定，提出工伤认定申请时应当提交下列材料：①工伤认定申请表；②与用人单位存在劳动关系（包括事实劳动关系）的证明材料；③医疗诊断证明或者职业病诊断证明书（或者职业病诊断鉴定书）。工伤认定申请表应当包括事故发生的时间、地点、原因以及职工伤害程度等基本情况。

工伤认定申请人提供材料不完整的，劳动保障行政部门应当一次性书面告知工伤认定申请人需要补正的全部材料。申请人按照书面告知要求补正材料后，劳动保障行政部门应当受理。

【问题提示】劳动者究竟应通过什么样的程序进行工伤认定？

第二章 外来务工人员的劳动关系（二）

【案例导读】

张海超系河南省新密市人。其曾是郑州振东耐磨材料有限公司的一名职工，在该公司打工期间（2004年8月至2007年10月）历经杂工、破碎、压力机三个工种，据他自己表示这三个工种都会接触到粉尘。2007年8月，张海超感觉身体不适，伴有咳嗽、胸闷症状，随后一直当作感冒治疗。后来，张海超来到郑州市第六人民医院拍胸部X线检查，显示双肺有阴影，但不能确诊病情。意识到病情严重的张海超此后到河南省人民医院、郑州大学第一附属医院、河南胸科医院等各大医院就诊，几家医院均告知他患上了尘肺病，并建议其到职业病医院进一步诊治。这时，张海超怀疑自己是在郑州振东耐磨材料有限公司患上的职业病。

为了确诊，2009年1月，张海超先后到北京多家医院就诊，结论也是尘肺病。但由于张海超就诊的各大医院都不是法定的职业病诊断机构，这些医院在出具的诊断结论中只能用"疑似尘肺"和"不排除尘肺"等表述。根据职业病防治法的上述规定，职业病的诊断要由当地依法承担职业病诊断的医疗机构进行，职业病检查需要用人单位出具职业史证明书、职业健康监护档案、职业健康检查结果、工作场所历年职业病危害因素检测评价资料等多种证明。当张海超去申请职业病诊断时，他曾经工作过的郑州振东耐磨材料有限公司却不愿出具有关证明手续。理由之一是，张海超并没有长期稳定地在该企业工作；理由之二是，张海超离开该企业后，又曾到中岳塑化公司上过班。

在历经多次上访甚至同郑州振东耐磨材料有限公司发生冲突后，在新密市有关部门的协调下，该公司才不得已提供了相关证明。张海超也终于得以于2009年5月12日前往郑州市职业病防治所接受诊断。然而，同年5月25日，郑州市职业病防治所对其诊断为"无尘肺0+期医学观察合并肺结核"。拿到这个结果后，张海超不予认可。他把多家医院的诊断结果拿给郑州市职业病防治所的医生看，但没有得到认可。按照现行法规，只有郑州市职业病防治所的诊断才是具有效力的，而负责协调此事的新密市信访局和原用人单位（郑州振东耐磨材料有限公司）也只认同郑州市职业病防治所的诊断结果，因此张海超索赔无门。无奈之下，张海超再次来到郑州大学第一附属医院，要求做手术开胸检查。尽管该手术比较危险，但为了验证自己所患的是职业病，在张海超的强烈要求下，医院最终为他做了手术，术后的肺检结果为

"肺组织内大量组织细胞聚集伴炭末沉积并多灶性纤维化"。2009年7月1日，张海超前后花费近10万元后，终因支付不起医疗费而不得不出院。郑州大学第一附属医院为其开具的出院记录上清楚地写着"尘肺合并感染"的诊断。

张海超的个案说明相关法律确有漏洞可钻。根据《中华人民共和国职业病防治法》（以下简称《职业病防治法》）的相关规定，职业病诊断应当综合分析病人的职业史，分析职业病危害接触史和现场危害调查与评价，需要用人单位提供有关职业卫生和健康监护等资料。然而，从实际效果看，用人单位很少愿意"自证其罪"。恰如有的医生所指出，"得了职业病，还得单位开具证明才能鉴定，说是让高污染企业凭良心办事，其实恰恰给企业留下了能钻的空子"。换言之，在一己私利面前，企业良心往往靠不住。

所幸，张海超的这一"悲壮"举动在媒体的关注下最终得到了相对合理的解决。上级主管部门也对相关单位和人员进行了责任追究：郑州市职业病防治所、新密市卫生防疫站等单位被通报批评；撤销郑州市职业病防治所樊梅芳、王晓光、牛心华等3人尘肺病诊断资格证书；责成郑州市卫生局追究郑州市职防所主管业务领导责任；建议新密市委、市政府依照相关法律法规，追究新密市卫生行政部门、卫生监督机构及新密市振东耐磨材料有限公司有关责任人的法律责任，并对新密市卫生局副局长、卫生防疫站站长、卫生监督所所长耿爱萍等予以撤职处分。

笔者认为，此案再次说明我国现有职业病诊断和鉴定制度所存在的弊端。我国现行《职业病防治法》以及《职业病诊断与鉴定管理办法》规定，职业病的诊断和鉴定实行属地化管理。也就是说，当职工怀疑自己患上职业病时，应该也只能向当地的职业病诊断部门（系由省级卫生行政部门批准的卫生医疗机构）进行诊断。职工对该职业病诊断有异议的，可以向作出诊断的医疗卫生机构所在地的地方人民政府卫生行政部门申请鉴定；再由后者根据该职工的申请，组织职业病诊断鉴定委员会进行鉴定。如该职工对该职业病诊断鉴定委员会的鉴定结论不服，可以向省、自治区、直辖市人民政府卫生行政部门申请再鉴定，此鉴定即最终鉴定。

在上述职业病诊断和鉴定过程中，上述法规要求用人单位予以配合，即其应当提供员工的职业史、既往史，职业健康监护档案复印件，职业健康检查结果，工作场所历年职业病危害因素检测、评价资料，以及诊断机构要求提供的其他必需的有关材料。此外，上述法规还规定，职工申请时如没有职业病危害接触史或者健康检查没有发现异常,诊断机构可以不予受理。

显然,这些规定在"张海超事件"中已显示出其致命的缺陷和弊端。

第一,职业病诊断工作由省级卫生部门指定一家或几家机构的垄断做法是不合理的。虽然卫生部门在指定这些医疗机构从事职业病诊断工作时也是很慎重并需要进行严格审查的,但并不能保证其诊断能力足以使其对职业病或其他疾病作出准确的判断,这在张海超的案例中已经有了充分的表现:尽管郑州和北京的一些大医院都一致认定张海超所患的是尘肺病,甚至郑州大学第一附属医院还出具了"开胸验肺"手术后的诊断证明,然而郑州市职业病防治所仍固执地认为,其他医院没有认定资格,张海超所患的就是肺结核而不是职业病。直至在媒体以及国家卫生主管部门的压力下,郑州市职业病防治所才在有关专家的指导下重新对张海超进行了诊断,结论是:张海超患上的是职业病——尘肺病三期。可想而知,如果没有媒体以及上级的压力,张海超恐怕很难被认定为患有职业病。这一个案极具典型性,全国每年有太多像张海超这样的职业病患者被垄断的职业病诊断机构误断为非职业病。

由于实行严格的属地化管理,如果当地的职业病诊断机构认定不是职业病,其他医疗机构包括外地的职业病诊断机构认定是职业病也是无效的。属地化管理有其一定的合理性,但遇到疑难病症,或者职业病诊断机构和用人单位存在利益交易情形时,患病职工就会面临无奈的选择。

第二,职业病诊断和鉴定时让用人单位提供有关资料以"自证其罪"是不现实的。为了准确认定是否为职业病,让用人单位提供相关的职业史、病历史、健康档案等资料是必要的。但是,用人单位为了自身利益(尤其当其通过某种渠道获悉职工可能或者已经患上了职业病时),以种种理由拒绝提供这些资料的情况也是极有可能发生的,正如张海超一案中郑州振东耐磨材料有限公司所做的那样。

第三,职业病的鉴定程序不完善。当然,根据现行法律的规定,张海超如对郑州市职业病防治所的诊断结论不服,还可以向当地的市级以及省级卫生行政部门申请鉴定以及再鉴定,由卫生行政部门组织职业病诊断鉴定委员会进行鉴定。但实际上,职业病诊断机构(如郑州市职业病防治所)就是由省级或以上卫生行政部门审批并指定的。因而,现实中的所谓鉴定多数情况下不过是走走形式,最终大多会维持职业病诊断机构的认定结论。以张海超一案为例,实际上他在下决心做"开胸验肺"手术之前是先去申请的鉴定。

2009年6月9日上午，张海超带着鉴定费用六七千块钱（向别人借的）和申请材料，去郑州市职业病鉴定委员会申请鉴定。到后他发现，该职业病鉴定委员会和郑州市职业病防治所在同一个办公楼。见面后，郑州市职业病鉴定委员会的工作人员劝他说，（郑州市）职业病防治所不可能误诊，让鉴定机构推翻它的诊断结论是不好办的，就好像用自己的手打自己的脸……听到这样的劝说后，张海超对鉴定一事失去了信心，于是直接去了郑州大学第一附属医院，要求做"开胸验肺"手术。

由此可见，现行的职业病鉴定程序是存在较大的问题的。

首先，职工在申请职业病鉴定时会遇到由于材料不全而不予受理的情况。《职业病诊断与鉴定管理办法》第二十五条规定：当事人申请职业病诊断鉴定时，应当提供以下材料：①职业病诊断鉴定申请书；②职业病诊断证明书；③本办法第十一条规定的材料；④其他有关资料。第二十六条规定，职业病诊断鉴定办事机构应当自收到申请资料之日起10日内完成材料审核，对材料齐全的发给受理通知书；材料不全的，通知当事人补充。

根据上述规定，和职业病诊断同样，职业病鉴定也要求职工提供职业史、既往史、职业健康监护档案复印件、职业健康检查结果、工作场所历年职业病危害因素检测、评价资料等材料。一旦职工无法提供，则其必然面临不被受理的结果。

其次，职业病诊断机构与卫生行政部门存在着千丝万缕的联系。当初卫生行政部门在指定职业病诊断机构时，由于法律没有规定公开的程序而存在暗箱操作的空间和可能，往往是那些与卫生行政部门有密切关系的医疗单位能够获得指定。同时，在鉴定过程中极有可能出现参与鉴定的部分专家就是职业病诊断机构工作人员的情况；虽然有回避制度，但职工往往难以获悉此类信息，故很难通过鉴定程序纠正可能出现的错诊或误诊。

针对上述情况，笔者认为，应着力完善我国职业病诊断和鉴定制度。职业病诊断和鉴定制度应当与时俱进，应该因应市场经济发展的情形和需要，针对我国企业的劳动关系已经从利益一致型向利益协调型转变的现状，制定一套完善的职业病诊断和鉴定制度。为此，笔者提出以下建议。

第一，职工申请选择职业病的诊断机构应具有一定的灵活性。不可否认，职业病的诊断是一项专业性极强的业务，确定职业病诊断机构确实需要慎重，卫生行政部门的把关以及用人单位的配合也的确很有必要。

对此笔者认为，对于职业病的诊断，卫生行政部门可以根据当地有关医疗机构的资质和社会评价，在采取公开招标的方式下，确定一家或几家作为职业病诊断的专业机构，但不能形成垄断状况，即当有关当事职工和用人单位对其结果表示异议时，应当允许其向社会上其他医疗机构，尤其是比专业诊断机构资质较高的医疗机构，再次进行诊断。

如果双方对此结果仍不接受，则可在卫生行政部门的主持下，由当事双方共同选择一家外地（指所在省、自治区、直辖市以外的地区）的职业病专业诊断机构或同等资质的医疗机构进行最终诊断。

上述程序设计可以在很大程度上避免职业病诊断中的错误，同时也可防止职业病诊断机构因与用人单位之间存在潜在交易关系而作出不利于职工的诊断结果。

第二，应将负责职业病诊断机构指定工作与组织鉴定工作的卫生行政部门相分离。鉴定工作的目的是纠正诊断的错误，因此负责鉴定的部门或机构与职业病诊断机构保持一定的距离是很有必要的。现实中，职业病诊断机构与负责指定或鉴定的卫生行政部门存在着千丝万缕的联系，鉴定工作有时也只是走走形式。针对这一问题，笔者认为可考虑以下做法。

首先，将职业病诊断机构的指定权力下放到市级（设区的市）卫生行政部门，因为其更了解本地医疗机构的医疗条件和水平。

其次，如果职工或用人单位对诊断结论不服，可以提出鉴定，该鉴定申请应向省级卫生行政部门提出，再由其组织有关专家进行鉴定；同时，发生职业病事件的所在市的专家不能参与这一鉴定工作。

对该鉴定结论再不服的，可以向国家卫生健康委员会（以下简称"国家卫健委"）提出再次鉴定，该鉴定结论即为最终鉴定。如果发生职业病事件的城市是省会城市，则该鉴定应直接向国家卫健委提出，由后者组织鉴定，该鉴定为最终鉴定。

第三，职业病诊断和鉴定申请所需材料应由用人单位提供。如前所述，由于用人单位的不配合，很多职工在申请职业病诊断和鉴定时因缺乏相关的材料而招致不予受理的结果。针对这一情形，笔者认为，应借鉴劳动争议案件仲裁和司法处理程序中的"举证责任倒置"的原则，即规定只要劳动者提出职业病申请，相关用人单位即须提供有关诊断和鉴定所需的由用人单位保管的材料。用人单位拒绝提供的，则将承担不利后果。

七、员工在工作区域内自杀能否认定为工伤？

近些年来，一些外来务工人员工作场所中由于种种原因而产生了轻生的念头并导致自杀。对此，其家属往往要求用人单位将其作为工伤处理，并要求获得工伤保险待遇。这一要求是否合法合理？

【知识概述】根据我国《工伤保险条例》以及《社会保险法》的规定，员工自杀行为是不能认定为工伤的。因为，从工伤事故责任的构成要件来看，工伤事故损害赔偿适用无过错责任原则，即用人单位不论是否有过错，都应当对受工伤的职工或职工家属承担赔偿责任。构成工伤事故损害赔偿责任必须具备以下几个要件。

第一，职工与企业或雇主之间必须存在劳动关系。工伤保险制度是为了保障因工作遭受事故伤害或者患职业病的职工获得医疗救治和经济补偿，促进工伤预防和职业康复，分散用人单位的工伤风险而制定的。职工只有与用人单位存在劳动关系，成为用人单位的劳动者，才有构成工伤事故的可能。

第二，职工必须有人身损害事实。工伤事故的损害事实，是职工人身遭受损害的客观事实，而不包括财产损害、精神损害等其他利益的损害。职工的身体权、健康权、生命权等都在劳动保险的范围之内，都是工伤事故侵害的客体。职工患职业病也是一种人身损害事实，其遭受侵害的客体是健康权，因而也在工伤赔偿范围内。如果职工从事的是特种行业，对身体的外在完整性有特殊要求，如模特、演员和有特别需要的操作者等，一旦造成了身体组成部分（如头发、指甲、肤色）等的损害，破坏了身体组织的完整性，以至于使其从事特种工作能力遭受影响的，则构成工伤事故的损害事实。

第三，职工的损害必须在其履行工作职责的过程中发生。在实践中，判断是否履行工作职责中发生的，就要考虑三个要素：工作时间、工作场所和工作原因。

以工作时间为例，它通常是指履行工作职责的时间界限，即用人单位规定的上班时间。现实中，为了保护职工的合法权益，对工作时间的认定不仅限于此。职工从事与工作有关的预备性或者收尾性工作等正式工作时间的前后、因工外出时间、上下班途中的时间、加班加点的时间等，都应当视为工作时间。

第四，事故与职工受到人身损害之间有因果关系。事故必须是造成职工人身损害的原因,根据一般经验判断,如果事故有引起损害发生的可能性,并且事故确实引发了损害结果,则应当认定为二者之间有因果关系。例如,事故致职工身体损伤,没有直接造成死亡的后果,但是职工受到伤害之后受到破伤风病毒感染,因而死亡。该事故与伤害之间具有直接因果关系,与死亡之间具有相当因果关系,因而应当认定事故与死亡之间具有法律上的因果关系,构成工伤事故责任。

第五,事故不是由职工自身故意引起的。故意是指行为人明明知道自己的行为可能会引起一定的伤害后果,而去积极追求这种后果的发生或对结果的发生持放任态度,如自伤、自残等。

所以,根据上述要件判断,自残或者自杀是职工的故意行为,不能认定为工伤。

【问题提示】特殊情形下的工伤认定。

【案例导读】

案例1:2007年5月10日,北京铁路局职工杨涛参加单位组织的施工时,被一根10多公斤重的铁棍击中头部,造成头部3厘米的皮裂伤。单位将杨涛送到卫生站,为其简单包扎,并打了一针破伤风疫苗,但没有进行影像学检查。此后,回到家中休养的杨涛时常感到头晕、恶心、头痛、失眠。

2007年5月15日凌晨,杨涛从厨房拿来菜刀,挥刀砍伤熟睡中的妻儿,然后割腕身亡。警方委托精神疾病司法鉴定中心对这起案件进行司法精神医学鉴定,结论为杨涛作案时存在严重的抑郁情绪,在抑郁情绪影响下发生扩大性自杀。

杨妻认为,丈夫是在单位施工中头部受伤后造成的外伤性精神病,并最终导致自杀,因此于2007年5月25日向海淀区劳动保障局提出申请,要求将杨涛的死亡认定为因公死亡。海淀区劳动保障局以《工伤保险条例》中规定"自残或自杀不得认定为工伤"为由,于2007年6月28日裁决认定杨涛自杀不属于因公死亡。杨妻不服,提起行政复议和行政诉讼,均败诉。于是杨妻对行政诉讼一审判决提起上诉。

案例2:据《深圳晚报》《中国经营报》等多家媒体报道,自2007年以来,富士康员工非正常死亡事件已有多起。尤其是2010年短短几个月期间,已连续有多起员工从宿舍坠楼事件发生,这些员工多为外来务工人员。这些不幸事件的发生不仅对个人、对家庭是重大打击,而且严重影响到劳动关系的和谐，甚至对经济社会的持续、健康发展也构成了极大的威胁。

上述案例的裁决结果如下。

案例1中，法院审理认为，既然无证据证明杨涛在头部受伤后还受过其他伤害，也无证据证明杨涛受伤前有精神疾病，应认定杨涛自杀时的精神状态是由头部受伤引起的。在该精神状态下，杨涛的自杀行为与工作中受到的头部伤害存在因果关系，应认定为工伤。因此，法院在2008年1月3日作出终审判决，杨涛自杀被认定为属于因公死亡，要求海淀区劳动保障局对此重新作出处理。

案例2中，尽管自杀员工的家属后来都从富士康公司获得一笔补偿，但不是以工伤的名义，所获得的不是工伤保险待遇。

就案例1而言，本案是国内首例自杀被认定为工伤的司法判例。众所周知，《工伤保险条例》将"员工自残或者自杀"列为不得认定为工伤的情形之一，既有立法依据又有明确的立法指向。但是杨涛一案，作为极其特殊的个案而言，将因工伤造成受害者精神疾患而导致的自杀认定为工伤，这对于"习惯性司法"来说，确实是一个很大的冲击。

就案例2而言，尽管本案中的员工自杀行为无法被认定为工伤，但仍应引起我们的反思，为什么这些员工选择了自杀？导致员工自杀的因素有很多，有社会经济层面的因素，也有用人单位管理不当的因素，具体如下。

第一，高度竞争的经济环境和有限的社会保障使员工对失去工作产生了严重的恐惧心理。从员工自杀的事件来看，大多源于一个理由：担心自己失去工作。失去工作便意味着失去收入，失去收入便会造成生活困顿。出现这一状况的根源，就是当前员工身处一个高度竞争的社会经济环境。

首先，高度竞争的社会环境和有限的社会保障使员工对失业、生病等不利生活状态存在严重的恐惧心理。现实中，一些员工选择自杀的时间往往发生在被单位辞退、裁员的前后。例如，2007年9月1日，富士康21岁员工刘某辞工两小时后突然死亡；2010年1月23日凌晨4时左右，富士康19岁员工马某某死亡，而他确定离职的时间是当年2月9日。又如，2009年3月12日中午，24岁的广州番禺区嘉衡珠宝公司起版部工人何某某在杀死公司的人事总监和人事经理后，从公司顶楼跳下身亡，导致这一恶性事件的直接原因是他在公司被裁减员工之列（公司裁人原因据说是因为金融危机）。可见，许多员工采取极端做法的最主要原因还是担心失去目前的工作，而这种担心也是与当前社会保障的有限性相关联的，对农民工来说尤其如此。

其次，高企的生活成本（如住房贷款、子女教育费用、医疗开销等）迫使员工在工作方面只能前进，不能停步。房价年年攀高，子女教育费用也与日俱增，这些都使员工在工作中无法停歇。此外，许多员工对自己和家人万一生大病、重病所需费用的担心，也令他们害怕失去眼前的工作。此外，还有诸如赡养父母、家人上学以及金融危机等造成的生活压力（尤其是财务压力）。

第二，用人单位管理不当所带来的职工身心压力。随着市场经济的发展，我国兴起了一大批企业，但其中一些企业的管理思想、制度建设等还处于低级阶段，存在大量的缺陷和漏洞。这些缺陷和漏洞给员工带来了最直接、最主要的压力，主要表现在以下方面。

一是管理理念和制度过于严苛。随着经济全球化的深化，我国成了所谓的"世界工厂"，但一些工厂生产的是处于全球产业链低端的"代工"产品。在这样的背景下，"泰勒"式的管理理念和模式大行其道。于是一些企业管理者便抛出诸如封闭式管理、军事化管理、末位淘汰制等严苛的管理制度，企业内部奉行"狼文化"，追求"鲇鱼效应"。据《中国经营报》报道，富士康公司内部存在严格的等级制度，下级必须服从上级；有极度强调执行力的目标管理和绩效考核制度，对员工有严格到近乎苛刻的奖惩机制，对在生产线上工作的普通员工来说尤其如此。有报道称，富士康普工有"三怕"：一怕管理层，因为他们掌握着自己的绩效；二怕保安，因为可能会挨打；三怕"分流"，因为可能要么无工可做，要么工作多得几乎累死人。尽管这样的管理方式为富士康创造了高效益的生产"神话"，但这样的神话能持续多久？毕竟，其员工的多起自杀行为和非正常死亡事件已经对此提出了严重的警告。

二是员工加班多而休假少。现实中，严苛的管理制度、重复而枯燥的工作已经让员工承受了极大的压力，而加班多和休假少令这种情况雪上加霜。长期以来，我国一些企业的员工经常加班，这种状况的产生有两个原因：一是管理者希望尽快完成生产任务，二是员工希望通过加班而提高收入。对于员工来讲，想要提高收入通常只有两个渠道，一是职务升迁，二是加班。就职务升迁这一渠道而言，由于名额有限以及晋升的条件和门槛较高，大多数员工望"职"兴叹。例如，在富士康公司，员工级别分为不铨叙、铨叙、员级和师级四种。不铨叙是指临时工，铨叙是指正式工，员级主要是指普通生产线工人，师级则是指各类主管，师级又分为 14 级。在富士康公司的生产车间，普通员工依次向上有储备干部、全技员（可以考铨叙，分 A、B、C、D 四档，整体相当于副线长级别，其中全技员 A 相当于代理线长）、线长、组长，然后才是课长。一般而言，高中或中专毕业的普通员工要经过三四年才可能被提拔为线长；而要提拔至课长，可能需要十年甚至更长时间。并且，在这种金字塔式的职级模式中，最终得到升迁的毕竟只是少数。

尽管富士康公司已于 2009 年订立了以工资报酬为主要内容的集体合同，但此类合同中的涨薪条款在实际执行过程中存在一定的难度：一是公司在经营困难、效益大幅下降的情况下，可不安排增加员工工资；二是涨薪的前提是员工的绩效考核须符合公司要求。就后者而言，由于绩效考核直接掌握在线长、组长等公司管理层手中，因此其有很多办法使员工的涨薪愿望落空，甚至存在明升暗降的情况。这样一来，员工只有通过加班才能达到增加收入的目的。不仅如此，富士康公司的薪酬制度和相关管理制度也迫使员工必须加班。一方面，该公司规定的员工基本工资很低，甚至就是当地的最低工资标准，如果不加班，员工就只有基本工资收入；另一方面，该公司实行分组合作生产的工作模式，如果同组中有其他员工加班，则个别员工也必须加班，否则不愿加班的员工便会招致对己不利的"分流"。

此外，我国企业员工的假期少也是一个不争的事实。由于加班过多，许多员工不仅每天工作时间已大大超过法定标准，而且就连周休日、法定节假日也很少休息，带薪年休假更是他们的奢望。还是以富士康公司为例，由于其加班制度的规定（一般实行"13 休 1"，即上班 2 周放假 1 天），员工的休假时间更是少得可怜。

三是用人单位的培训制度中很少有关注员工生活和身心健康的内容。现实中，一些用人单位的培训制度只是出于提高单位的经济效益而制定的，对于员工的生活状态、所面临的工作及生活压力等则不予理睬。尽管从劳动关系是一种经济利益关系的角度来看，用人单位的做法似乎无可厚非，但不论从用人单位的社会责任角度还是从其长远发展角度出发，其都应该对员工的生活和身心健康状态予以必要关注，并采取相应的培训措施帮助员工应对所面临的各种压力。

第四节　外来务工人员面对劳动争议处理程序时的常见问题

一、雇佣关系、劳务关系、劳动关系的区别

所谓雇佣关系，是指受雇人在一定或不特定的期间内接受雇用人的指挥与安排，为其提供特定或不特定的劳务，雇用人接受受雇人提供的劳务并依约给付其报酬的权利义务关系。

所谓劳务关系，是指两个或两个以上的平等主体之间在就劳务事项进行等价交换的过程中形成的权利义务关系，是劳动者与用工者根据口头或书面约定，由劳动者向用工者提供一次性或是特定的劳动服务，由用工者依约向劳动者支付劳务报酬的一种有偿服务的法律关系。

所谓劳动关系，是指机关、企事业单位、社会团体和个体经济组织（以下统称"用人单位"）与劳动者个人之间依法签订劳动合同，劳动者接受用人单位的管理，从事用人单位安排的工作，成为用人单位的成员，从用人单位领取报酬并受劳动保护而产生的法律关系。尽管从上述定义中可以明显看出三者的区别，但是现实中往往难以将其区分清楚。

【知识概述】理论上而言，雇佣关系和劳务关系的区别在于，雇佣关系强调"受雇"，而劳务关系强调"只提供劳动力"，但实践中常将二者视为同一概念。例如，雇保姆、雇人进行家庭装修等情况，既可能是雇佣关系，也可能是劳务关系。立法中对这二者也并没有加以区分，只是笼统地作出规定。

此外，现实中用人单位没有与劳动者签订劳动合同的现象相当普遍，但只要双方实际履行了上述权利义务，即形成了事实上的劳动关系。事实上的劳动关系仅欠缺了书面合同这一形式要件，但并不影响其作为法定劳动关系的成立。

【问题提示】现在越来越多的社区提供物业管理、维修、家政等服务，很多下岗职工在社区服务社里就业。那么，社区服务社是一种什么组织，是否属于劳动法规定的"用人单位"？社区服务社与服务人员是雇佣关系还是劳务关系？事实劳动关系受法律保护吗？因事实劳动关系而产生纠纷时，劳动者应如何寻求法律救济？

企业特殊类型员工的劳动关系研究

【案例导读】

案例1：A公司主要从事床上用品的生产、销售，生产季节性较强，每年7月至9月是生产旺季。朱某自2001年以来，每逢生产旺季，自带其本人的小货车至该公司从事运输等工作。双方约定A公司每月支付朱某报酬2 000元，油费、过路费、违章罚款等费用均由A公司支付。其间，朱某的日常生活起居均在公司内。某日，朱某受A公司指派在购买发动机途中发生交通事故死亡。朱某之妻向当地劳动保障部门申请工伤认定。劳动部门审查后认为朱某自备劳动工具为A公司提供劳动服务，具有临时性、短期性的特点，且双方不存在管理与被管理的社会关系，遂作出工伤调查结论，认定朱某与A公司之间是劳务关系而非劳动关系，不属于劳动部门的管辖范围。朱某之妻不服，起诉至法院，请求依法撤销劳动部门作出的工伤调查结论。法院受理后，因A公司于该案有利害关系，依法追加A公司为第三人参加诉讼。

案例2：小罗在某网络公司工作。两个月前，他发现自己的劳动合同即将到期，于是要求公司人事部与自己续签新劳动合同。"公司正准备换首席执行官（CEO），等新任CEO来了再说吧。"人事经理给了他这样一个答复。半个月过去了，小罗的合同已经过期，公司还没有同他续订合同。又过了一个多月，新CEO终于上任了。俗话说，新官上任三把火，这位"新官"的第一把火就烧在了员工的身上——决定大幅裁员。小罗同其他一些员工一样，收到了公司发出的终止劳动合同通知书。小罗办完离职手续后，找到人事部，要求公司向自己支付经济补偿金，没想到却遭到了人事经理的拒绝。"你的劳动合同是到期终止的，不是中途解除的，所以，没有经济补偿金。"人事经理这样解释道。"可是，我的合同是一个月前到期的，你们当时没有终止呀。"小罗觉得有点儿委屈。"不管怎么说，合同到期后，公司没再跟你续，就可以随时跟你终止劳动关系。"人事经理态度很强硬。小罗走在回家的路上，脑子还是转不过弯来：难道劳动合同过期后，公司不立即终止也不续订，以后就可以想让我什么时候走，就让我什么时候走了？甚至连补偿金也可以不给？

案例3：原告朱某诉被告某服务社劳务（雇佣）合同纠纷一案。原告朱某诉称，其于2008年11月与被告签订合同，约定期限至2009年10月31日止，任某大楼保安，月薪为人民币（以下币种均为人民币）1 050元。合同到期后，双方未续约，但其依然在职。2009年12月3日，被告以合同到期为由强行解约。原告要求：被告支付解约补偿金1 050元，支付2009年10月加班工资差额 28 元，并要求被告交付退工证明。

法院查明以下法律事实：原告于 2008 年 11 月与被告签署合同，约定合同期限自 2008 年 11 月 1 日至 2009 年 10 月 31 日止，乙方（指原告）任某大楼内门岗，月薪为 1 050 元。合同第 7 条约定了合同期满即行终止、合同期满协商一致可续约及合同解除等情形。原告的工作时间为做二休二制：第一天的工作时间为 7：00—19：00，第二天为 19：00—次日 7：00，第三、第四天休息。2009 年 10 月 31 日，原被告合同期限届满，双方未续约，原告依然担任大楼门岗工作。12 月 3 日，原告到岗上晚班，被告向原告提出合同期限已届满，不必再工作。12 月 4 日，被告向原告出具手书的退工单，其中载明：合同到期（到期日为 10 月 31 日），不再续签，提前通知，工资支付至 12 月 31 日止。原告遂签字领取 12 月工资 1 150 元（含夏季高温补贴）。2009 年 10 月 1 日原告当班，被告未足额支付原告加班工资。于是，朱某（申请人）于 2010 年 1 月 27 日向上海市卢湾区劳动争议仲裁委申请仲裁，要求某服务社（被申请人）支付赔偿金一个月工资 1 050 元，支付加班工资差额 28 元，办理退工。该委以被申请人主体不适格为由，出具不予受理决定书。原告不服，遂诉至本院。

案例 4：2009 年 4 月，王某与本村村委会达成协议，约定由王某负责清理村内公共设施垃圾，每天 36 元，年底结算。其间，王某经人介绍，临时用自己的马车为同村的李某清运猪场垃圾，双方口头约定以每车 15 元支付报酬。不料，2009 年 4 月 29 日下午，王某在清运猪场垃圾的过程中被自己驾驶的马车碾轧，当场死亡。事故发生后，王某的子女分别以王某从事村里的劳动以及受李某雇佣干活为由将二者告上法院，诉求各项损失 21.5 万余元。

上述案例的裁决结果如下。

案例 1 中，法院审理后认为，本案诉争的是被告工伤调查结论的具体行政行为。被告作为劳动保障行政管理部门，在其职权范围内根据原告的申请对原告之夫朱某的死亡是否属于工伤作出认定，是其法定职责。工伤认定的前提是劳动者与用人单位成立具有管理性质的劳动关系。本案中，第三人 A 公司主要从事床上用品的生产、销售，生产季节性较强，主要集中在每年 7 月至 9 月，其特殊性使劳动者不可能长期不间断地为其提供劳动力。且劳动者提供劳动的形式也具有多样性。朱某自备生产工具在该公司从事运输等工作期间，有固定的月收入，车辆的相关费用也由公司承担，显然双方具有一定的管理与被管理关系。朱某工作之余较为自由，也未与公司签订书面的劳动合同，这是该公司自身尚未健全内部管理及劳动保障制度的结果，不影响双方事实劳动关系的成立。被告认定朱某与 A 公司不存在劳动关系、朱某死亡不属于其管辖范围的证据尚不能达到清楚而有说服力的证明标准，其作出的工伤调查结论属认定事实错误。遂作出判决，撤销劳动部门作出的工伤调查结论，并责令其在判决生效后一个月内重新作出具体行政行为。

案例 2 中，根据最高人民法院《关于审理劳动争议案件适用法律若干问题的解释》第十六条规定："劳动合同期满后，劳动者仍在原用人单位工作，原用人单位未表示异议的，视为双方同意以原条件继续履行劳动合同。"本案中，小罗在与网络公司的原劳动合同到期后，主动联系人事部要求续签劳动合同，但因公司内部人事变动搁置，因此，自原劳动合同到期之日起，小罗与公司之间已形成了事实劳动关系。根据我国相关劳动法律法规，事实劳动关系受法律保护，产生纠纷时适用我国劳动法律法规的相关规定。因此，网络公司不能因为与小罗的原劳动合同已到期就任意结束双方之间的劳动关系。对于本案中的情况，小罗可以依据劳动法律法规的相关规定寻求法律救济，并有权要求经济补偿。

案例 3 中，法院认为，非正规就业劳动组织，是召集失业、下岗、协保等人员，通过从事社区服务业，为单位提供社会化服务的公益性劳动形式，进行生产自救，以获得基本收入和社会保障的社会劳动组织，它是政府为解决部分人员就业困难而采取的特殊用工政策，而非劳动法律所确定的用人单位。因此，该组织与从业人员之间的雇佣纠纷，不受劳动法律调整，而应遵循双方的合同约定。被告系非正规就业劳动组织，其本身并非一个企业，因此，原被告间形成的不是劳动关系，而是劳务雇佣关系，双方的雇佣纠纷不按劳动法律的规定进行处理。

案例 4 中，该案审理中涉及的主要问题是，王某与李某之间构成承揽关系还是雇佣关系，这直接关系到李某应否承担赔偿责任的问题。在该案例中，王某为李某清运猪场垃圾的行为，不是一种劳务，而是一种工作成果。王某清运垃圾的工作与养猪场主李某之间自始至终不存在控制、监督、指挥等隶属关系，而是王某自备马车、技术等独立完成工作，故二者之间应认定为承揽关系而不是雇佣关系。

所谓劳动关系，是指劳动者与用人单位之间存在的以劳动给付为目的的劳动权利义务关系。所谓劳务关系，是指劳动者为被服务方提供特定的劳动服务，被服务方依照约定支付报酬所产生的法律关系。二者的区别在于：一是劳动关系除了当事人之间债的要素之外，还含有身份的、社会的要素，而劳务关系则是一种单纯的债的关系；二是劳动关系当事人之间的关系一般较为稳定，而劳务关系当事人之间的关系则往往具有临时性、短期性、一次性等特点；三是劳动关系中，当事人之间存在管理与被管理、支配与被支配的社会关系，劳务关系的当事人之间则不存在上述关系，而是平等主体之间的合同关系。

在案例3中，劳动关系以用人单位主体适格为前提，法院认定社区服务为"非正规就业劳动组织，是召集失业、下岗、协保等人员，通过从事社区服务业，为单位提供社会化服务的公益性劳动形式"，当然不属于以营利为目的的经济组织，也不是《劳动法》规定的"用人单位"。原告与该组织之间系雇佣关系，其权利义务依照合同约定，而合同中并没有约定"解约补偿金"。

在雇佣关系中，雇员没有自主工作的权利，雇主随时可以改变雇员的工作内容，修改工作计划；雇员的工作均处于雇主的监督之下，当雇员工作失误或违反雇主的工作纪律时，雇主还可以对雇员进行处分，雇员在如何工作的问题上没有自主权；在雇佣关系中，由雇主向雇员提供各种劳动条件，主要有劳动场所、劳动工具和相关劳动资料等；在雇佣关系中，报酬支付有一个比较长的工资支付周期，如按星期、按月支付工资，工资支付有相当于该行业的比较固定的标准，报酬体现的是劳动力的价格；雇佣关系中，由于双方存在一定程度的人身依附关系，因此未经雇主同意，雇员不得将自己应承担的劳动义务转移给他人承担，必须亲自履行。

与此相关的还有一个概念是事实劳动关系，它是指用人单位招用劳动者后不按规定签订劳动合同，或者双方签订劳动合同到期后，用人单位同意劳动者继续在本单位工作但没有与其及时续签劳动合同。

我国法律保护事实劳动关系，劳动部《关于贯彻执行〈中华人民共和国劳动法〉若干问题的意见》规定："中国境内的企业、个体经济组织与劳动者之间，只要形成劳动关系，即劳动者事实上已成为企业、个体经济组织的成员，并且为其提供有偿劳动，适用劳动法。"

因事实劳动关系产生纠纷时，首先，劳动者可与用人单位自行协商，达成新的协议或者有过错的一方改正错误，消除争议。其次，发生劳动争议后，劳动者可以向本单位的劳动争议调解委员会提出申请，请求调解。调解申请，应当自知道或应当知道权利被侵害之日起 30 日内提出。经调解达成协议的，制作调解协议书，双方当事人应当自觉遵守。

除此之外，劳动者还可以申请劳动争议仲裁。劳动者应自劳动争议发生之日起 60 日内向劳动争议仲裁委员会提出书面申请。书面申请书应当着重阐明仲裁请求和所根据的事实及理由，并且提供相应的证据材料。对仲裁裁决无异议的，当事人必须履行。

二、解决劳动争议的方式及其相互间的顺序如何？

有的外来务工人员认为，发生劳动争议就是"打官司"，"打官司"就是到人民法院去解决。还有的外来务工人员不知道劳动争议解决程序之间的顺序关系，对仲裁裁决不服后，又回过头来找本单位的调解委员会；或者对法院的判决不服，又来要求劳动争议仲裁委员会解决。那么，当劳动者与用人单位发生劳动争议后究竟应该如何解决？又应该通过什么样的途径加以解决？

【知识概述】根据我国有关法律法规的规定，解决劳动争议的主要方式如下。

第一，协商。劳动争议发生后，由劳动者与用人单位协商，或者请工会（第三方）共同与用人单位协商，以积极达成和解协议，并履行和解协议。不能达成和解协议或者不履行和解协议的，当事人可以申请调解或者劳动仲裁。

第二，调解。由调解组织对发生的劳动争议进行调解。劳动争议的调解组织包括企业劳动争议调解委员会、依法设立的基层人民调解组织以及在乡镇街道设立的具有劳动争议调解职能的组织等。发生劳动争议后，用人单位与劳动者都可以向上述调解组织提出调解申请。提出劳动争议调解申请可以书面申请，也可以口头申请。

经调解达成协议的，应当制作调解协议书，调解协议书由双方当事人签名或者盖章，经调解员签名并加盖调解组织印章后生效，对双方当事人具有约束力，当事人应当履行。一方当事人在协议约定期限内不履行调解协议的，另一方当事人可以依法申请劳动仲裁。

自劳动争议调解组织收到调解申请之日起 15 日内未达成调解协议的，用人单位与劳动者都可以申请劳动仲裁。因支付拖欠劳动报酬、工伤医疗费、经济补偿或者赔偿金事项达成调解协议，但用人单位在协议约定期限内不履行的，劳动者可以持调解协议书依法向人民法院申请支付令，人民法院应当依法发出支付令。

第三，仲裁。劳动仲裁是指由劳动争议仲裁委员会对当事人申请仲裁的劳动争议之居中公断与裁决。在我国，劳动仲裁是劳动争议当事人向人民法院提起诉讼的必经程序。按照《劳动争议调解仲裁法》规定，提起劳动仲裁的一方应在当事人知道或者应当知道其权利被侵害之日起1年内向劳动争议仲裁委员会提出书面申请。除非当事人是因不可抗力或有其他正当理由，否则超过法律规定的申请仲裁时效的，仲裁委员会不予受理。

当事人申请劳动争议仲裁后，可以自行和解；达成和解协议的，可以撤回仲裁申请；仲裁庭在作出裁决前，应当先行调解。调解达成协议的，仲裁庭应当制作调解书，调解书经双方当事人签收后发生法律效力。调解不成或者调解书送达前一方当事人反悔的，仲裁庭应当及时作出裁决。

仲裁庭裁决劳动争议案件，应当自劳动争议仲裁委员会受理仲裁申请之日起45日内结束。案情复杂需要延期的，经劳动争议仲裁委员会主任批准，可以延期并书面通知当事人，但是延长期限不得超过15日。逾期未作出仲裁裁决的，当事人可以就该劳动争议事项向人民法院提起诉讼。

对下列两项争议事项的仲裁裁决为终局裁决，裁决书自作出之日起发生法律效力：①追索劳动报酬、工伤医疗费、经济补偿或者赔偿金，不超过当地月最低工资标准12个月金额的争议；②因执行国家的劳动标准在工作时间、休息休假、社会保险等方面发生的争议。

劳动者对上述两项争议事项的仲裁裁决不服的，可以自收到仲裁裁决书之日起15日内向人民法院提起诉讼。

如果用人单位有证据证明上述两项争议事项的仲裁裁决，存在适用法律法规确有错误，劳动争议仲裁委员会无管辖权，违反法定程序，裁决所根据的证据是伪造的，对方当事人隐瞒了足以影响公正裁决的证据，仲裁员在仲裁该案时有索贿受贿、徇私舞弊、枉法裁决等行为的，可以自收到仲裁裁决书之日起30日内向劳动争议仲裁委员会所在地的中级人民法院申请撤销裁决。

对上述两项争议事项以外的其他劳动争议案件的仲裁裁决不服的，当事人可以自收到仲裁裁决书之日起15日内向人民法院提起诉讼。期满不起诉的，裁决书发生法律效力。

第四，诉讼。当事人对仲裁裁决不服的，可以自收到仲裁裁决书之日起15日内向人民法院起诉。人民法院的处理是解决劳动争议的最终程序，主要负责处理对仲裁委员会裁决不服的劳动争议案件。根据国家有关规定，人民法院的民事审判庭负责审理劳动争议案件。

上述四种解决劳动争议的方式之间是有先后顺序的，即发生劳动争议后，当事人应先选择协商，如果不愿协商、协商不成或者达成和解协议后不履行，可以向调解组织申请调解；不愿调解、调解不成或者达成调解协议后不履行的，可以向劳动争议仲裁委员会申请仲裁；当事人也可以不经调解直接向劳动争议仲裁委员会申请仲裁。对仲裁裁决不服的，除本法另有规定的外，可以向人民法院提起诉讼。

【问题提示】劳动仲裁的仲裁时效从何时计算？

【案例导读】1991年12月2日，原告李某与被告某劳动服务公司签署了为期10年的劳动合同，期限自1991年12月1日起至2001年11月30日止。该劳动合同履行至1997年8月，原告下岗待业。原告的退休养老金（合同规定由单位交纳17%，个人交纳3%）足额缴纳至1999年底，2000年、2001年养老保险费用全部由原告自行缴纳；1997年8月以后，被告未向原告发放生活费，也未给予其他福利补贴待遇。

2001年11月19日，原告为办理退休手续，与被告补签劳动合同一份，合同履行期限1996年1月6日至2001年11月30日，并经劳动部门鉴证生效，原合同作废。

2001年11月21日，原告向劳动争议仲裁委员会提出申诉，要求被告为其缴纳养老保险、补发生活费、解决住房、发放各种补助费用，仲裁委员会以原告的申诉超过仲裁时效为由驳回原告的各项请求，裁决被告给付原告2001年9月至2001年11月的基本生活费652.5元，驳回了原告的其他请求。

原告不服，向法院提起诉讼，请求法院撤销仲裁裁决书，责令被告返还其缴纳的养老保险金，补发1996年至2001年11月的生活费、住房补贴、取暖费、医疗保险金、住房公积金，并赔偿其经济损失。

该劳动服务公司辩称如下。

第一，原告要求返还2000年、2001年养老保险金的内容已经超过法定仲裁时效，不再享有胜诉权。

第二，原告提出原始合同自 1996 年 1 月应作废的主张，没有事实和法律依据。被告认为，原合同在新合同未签订之前始终具有法律效力，被告有权不履行新合同条款，也就谈不上侵害原告的合法权益。

第三，原告要求补发生活费、住房补贴及取暖费等费用的主张没有法律依据。请求法院在查明事实的基础上驳回原告的诉讼请求。

上述案例的裁决结果是：原告败诉，原告在 2001 年 11 月 21 日方提出仲裁申请，其请求已经超过法律规定的 60 日的仲裁时效。

我国《劳动法》第八十二条规定，"提出仲裁要求的一方应当自劳动争议发生之日起 60 日内向劳动争议仲裁委员会提出书面申请"。本案中，原告与被告之间的劳动关系自 1991 年起延续至 1997 年 9 月，1991 年的劳动合同因为 1995 年《劳动法》的实施而终止，但双方的劳动关系仍然实际存在，原告待岗期间应按《劳动法》的规定享有最低生活费保障。原告在待岗后即被停止工资待遇，其养老保险金也于 2000 年 1 月起自行缴纳，其合法权益受到侵害的时间应自 1997 年 9 月工资待遇停发后起算。

原告在 2001 年 11 月办理退休手续，补签合同时方才认为其权利受到侵害的主张不能成立。劳动关系的确立不仅仅依据双方签订的书面合同，只要存在事实上的劳动关系，则劳动者的权益仍应受到法律保护。《劳动法》于 1995 年颁布实施，其内容及适用程度不应以当事人的个人认知能力而区别对待。因此，原告以在 2001 年 11 月以前不知道其应享有的合法权益为由，认定仲裁时效应自 2001 年 11 月起算没有法律依据。

我国仲裁法规定，"法律对仲裁时效有规定的，适用该规定，法律对仲裁时效没有规定的，适用诉讼时效的规定"。我国《劳动法》中已对仲裁时效作了规定，即不再适用诉讼时效的相关规定，劳动争议案件的诉讼时效期间应视为等同于仲裁时效期间，即超过了仲裁时效期间，也就视为超过了诉讼时效期间。此时，权利人虽然有权向人民法院起诉，但法院已不再保护其实体权利，即权利人丧失了胜诉权。

由此可见，当事人的权利保障要遵从法律规定，诉讼时效是指权利人在一定期间不行使权利，即丧失了依诉讼程序保护其权利的可能性的法律制度。权利人请求人民法院保护其权利时必须在法定期间内进行，如果过了这个法定期限，当事人虽有权起诉，但已经不再享有胜诉权；即使对符合起诉条件的，人民法院受理后也应当判决驳回其诉讼请求。

三、如何认定劳动争议调解委员会制作的调解协议书的法律效力？

在我国，劳动争议的解决方式有三种：调解、仲裁、诉讼。其中，劳动争议调解委员会的调解是解决劳动争议的第一道防线。劳动争议调解委员会可以设在用人单位内部，也可以由各地方的工会负责组织。劳动争议调解委员会应当由职工代表、用人单位代表和工会代表组成。劳动争议调解委员会主任由工会代表担任。

劳动争议调解协议书是一种法律文书，当事人应当自觉履行。因为它是当事人双方在合法、自愿、友好协商的基础上共同达成的，劳动争议调解委员会也有权敦促双方当事人自觉履行。调解协议书由双方当事人签名或者盖章，经调解员签名并加盖调解组织印章后生效，对双方当事人具有约束力，当事人应当履行。但调解协议书不具有法律强制力，当一方不履行时，另一方不能向人民法院申请强制执行，而只能向仲裁机构申请仲裁。现实中，对于经企业劳动争议调解委员会达成调解协议的，存在当事人反悔的情况。

【知识概述】劳动争议调解委员会的调解协议书不具有法律约束力。一方面，这是由企业调解委员会的性质决定的。企业劳动争议调解委员会既不是司法、仲裁机构，也不是行政机关，而是在职工代表大会领导下专门处理企业内部劳动争议的职工群众组织。因此，企业劳动争议调解与审判、仲裁活动不同，调解活动参加人不具有诉讼活动中的权利和义务，劳动争议调解委员会没有对劳动争议的强制处理权，对经调解达成的协议也没有法律强制力保证。

另一方面，对调解协议的履行，《劳动法》第八十条、《中华人民共和国企业劳动争议处理条例》（以下简称《企业劳动争议处理条例》）第十一条都是这样规定的：劳动争议经调解达成协议的，当事人应当自觉履行。但是，其对当事人双方或一方如果不履行协议应负什么样的法律责任，并没有明确规定。这也说明，劳动争议调解委员会的调解协议书不具有法律约束力，而主要依靠当事人之间的承诺、信任以及道德规范的约束，依靠双方当事人自觉履行。

因此，当事人任何一方反悔、不履行协议时，不论是另一方当事人还是劳动争议调解委员会都不能强迫其履行协议。调解协议是双方在自愿的基础上达成的，是双方意思表示一致的结果，相当于合同，应当具有合同的效力。

但调解协议不同于一般的民事合同。

调解是当事人自愿选择解决劳动争议的一种形式,调解协议是双方自愿达成的,调解协议能否得到双方的自觉履行,主要看调解协议的内容是否是双方真实意思的反映。如果调解协议反映了双方的真实意思和利益,协议内容公平合理,那么在绝大多数情况下,该协议是会得到履行的。

调解不是解决劳动争议的必经程序,调解的目的是以用一种灵活、简便的机制尽快解决劳动争议。因此,调解要讲究效率,要及时。

为了防止久调不决,《劳动争议调解仲裁法》规定:自劳动争议调解组织收到调解申请之日起15日内未达成调解协议的,当事人可以依法申请仲裁。也就是说,调解的期限是15天,在15天内未达成协议的视为调解不成,此时当事人任何一方都可以向劳动争议仲裁委员会申请仲裁。

【问题提示】劳动争议调解委员会制作的调解书是否可以作为当事人不履行其义务时强制执行的依据?

【案例导读】有几十名年轻人应聘至某灯具公司工作。由于产品严重滞销,该公司决定自当年8月起对全公司员工以产品代替货币工资,每日按出公司价发给员工灯具,由员工卖掉后抵扣工资。

但是,该公司产品在灯具市场上需求量的确很小,几个月来所发的灯具,员工只卖掉了其中的1/5。到11月公司又要发灯具时,员工提出了反对意见,公司领导也很无奈。双方争执不下。于是,工人向公司里的劳动争议仲裁委员会提出了调解申请。

公司劳动争议仲裁委员会立案后,作了大量的调解工作。在充分征询双方意见后,终于促成双方达成了调解协议,并制作了正式的调解书。调解书中规定,自12月起,每月公司方按原来工资标准的一半向员工支付工资,半年后再补发所欠发的另一半工资。

但到了12月,公司仍然没有向员工发放工资。员工们要求公司经理按照调解协议书发放一半的工资,可公司经理每次不是推托有事就是避而不见。

于是,工人向法院提出强制执行申请,请求法院对劳动争议仲裁委员会作出的调解协议书进行强制执行。

最终的裁决结果是:根据《劳动法》第八十条和《企业劳动争议处理条例》第十一条规定,公司应当自觉履行每月公司方按原来工资标准的一半向员工支付工资,半年后再补发所欠发的另一半工资的义务。但公司方面不履行协议,并不应当承担法律责任。此时,双方当事人还要通过仲裁或诉讼等形式使问题得以解决。

在此需要再次明确的是,如前所述,劳动争议调解委员会只能起调解作用,它本身并无决定权,不能强迫双方接受自己的意见,也无权作出对双方具有法律约束力的文件。如果双方经调解达成调解协议,劳动争议调解委员会应当制作调解协议书,对于协议书,双方当事人应当自觉履行。

但是,该调解协议书并不具有法律约束力。劳动争议调解委员会没有对劳动争议的强制处理权,对经调解达成的协议也没有法律强制力的保证。法律只规定劳动争议经调解达成协议的,当事人应当自觉履行,但是对于当事人双方或一方如果不履行协议应负什么样的法律责任,并没有明确规定。这也说明,劳动争议调解委员会的调解协议书不具有法律约束力,而主要依靠当事人之间的承诺、信任,以及道德规范的约束,依靠双方当事人自觉履行。因此,当事人任何一方反悔,不履行协议时,不论是另一方当事人还是劳动争议调解委员会都不能强迫其履行。

具体到本案,尽管劳动争议调解委员会的调解协议不具有法律效力,但是这份调解协议是在劳动争议调解委员会的主持下达成的,且具有劳动权利义务内容。在起诉至法院以后,这份调解协议将起到劳动合同的作用,即双方均应当受该协议的约束,所以法院可以将此调解协议作为裁判的重要依据。

因此,在此建议当事人,尤其是用人单位,在调解阶段就应该谨慎行事,不要因为调解协议书没有强制执行力、可以随时反悔就草草签字,因为一旦进入诉讼程序,该协议是可以成为法院审理的依据的。

四、当事人申请仲裁的时效如何计算?如何理解"劳动争议发生之日"?

所谓时效,是指法律规定的某种事实状态经过法定时间而产生一定法律后果的法律制度。劳动争议仲裁时效,则是指劳动争议的当事人必须在法定的期限内行使自己的权利,否则法律规定消灭其申请仲裁权利的一种时效制度。

目前,我国共有三部法律法规对劳动争议当事人申请劳动争议仲裁的时效作了规定。

一是《劳动法》第八十二条规定:"提出仲裁要求的一方应当自劳动争议

发生之日起六十日内向劳动争议仲裁委员会提出书面申请。"

二是《企业劳动争议处理条例》第二十三条规定:"当事人应当从知道或者应当知道其权利被侵害之日起六个月内,以书面形式向仲裁委员会申请仲裁"。

三是 2008 年 5 月 1 日实施的《劳动争议调解仲裁法》规定,劳动争议申请仲裁的时效期间为一年。但是,劳动关系存续期间因拖欠劳动报酬发生争议的,劳动者申请仲裁不受上述规定的仲裁时效期间的限制;只是劳动关系终止的,应当自劳动关系终止之日起一年内提出。

以上法律法规的颁布先后顺序为《企业劳动争议处理条例》(1993 年)、《劳动法》(1994 年)、《劳动争议调解仲裁法》(2008 年)。从法律效力来看,《劳动法》和《劳动争议调解仲裁法》的权威性比《企业劳动争议处理条例》要高,而《劳动争议调解仲裁法》的制定和实施时间在后,根据"新法优于旧法""后法优于前法"的法律适用原则,现在适用的仲裁时效应该是《劳动争议调解仲裁法》所规定的 1 年。

关于对"劳动争议发生之日"的理解,1995 年劳动部《关于贯彻执行〈中华人民共和国劳动法〉若干问题的意见》中第八十五条规定,"劳动争议发生之日"是指当事人知道或者应当知道其权利被侵害之日。

【知识概述】时效期间的计算原则上是以时、日、月、年为标准的。该期间有开始的期间和终止的期间,称为开始期日和终止期日。该期间以时和日作为标准计算的,开始之时和日一般不计算在期间之内;该期间以年和月计算的,由于它们也以日为起点,开始之日也不计算在期间之内。所以,计算时效期间时先应确定起算点,在确定起算点之后,即能推算出终止点。

申诉时效的法定期间不包括在途时间。邮寄仲裁文书在途中所需要的时间,企业处理决定邮寄或传递到职工手里的时间,都不能计算在时效期间之内,在计算期间的时候应予扣除。此外,由于不可抗力的原因造成当事人期间延误的(如当事人因患病而暂时丧失行为能力的),当事人可向仲裁委员会申请期间的中止或中断,劳动争议仲裁委员会确认具体事实后作出决定。

【问题提示】如何理解"劳动争议发生之日"?申请仲裁的时效如何计算?

【案例导读】

案例 1:2002 年 3 月,张先生成功应聘至某国际公司担任翻译,双方签订了为期 3 年的劳动合同。2003 年 7 月,该公司王姓经理指责张先生翻译客户资料有误,导致公司利益受损,双方发生争执。一个月后,王经理不再给张先生安排工作。2003年10月,公司停发了张先生的工资,并要求张先生办理退工手续。此后,张先生就再也没有到公司上班,开始走上创业之路。

2004年5月,创业受挫的张先生觉得自己是从公司被迫辞职的,错不在己,于是向所在区的劳动争议仲裁委员会提出申诉,要求恢复工作,补发、补缴2003年10月以后的工资和社会保险费等。

案例2:黄某原系上海某集团公司的合同工,双方于1999年4月22日协商解除劳动合同,同年5月黄某收到退工单。2001年4月23日,黄某以该公司未支付解除劳动关系的补偿金为由,向上海市某区劳动争议仲裁委员会申请仲裁。该委于4月25日作出因超过劳动争议申诉时效不予受理的决定书。黄某不服,遂诉至法院。

黄某诉称,其于1999年4月22日与该公司解除劳动关系,同年5月收到退工单。该公司应给付其劳动补偿金29 430元。劳动关系解除后,该公司要求其向案外人上海某不锈钢制品有限公司领取,未果。该公司至今已近两年分文未给,请求判令上海公司支付原告解除劳动合同的补偿金人民币29 430元。

该公司辩称,黄某所述属实,但双方劳动合同已于1999年4月解除,至今已近两年。在此期间,黄某未向上海公司索要该补偿款,现黄某主张该权利的时效已过,故不同意支付。

案例3:某港商独资企业于2003年在上海某区设立了销售部,共招用了10名销售人员,劳动合同期限均为两年。2004年开始,由于市场原因,该销售部业绩不断下滑,逐渐难以为继。企业欲同这些销售人员解除合同,但又不愿支付解约经济补偿金,于是便采用了"拖"的办法,向这些员工声明,由于销售业绩不好,所有销售人员的工资只付三分之一,剩余部分等市场好转后一并补给。这些员工看到该声明后内心很不满,但考虑到的确销售业绩不佳,便集体决定配合公司的做法,同公司一起努力把业绩搞上去。

接下来的四个月,虽然员工们努力工作,但业绩并未出现好转,于是公司决定撤销该销售部,并就地遣散全部销售人员。上述销售人员接到公司决定后,即同公司协商补发欠发工资,并表示如能补发,则全部员工放弃经济补偿金的要求。但公司明确表示,由于业绩未能好转,所以欠发工资不予补发,并声称欠发工资已好几个月了,仲裁时效已经超过,公司不怕员工去仲裁。

上述案例的裁决结果如下。

案例1中，劳动争议仲裁委员会经过审理认定：申诉人张先生的请求已经超过了申诉时效，不支持张先生的请求事项。张先生于是起诉到法院，法院审理后也作出了"依法驳回诉讼要求"的决定。

案例2中，上海某区人民法院一审认为，原、被告于1999年5月解除了劳动关系，双方就补偿金事宜应及时协商，就此产生的劳动争议当事人应当在法律规定的60天时效内及时主张自己的权利。现原告于2001年4月23日才行使该权利，丧失了胜诉权，故对原告的诉讼请求不予支持。一审于2001年7月20日判决驳回原告黄某要求被告上海公司支付29 430元补偿金的请求。

案例3中，时效未过，可以仲裁。这些销售人员通过仲裁维护了自己的合法权益。

笔者认为，在劳动争议案件中，很多是用人单位拖欠、克扣劳动报酬（包括加班报酬）引起的。那么，在劳动者已经辞职的情况下，仲裁时效又如何计算呢？

我国《工资支付暂行规定》明确规定，用人单位必须书面记录支付劳动者工资的数额、时间、领取者的姓名以及签字，并保存2年以上备查，故劳动者在劳动报酬发生争议之日起60日内申请劳动仲裁的，追索劳动报酬的时效以2年为限。追索2年以上的劳动报酬，则以用人单位没有异议为限。

根据这一规定，用人单位明示拒绝支付劳动报酬，或承诺另行支付劳动报酬的期限已满，或劳动者追索劳动报酬被拒绝的，一般可以视为争议已发生，劳动者应在劳动法规定的60天内申请劳动仲裁。如果用人单位未明示拒绝支付劳动报酬，或承认欠付劳动报酬但未明确偿付日期的，争议发生时间可从劳动者追索之日起算。

案例3中，由于该公司在欠发工资时公开声明欠发工资系暂时行为，并承诺以后会补发。因此，对于销售人员来说，究竟自己的权利是否被侵害尚未处于不确定和不知悉之中。同时，这些销售人员当时也未要求公司立即补发工资，因此可以确定双方的争议在当时尚未发生。争议真正发生的时间是公司决定撤销销售部、解聘销售员并明确拒绝补发工资时。可以看出，要正确理解"劳动争议发生之日"，把握其与"侵权行为日"的区别是关键。

五、关于对劳动报酬争议的仲裁时效的特别规定

如前所述,仲裁时效是指权利人向仲裁机构请求保护其权利的法定期限。一旦权利人在法定期限内没有行使,即丧失提请仲裁以保护其权益的权利。《劳动争议调解仲裁法》第二十七条规定,劳动争议申请仲裁的时效期间为1年,仲裁时效期间从当事人知道或者应当知道其权利被侵害之日起计算。这也是对劳动争议仲裁时效的一般规定。那么,对于劳动者最关心的劳动报酬的仲裁申诉时效也是1年吗?

【知识概述】《劳动争议调解仲裁法》对劳动关系存续期间因拖欠劳动报酬发生争议的仲裁时效作了特别规定,即劳动关系存续期间因拖欠劳动报酬发生争议的,劳动者申请仲裁,不受一般仲裁时效期间的限制。但是,劳动关系终止的,应当自劳动关系终止之日起1年内提出,即只要当事人之间存在劳动关系,在劳动关系存续期间因拖欠劳动报酬发生争议的,提请劳动争议仲裁时不适用劳动争议仲裁时效。

但该法同时规定,如果劳动关系终止,应当自劳动关系终止之日起1年内提出。也就是说,"劳动关系终止之日,用人单位不付或少付劳动报酬"相当于"知道或者应当知道其权利被侵害之日",劳动关系终止之日就是计算劳动争议仲裁时效期间的起算点。

【问题提示】劳动报酬争议发生时争议双方劳动关系处于何种情况?如何理解仲裁时效的起算之日?怎么理解当事人知道或者应当知道其权利被侵害的具体含义?

【案例导读】黄某与泰杰公司建立劳动关系,被安排在其下属申达联营厂工作。2005年12月,该企业转制为华腾公司,但黄某的劳动关系仍在泰杰公司。2008年4月,泰杰公司向黄某出具退工单,同年5月,黄某收到退工单。双方明确从2007年9月30日解除劳动关系,泰杰公司支付黄某经济补偿金3.1万余元。对该款项,泰杰公司要求案外人华腾公司从欠其的社会保险费中抵扣支付,但遭华腾公司拒绝,两企业为此发生诉争。其间,黄某未向泰杰公司索要该补偿金,泰杰公司亦未明确表示拒绝支付该款项。

2010年4月,黄某以泰杰公司未支付解除劳动关系的补偿金为由,向当地劳动争议仲裁委员会申请仲裁。该仲裁委员会于4月25日作出因超过劳动争议申诉时效不予受理的决定书。黄某不服,遂诉至法院,请求判令泰杰公

司支付解除劳动合同的补偿金3.1万余元。

对此法院认为，劳动争议当事人应当在争议发生之日起1年内申请劳动仲裁，该期限应从劳动争议发生之日起计算。鉴于企业之间为其社会保险费的支付发生诉争，使本案涉讼的经济补偿金支付问题处于不确定状态。原告未向被告追索支付补偿金，被告亦未明确表示拒绝支付此款，双方并未发生争议。原告于2010年4月23日申请仲裁，要求被告支付经济补偿金的申诉时间未超过法律规定的申诉期限，遂支持原告的诉讼请求。

笔者认为，本案的关键是：黄某向用人单位主张支付解除劳动合同的补偿金，是否超过法律规定的1年申诉期限？本案劳动争议仲裁期限应如何认定？

申请劳动争议仲裁期限是劳动争议当事人向劳动争议仲裁机构请求保护其劳动权利的期间。申请劳动争议仲裁的期限与我国民法典规定的诉讼时效有所不同。《劳动争议调解仲裁法》第二十七条规定，劳动争议申请仲裁的时效期间为1年，仲裁时效期间从当事人知道或者应当知道其权利被侵害之日起计算。因此，当事人申请劳动争议仲裁的期限是1年，申请仲裁期限从劳动争议发生之日起计算，对这一点在司法实践中并无异议。问题的关键在于，如何理解用人单位和劳动者是否已经发生劳动争议，即对劳动争议发生之日如何确定，这样才能正确认定申请劳动争议仲裁的期限是否届满。

在司法实践中，如果用人单位明示拒绝支付劳动报酬，或承诺另行支付劳动报酬的期限已届满，或劳动者追索劳动报酬被拒绝，一般可以视为劳动争议已发生，可据此推定劳动者知道或者应当知道其权利被侵害，劳动者亦应从知道或应当知道其权利被侵害的那一天起，在《劳动争议调解仲裁法》第二十七条规定的1年期限内申请劳动仲裁。

对此，有一种观点认为，当用人单位未发放已经承诺支付的劳动报酬时，劳动者就应在1年内主张权利，否则就超过了申请劳动争议仲裁的期限，从而丧失胜诉权。这种观点将"用人单位没有发放劳动报酬"等同于"发生劳动争议"，即如果用人单位到约定发薪日未发工资，劳动者就应当在次日起1年内主张，否则就不能得到法律保护。

其实不然。虽然用人单位没有发放自己承诺支付的劳动报酬，但用人单位并没有明确支付劳动报酬的时间或明确表示拒绝支付，劳动者也没有要求用人单位偿付。此时，双方的权利义务关系处于静止状态，用人单位与劳动者之间并没有发生法律意义上的争议，因此劳动者申请劳动争议仲裁的期限没有开始计算。可见，如果用人单位未明示拒绝支付劳动报酬或承认欠付劳动报酬，也未明确偿付期日，争议发生时间应从劳动者追索之日起计算。

结合本案来看，泰杰公司虽然允诺支付黄某经济补偿金 3.1 万余元，但对该款项的支付，泰杰公司要求案外人华腾公司从欠其的社会保险费中抵扣支付，遭华腾公司拒绝，两企业为此还诉至法院。黄某鉴于该两企业为社会保险费发生诉讼一事，使其索要经济补偿金的支付单位处于不确定状态。从黄某的角度而言，他没有向泰杰公司追索补偿金，泰杰公司也未明确表示拒绝支付补偿金，故其认为自己的权利未受到侵害，双方没有发生劳动争议。

事实上，在黄某于 2010 年 4 月向泰杰公司主张该项权利时，泰杰公司明示拒绝支付。至此，双方已经发生了劳动争议，劳动争议的发生时间应确定为泰杰公司明示拒绝支付黄某经济补偿金之日，即从该时间点起开始计算黄某申请劳动争议仲裁的期限。由此可见，黄某于 2010 年 4 月 23 日申请仲裁，未超过劳动法规定的 1 年期限。

综上，确定劳动争议发生之日有两种情况：

一是用人单位明示拒绝支付劳动报酬或承诺向劳动者支付劳动报酬的期间已届满的，从该日起劳动争议已发生；

二是用人单位未明示拒绝支付劳动报酬或承认欠付劳动报酬，但未明确偿付期日的，劳动争议发生之日依劳动者追索之日计算。

只要出现以上两种情况之一，即应视为劳动争议已发生，劳动者应该在 1 年内申请劳动争议仲裁，否则丧失胜诉权。

六、当事人要求延期开庭的正当理由有哪些？

延期开庭是指在仲裁或诉讼过程中发生了法律规定的情况，致使劳动争议仲裁委员会或人民法院不能在原定的日期对案件进行审理时，劳动争议仲裁委员会或人民法院把已经决定开庭审理或者已经开庭审理的案件，改到另一日期进行审理。当事人要求延期开庭审理必须具备正当理由。延期开庭是赋予劳动争议仲裁当事人的法定权利，其目的是保障当事人的合法权益和保障仲裁程序依法顺利进行。延期开庭由当事人提出申请，由劳动争议仲裁委员会作出决定。

【知识概述】根据《民事诉讼法》第一百三十二条的规定，"必须到庭的当事人和其他诉讼参与人有正当理由没有到庭的",可以延期开庭审理。《劳动争议调解仲裁法》第三十五条也规定:"仲裁庭应当在开庭五日前,将开庭日期、地点书面通知双方当事人。当事人有正当理由的,可以在开庭三日前请求延期开庭。是否延期,由劳动争议仲裁委员会决定。"

何谓正当理由?一般是指自然灾害等不可抗拒的意外事故和法律上认为申请人不能克服的障碍以及其他特定事项。被视为属于不可抗拒的原因有水灾、地震、海啸、雷击、风灾、战争、政变、禁运、封锁、通信中断等。法律上认为,申请人不能克服的障碍和其他事项包括:无法预见的意外事项使申请人丧失行为能力又没有法定代理的;银行、邮局的失误而耽误了规定的期限的;代理机构的意外情况造成当事人权利丧失的;当事人在规定期限内缴纳了费用,但由于手续不符合要求而被退款或视为未缴费而丧失权利的;等等。

【问题提示】 怎样界定"正当理由"?

【案例导读】

案例1:王某接到劳动争议仲裁委员会的书面通知,告知他与单位之间劳动争议仲裁开庭的时间是5日后,地点在该劳动争议仲裁委员会的第五仲裁庭。离开庭还有3天的时候,王某接到了劳动争议仲裁委员会打来的电话,让他到劳动争议仲裁委员会来一下。王某赶到了劳动争议仲裁委员会,找到了给他打电话的工作人员,和该工作人员在一起的还有开除他的那个酒店的经理齐某和代理律师辛某。

该工作人员告诉王某,用人单位向劳动争议仲裁委员会申请案件延期开庭,理由为用人单位代理律师辛某是中国国际贸易仲裁委员会的仲裁员,原定的劳动争议仲裁开庭时间和辛某担任仲裁员的商事仲裁案件开庭时间相冲突。劳动争议仲裁委员会已经决定王某的案件延期审理,叫王某来是为了让双方重新确定一个开庭的时间。王某很不情愿,但最终还是和用人单位一起确定了一个新的开庭时间。劳动争议仲裁委员会随即向双方送达了延期审理通知书。王某心里嘀咕,凭什么用人单位想要更换开庭时间就能更换开庭时间呢?

案例2:姜某与用人单位发生了劳动争议,姜某于是来到当地的劳动争议仲裁委员会申请仲裁。劳动争议仲裁委员会受理该案后,通知姜某开庭审理的时间为某年的4月5日上午。收到该受理通知书后,姜某立即向劳动争议仲裁委员会提出延期审理的申请，理由是：开庭当天是清明节，姜某认为这一天审理他的案子不吉利。劳动争议仲裁委员会的答复是此不属于正当理由，而是一种迷信思想，于是没有批准姜某的申请。

根据《劳动争议调解仲裁法》第三十五条和《劳动人事争议仲裁办案规则》第三十七条的规定，延期开庭是指劳动争议仲裁的当事人在仲裁庭通知其开庭审理的日期后，在开庭3日前，由于出现了正当理由导致仲裁审理程序无法按期进行的，提出延期审理的请求，经劳动争议仲裁委员会同意，将仲裁审理推延到另一日。

申请延期开庭的正当理由，除了《民事诉讼法》规定的几种情形外，还要根据实际情况，由劳动争议仲裁委员会根据法律法规的规定来进行判断。确属正当理由的，劳动争议仲裁委员会可以作出延期审理的决定；不属于正当理由的，劳动争议仲裁委员会不应当作出延期审理的决定。上面的案例2中所提到的情形就不属于正当理由。

现实中，很多劳动争议仲裁当事人会因为各种原因提出延期开庭的审理，包括无法从外地及时赶回开庭所在地、突发疾病不能出庭、代理律师的庭审时间存在冲突等，以上案例1中所提到的情形也是其中之一。

一般来说，劳动争议仲裁委员会为了使当事人充分享有诉权，以及使当事人的权益充分得到维护，会接受当事人具备合理理由的申请，并与另一方当事人一起协商确定开庭日期。在此要提醒劳动者的是，申请延期开庭是劳动争议仲裁双方当事人的权利。所以，一方面，劳动者可以在需要的时候行使这一权利；另一方面，如果用人单位申请延期开庭，也要仔细判断其理由是否正当。

七、无正当理由拒不到庭或者未经仲裁庭同意中途退庭的法律后果有哪些？

根据《劳动争议调解仲裁法》第三十六条的规定：申请人收到书面通知，无正当理由拒不到庭或者未经仲裁庭同意中途退庭的，可以视为撤回仲裁申请。被申请人收到书面通知，无正当理由拒不到庭或者未经仲裁庭同意中途退庭的，可以缺席裁决。

【知识概述】根据对象的不同，无正当理由拒不到庭或者未经仲裁庭同意中途退庭产生的法律后果有以下两种。

第一，视为撤回仲裁申请。视为撤回仲裁申请，是指劳动争议仲裁的申请人虽然未主动提出撤回仲裁的申请，但是，申请人出现法律规定的情形用行为已经表明其不愿意继续进行仲裁的，可以按照申请人撤回仲裁申请处理，从而终结对劳动争议案件仲裁。

根据这一规定，申请人收到书面通知，无正当理由拒不到庭或者未经仲裁庭同意中途退庭的，可以视为申请人撤回仲裁申请。按撤回仲裁申请处理与当事人撤回仲裁申请具有同等的法律效力。

第二，缺席裁决。对于被申请人无正当理由拒不到庭或者未经仲裁庭同意中途退庭，本法规定仲裁庭可以缺席裁决。缺席裁决是指只有一方当事人到庭参与仲裁审理时，仲裁庭仅就到庭的一方当事人进行调查、审查核实证据，听取意见，并对未到庭一方当事人提供的书面资料进行审查后，即作出仲裁裁决的仲裁活动。

【问题提示】申请人与被申请人是否收到了仲裁庭的书面通知？不到庭是否有正当理由？申请人中途退庭是否经仲裁庭同意？

【案例导读】

案例1：2008年7月8日上午9时，在某地法院第八法庭，准备开庭审理的是张某诉万盛区（今万盛经济技术开发区）某煤矿工伤保险待遇一案。此案早在一个月前即向原、被告送达了开庭传票。审判员与书记员端坐在审判区等待原告到来，被告则不停地看着手表。一个小时过去后，审判员无奈地站起来，走出法庭，又一次给原告张某打电话，但张某竟称自己"不知道今天法院要开庭"。又过了十多分钟后，原告张某才来到法院，审判员对其作了询问笔录，原来，张某收到法院传票后即随手将其放置于家中，并未仔细查看这一记录了庭审重要事项的文件内容。

案例2：梁某于1990年被招为机修厂的合同制工人，同年转正。因梁某编造假话外出学习驾驶汽车，机修厂于1994年11月28日作出了将其辞退的决定。

梁某不服，向当地劳动争议仲裁委员会申请仲裁。经调查核实，梁某在1994年4月至9月间，多次以父亲病重需要护理为由向车间和厂领导请假，每次都超假。当年8月，在单位领导不同意的情况下，梁某又擅自外出7天去汽车培训班学习，被该厂发现，厂长于是决定将其辞退。

对此，机修厂劳动争议调解委员会曾进行调解，但被厂长拒绝。厂长认为，梁某的行为已严重违反了劳动纪律，编造假话多次请假、超假，累计已有40天，其中超假15天，且8月旷工7天，情节恶劣，必须辞退。

梁某又向劳动争议仲裁委员会申请仲裁。对此该厂厂长认为，工厂依法辞退，劳动争议仲裁委员会不应插手此事，企业有处分职工的自主权，故拒绝出席仲裁庭的仲裁，认为这样劳动争议仲裁委员会就无法裁决了。

案例3：北京市某区法院受理了一起李某诉王某的雇员受害赔偿纠纷。在法庭向被告王某送达开庭传票后，王某的丈夫李某来到法庭称，王某全权委托他进行诉讼。李某又称，自己是武警北京某部的现役军官，在"国庆60年"庆典期间有重要的安保工作，不能按时到庭应诉，且王某已到国外出差，无法再另行委托代理人，故请求法庭予以延期审理。

上述案例的裁决结果如下。

案例1中，承办法官了解了原告张某缺席的原因及经过后，经向庭、院领导汇报，依法作出将本案按撤诉处理的决定。

案例2中，仲裁阶段梁某胜诉，并且劳动争议仲裁委员会对该厂不出庭的行为进行了批评。后该厂向法院起诉。法院依法判决，支持机修厂对梁某的辞退处理决定。

案例3中，法官在核实其证件材料后认为，"国庆60年"庆典是国家大事，安保责任重大，在不违反诉讼程序的情况下，应给予适当的延期。

笔者认为，出庭参加仲裁开庭既是当事人的权利，也是当事人的义务。当事人应当根据仲裁庭通知的开庭日期、地点参加仲裁开庭审理。当事人不参加仲裁开庭审理的，应当根据其在仲裁案件中的地位对其作出相应的处理，即可以视为申请人撤回仲裁申请，也可以对其作出缺席裁决。

就案例1而言，原告张某到开庭时间无正当理由未到庭，不仅是对审判机关和对方当事人的不尊重，而且是对自身诉讼权利的不重视，应当自行承担诉讼不利的后果。

就案例2而言，其主要问题是机修厂厂长拒绝到庭参加仲裁引起的。机修厂的缺席，实际上是放弃了答辩、辩论权利，必然会对自己产生不利的后果。

就案例3而言，被申诉人确有正当理由无法按时到法院出庭，法官在核实其证件材料后亦认为，国庆大典是国家大事，安保责任重大，经原告方同意，应给予适当的延期。

第三章　企业高管人员的劳动关系

企业高管作为兼具管理者与劳动者双重属性的特殊群体，其权利义务与普通劳动者相比存在一定的差异，由此产生的法律适用上的问题也是理论界和实务界关注的焦点。据相关统计，截至2019年底，我国各类市场主体总数已达1.23亿个，相应的公司高管数量亦不在少数，司法实践中涉及公司高管的劳动争议案件数量不断增加。这些案例主要针对双方劳动关系的确认、加班工资的支付、劳动报酬标准的认定、竞业限制纠纷等关注度高、公司高管涉诉等典型样态。

第一节　企业高管的劳动关系确认问题

【知识概述】通常而言，母公司或者股东会任命董事会成员，该成员基于此种委任或聘用而成为一个公司的高管。那么，该高管与公司之间的这种委任或者聘用关系是否意味着该高管与公司之间不可能存在劳动关系？实践中争议较大。

【问题提示】公司高管的委任关系与劳动关系是否兼容？

【案例导读】

案例1：L于2001年3月至2013年6月在吉林麦达斯铝业有限公司任财务总监；2013年7月至2017年7月在吉林麦达斯铝业有限公司任副总经理；2011年3月至2017年7月，由吉林麦达斯铝业有限公司派往洛阳麦达斯铝业有限公司兼任总经理；2017年7月20日由麦达斯控股公司（以下简称"麦达斯控股"）调任A公司任董事长兼法定代表人，月薪为税后7万元。

2018年3月6日，A公司与B公司签订人事服务合同，约定A公司委托B公司为其办理员工的人事手续并提供员工社会保险、福利及管理方面的服务。其中，养老失业保险、医疗工伤生育保险及住房公积金缴费基数为7万元/月，住房公积金公司缴纳比例为7%、个人缴纳比例为7%；合同期限为2018年2月1日至2019年1月31日。

2018年2月7日，L被麦达斯控股免去A公司董事长职务。该调整并无L经营管理过错原因，属企业内部正常职务调整。L与继任A公司董事长进行了工作交接。交接完毕后，麦达斯控股及A公司没有安排L的其他工作，自2018年3月起没有向其发放工资，也没有为其缴纳五险一金。2018年2月至2018年10月，L共计垫付五险一金费用92 327.49元（单位应承担部分为60 975.81元、个人应承担部分为31 351.68元）。因职务安排、工资及五险一金缴纳问题，L与A公司多次交涉未果。

2018年4月19日，吉林省辽源市中级人民法院立案审查A公司破产重整申请。2018年4月24日，该院作出（2018）吉04破申4号民事裁定，受理A公司进行重整的申请。

2019年1月18日，吉林省辽源市中级人民法院作出（2018）吉04民破4-2号民事裁定，终止A公司重整程序，宣告A公司破产。

根据L提供的参保人员缴费情况统计表，2001年4月至2015年12月，L的社会保险由吉林麦达斯铝业有限公司缴纳；2016年1月至今，由B公司缴纳。

麦达斯控股与吉林麦达斯铝业有限公司、洛阳麦达斯铝业有限公司及A公司系关联公司。2001年4月，吉林麦达斯铝业有限公司由新加坡东北工业有限公司独资设立。2011年3月，麦达斯控股独资设立A公司。2011年4月，吉林麦达斯铝业有限公司独资设立洛阳麦达斯铝业有限公司。

在A公司破产管理人的建议下，L向辽源市劳动人事争议仲裁院申请仲裁。该院以不属于劳动争议处理范围为由，于2018年9月10日作出了辽劳人仲不字（2018）102号不予受理通知书。

此后，L诉至法院，一审法院对此作出以下认定。

第一，L与A公司存在劳动关系。

第三章　企业高管人员的劳动关系

我国尚未建立独立于劳动关系之外的职业经理人制度。作为企业高级管理人员的董事长，除了具有企业法定代表人的身份之外，还具有与企业形成劳动关系的职工身份。2017年7月20日，麦达斯控股董事会经决定，任命L为A公司董事长、法定代表人，自该日起L与A公司建立了劳动关系。

2018年2月7日，麦达斯控股董事会决定免去L的A公司董事长、法定代表人职务，并且未对L任命其他职务，也未解除与L的劳动关系。麦达斯控股免去L董事长职务只是对其岗位的变更，不必然导致劳动关系解除。同时，麦达斯控股并未在本公司对L有过职务任命，L与麦达斯控股之间并不存在劳动关系。

第二，有关L诉讼请求是否成立的问题。

一是工资问题。L与A公司之间的劳动关系不因L的职务被免除而解除。麦达斯控股及A公司均未任命L新的职务，L则一直积极协助办理交接手续。故原劳动合同的工资报酬约定仍然有效，工资应按原定税后7万元标准支付至L被任命新的职务之前。

二是加付赔偿金的问题。L被免职后未安排其他职务，A公司对L职务及工资变动情况无法确定；且从2018年3月起未支付L工资，不构成《劳动合同法》第八十五条规定的情况，故对L加付赔偿金的请求不予支持。

三是L垫付五险一金的返还问题。A公司与B公司签订的人事服务合同尚在有效期内（合同期限为2018年2月1日至2019年1月31日），至今没有变更。依照《劳动法》第七十二条的规定，劳动关系存续期间，用人单位有为劳动者缴纳社会保险费的义务。L与A公司之间劳动关系仍然存续，因此，对于L垫付的应由单位承担的保险费用，A公司应予返还。

四是签订无固定期限劳动合同的问题。《最高人民法院关于审理劳动争议案件适用法律若干问题的解释（四）》第五条规定，劳动者非因本人原因从原用人单位被安排到新用人单位工作的，原用人单位的工作年限应合并计算为新用人单位的工作年限。

吉林麦达斯铝业有限公司、洛阳麦达斯铝业有限公司和A公司均为麦达斯控股的子公司，系关联企业。L自2001年3月起经麦达斯控股委派或任命在三关联公司任高级管理职务，均系工作调动，故其任职年限应合并计算。从2001年3月起，L的工作年限合计已达17年；且L年已55周岁，距法定退休年龄只差5年，符合《劳动合同法》第十四条第二款第二项的规定。故对L请求签订无固定期限劳动合同的主张，依法应予支持，但仅限于对其新的职务任命开始时签订。

综上，一审法院于2018年10月30日作出（2018）吉04民初193号民事判决，具体如下：

第一，A公司向L补发2018年3月至2018年9月税后工资490 000元；

第二，A公司向L返还2018年2月至2018年10月（共9个月）L垫付的、应由单位承担的五险一金费用60 975.81元；

第三，A公司与L签订无固定期限劳动合同（自新的任职时开始）；

第四，驳回L的其他诉讼请求。一审案件受理费10元，由A公司负担。

A公司不服一审判决，遂上诉请求撤销一审判决，改判驳回L的全部诉讼请求或发回重审。L与A公司之间就签订无固定期限劳动合同问题不能达成一致意见，经二审法院释明，L将"签订无固定期限劳动合同"的诉讼请求变更为"确认与A公司存在无固定期限劳动合同关系"。

二审法院认为，《劳动和社会保障部关于确立劳动关系有关事项的通知》第一条规定，用人单位招用劳动者未订立书面劳动合同，但同时具备下列情形的，劳动关系成立：①用人单位和劳动者符合法律法规规定的主体资格；②用人单位依法制定的各项劳动规章制度适用于劳动者，劳动者受用人单位的劳动管理，从事用人单位安排的有报酬的劳动；③劳动者提供的劳动是用人单位业务的组成部分。

L的职务系由A公司的出资人麦达斯控股任命及免除的，其并非A公司招用的劳动者，其间双方亦没有建立劳动关系的合意。根据A公司章程，结合麦达斯控股任免决定，L由股东委派行使董事职权，其法律关系性质是由股东雇佣或委托管理公司。除此之外，L无其他职务。因此其工作性质是履行麦达斯控股委托指派的行为，不符合劳动关系应当具备的"由用人单位招用、受用人单位各项规章制度管理、从事用人单位安排的有报酬的劳动"的特征。

在自然人与法人之间，除劳动关系外，法律并不禁止雇佣及委托等法律关系的存在，故一审判决以"我国目前并无职业经理人制度"为由，认定L与A公司形成事实劳动关系的法律依据不充分，对其请求A公司支付免职后工资的主张亦不予支持。

由于麦达斯控股并非本案当事人，本案中并未对L与麦达斯控股之间的法律关系进行审理，故一审判决认定"L与麦达斯控股不存在劳动关系"超出诉讼请求及本案审理范围。对于L与麦达斯控股之间的法律关系问题，L可以另行主张权利。

我国社会保险法第五十七条第一款规定："用人单位应当自成立之日起三十日内凭营业执照、登记证书或者单位印章，向当地社会保险经办机构申请办理社会保险登记。社会保险经办机构应当自收到申请之日起十五日内予以审核，发给社会保险登记证件。"第五十八条第一款规定："用人单位应当自用工之日起三十日内为其职工向社会保险经办机构申请办理社会保险登记。未办理社会保险登记的，由社会保险经办机构核定其应当缴纳的社会保险费。"

可见，为劳动者办理社会保险的义务主体是用人单位。根据L提供的参保人员缴费情况统计表，自2016年1月至今，为L办理社会保险登记的用人单位是B公司，而L被任命为A公司董事长的时间为2017年7月至2018年2月，人事服务合同的签订时间是2018年3月6日。

在没有形成劳动派遣关系的情况下，委托其他单位为劳动者办理社会保险的行为不符合上述法律规定，二审法院无法根据L办理社会保险情况判断与其建立劳动关系的用人单位。在不能认定L与A公司存在劳动关系的前提下，人事服务合同不足以证明A公司具有为L办理社会保险的法定义务。故对L关于A公司返还垫付养老保险的主张，二审法院亦无法予以支持。

综上，二审法院于2019年4月1日作出（2019）吉民终19号民事判决：

第一，撤销一审法院（2018）吉04民初193号民事判决；

第二，驳回L的诉讼请求。

之后，由于当事人的申诉，此案进入最高法院再审程序。最高法院认为，根据各方当事人的诉辩主张，本案再审中当事人争议的焦点问题为：①A公司与L之间是否存在无固定期限劳动合同关系；②A公司应否支付L解聘后的工资、赔偿金及垫付的五险一金。

第一，关于A公司与L之间是否存在无固定期限劳动合同关系的问题。

首先，最高法院认为A公司与L之间存在事实上的劳动合同关系。2017年7月20日，L被麦达斯控股调任其全资子公司A公司任董事长兼法定代表人，月薪为税后7万元。自此，L既作为A公司的董事、董事长参加董事会行使公司法赋予的职权，同时还作为A公司的法定代表人参与公司日常经营管理。

从《中华人民共和国公司法》（以下简称《公司法》）的角度看，公司依据章程规定及股东会决议聘任董事行使法定职权，董事同意任职并依法开展委托事项，公司与董事之间即形成委任关系，从双方法律行为的角度看实为委托合同关系。但公司与董事之间的委任关系并不排斥劳动合同关系的存在，即二者之间在符合特定条件时还可以同时构成劳动法上的劳动合同关系。

《公司法》第四十四条第二款规定，"两个以上的国有企业或者两个以上的其他国有投资主体投资设立的有限责任公司，其董事会成员中应当有公司职工代表；其他有限责任公司董事会成员中可以有公司职工代表"，这就以法律形式明确肯定了董事与公司之间可以形成劳动关系，委任关系与劳动关系并非是绝对排斥、不能兼容的。

本案中，L于2017年7月被任命为A公司董事长，与公司形成委任关系。L虽未与A公司签订书面劳动合同，但其被任命为董事长的同时还担任公司法定代表人，负责公司融资、对外协调及财务管理等大量具体经营管理事务，受公司规章制度管理和约束，A公司则按月向其支付工资并委托B公司代缴五险一金费用。

故，L因担任法定代表人而从事除董事职权以外的公司其他具体业务，并以工资为主要生活来源等事实，符合劳动关系的构成要素，足以认定A公司与L同时形成委任关系和事实上的劳动合同关系。因此，L关于与A公司存在劳动合同关系的主张，本院予以支持。

其次，最高法院认为A公司与L之间事实上的劳动合同关系随着L职务被免除而解除，双方之间不存在无固定期限劳动合同关系。L为A公司法定代表人，并非公司普通员工，本有条件与公司签订劳动合同。但其在任职期间并未与公司订立书面劳动合同，二者之间的劳动关系是基于L担任公司法定代表人，从事公司经营管理事务、从公司领取固定报酬等事实而形成的。

2018年2月，A公司在被裁定破产重整前夕，免除了L董事长、法定代表人等职务，且未再安排L从事其他工作。至此，L与A公司形成事实劳动关系的基础已经丧失，事实劳动关系应相应解除。2019年1月18日，A公司被裁定宣告破产，其与所有员工的劳动关系均应依法终止。

故，L在被解聘后形成事实劳动关系的基础已经丧失，且在A公司亦先后进入破产重整、破产清算的情况下，L诉请确认与A公司存在无固定期限劳动合同关系，缺乏事实基础和法律依据，法院不予支持。如此处理，既可以对公司董事和高管利益予以必要的保护，又可以防止公司因经营发展需要而无因解除董事、法定代表人职务的同时，却不得不背负沉重的、难以摆脱的劳动合同负担。

第二，关于 A 公司应否支付 L 解聘后的工资、赔偿金及垫付的五险一金等问题。

如前所述，案涉委任关系及劳动关系一并解除后，A 公司不再具有向 L 支付工资及缴纳社会福利费用的法定义务，亦不符合《劳动合同法》第八十五条规定的因未依法支付劳动报酬而支付赔偿金的法定情形。故对 L 关于补发解聘后工资、支付赔偿金及返还垫付的五险一金费用的主张，法院不予支持。

但公司行使任意解除权解聘董事后，为平衡双方利益，应综合考虑解聘原因、董事薪酬、剩余任期等因素，确定是否补偿及补偿的合理数额。

本案中，L 长期在麦达斯系公司工作，受麦达斯控股调任而赴 A 公司任职，其被解聘也并非自身过错所致，且其已接近退休年龄。法院综合考虑上述情形，酌定 A 公司应参照 L 任职时的薪酬对其给予合理补偿。但因 A 公司在诉讼期间已经被宣告破产，根据《中华人民共和国企业破产法》第一百一十三条第三款"破产企业的董事、监事和高级管理人员的工资按照该企业职工的平均工资计算"之规定，法院酌定 A 公司按被宣告破产时职工月平均工资向 L 支付 6 个月的补偿金，该补偿金债权应按照职工债权顺序在破产程序中进行清偿。

案例 2：胡某自称其于 2018 年 3 月 1 日入职某食品公司任 CEO，双方于 2018 年 2 月 15 日签订劳动合同。但某食品公司对此不予认可，而主张胡某是作为公司的股东进入公司的，双方之间并非劳动关系。后胡某诉至法院，要求确认双方存在劳动关系。法院经审理后认为，胡某主张签订的劳动合同系其利用职务之便自行签订的，其通过股东之间的约定在某食品公司担任 CEO 职务，双方并未形成建立劳动关系的合意，故胡某与某食品公司之间不存在劳动关系。

公司股东依法享有资产收益、参与重大决策等权利，股东间协商担任公司管理职务，也是常见的公司内部组织管理形式。从选任的角度看，股东担任公司高管系基于股东之间的约定，其与公司之间并无建立劳动关系的合意；

从风险负担的角度看，胡某持有某食品公司股份，参与经营管理，理应承担经营风险，不能因公司未获利而主张其应获得劳动法的保护，从而将风险收益转化为一般劳动者固定的劳动报酬。

因此，仅从股东参与公司的日常行政事务管理和决策等外在特征，不能判断其与用人单位之间必然存在劳动关系。

法院对上述两个案例的认定是不同的。

案例1中，最高法院认为，基于母公司或者股东会的任命而成为高管的委任关系并不排斥劳动关系的存在，即这两种关系是可以兼容的。

案例2中，审判法院认为，其作为股东与公司形成了投资关系，则只能以股东的身份从公司获得红利；即使其参与了公司的日常行政事务管理和决策，也不能与公司形成劳动关系，不能从公司领取劳动报酬。

笔者认为，案例1中的观点是合理的，而案例2中的观点值得商榷。股东既然参与了日常行政事务管理和决策，就可以与公司形成劳动关系，股东与公司形成的投资关系并不必然排斥劳动关系；股东除了基于投资关系从公司获得红利的回报以外，还应基于这种劳动关系获得相应的劳动报酬。不然，在参与日常行政事务管理和决策的股东与没有参与的股东之间，就容易产生不公平的问题。

第二节　企业高管在劳动合同履行过程中的常见问题

【知识概述】企业高管由于身份的特殊性，与普通员工相比，其在劳动合同履行过程中也存在着一些不同的处理模式，如企业未与高管签订书面劳动合同的法律后果、加班费与绩效奖金的支付等。

【问题提示】高管与普通员工在履行劳动合同过程中的不同规定

【案例导读】

案例1：温某于2010年8月1日入职某公司任副总经理。2011年10月15日，双方签订了无固定期限劳动合同。2012年1月11日，该公司作出《人事变动通知》，双方解除劳动关系。后温某诉至法院，要求该公司支付2010年至2011年未订立书面劳动合同期间的二倍工资。

该公司向法院提交了面试成绩评定表、保险办理申请表、员工离职申请表及员工离职交接表等证据，用以证明：温某作为副总经理主管人事工作，与员工签订劳动合同是其工作职责。

法院经审理后认为,温某作为负责人事管理工作的副总经理,其应当知道不签订劳动合同的法律后果,故未支持温某的诉讼请求。

公司高管未与用人单位订立书面劳动合同的,依据《劳动合同法》第八十二条向用人单位主张二倍工资的,可予支持,用人单位能够证明高管的职责范围包括管理订立劳动合同的除外;但对有证据证明公司高管曾向用人单位提出订立劳动合同而被拒绝的,仍可支持其就未订立书面劳动合同而提出的二倍工资请求。

案例2:符某于2003年11月18日入职某公司任高级管理人员。双方签订的劳动合同约定:连续2天或半年内累计3天旷工,属于严重违反规章制度行为,公司可以解除劳动合同,且不给予任何经济补偿。2016年7月5日,该公司向符某发出《解除劳动合同通知书》,其中载明:符某在2016年6月12日至7月5日期间累计旷工达12天,严重违反劳动合同约定。

随后,符某以该公司违法解除劳动合同为由诉至法院。符某主张其执行不定时工作制,公司不对其进行考勤管理,故不存在旷工行为。法院经审理后认为,在符某知晓某公司有明确的请休假制度的前提下,即使其属于执行不定时工作制的高管,但仍应遵守用人单位的考勤管理规定,故驳回了符某的诉讼请求。

现实中,部分公司高管的工作内容和工作性质较为特殊,执行的是不定时工作制。不定时工作制的目的是通过灵活安排工作时间提高工作效率,虽然没有固定的上下班考勤要求,但并不意味可以随意不正常出勤。公司高管在具备管理者身份的同时也具备劳动者的身份,作为劳动者,其应当遵守用人单位制定的包括考勤管理制度在内的各项规章制度。

案例3:徐某于2010年5月24日入职某销售公司,担任总经理、销售总监、董事。2017年2月1日,徐某辞职。后徐某以要求某销售公司支付高管奖金、销售总监提成为由诉至法院。

该销售公司主张,徐某作为公司董事,其报酬事项应由公司股东会予以决定。徐某所主张的报酬未经股东会决议,不应支持。

法院经审理后认为,徐某主张该销售公司支付的高管奖金和销售总监提成属于履行高管职责之后应当获得的劳动报酬,不能以《公司法》规定的公司股东会的决议程序作为领取劳动报酬的前提和条件,故该销售公司应当支付徐某的高管奖金和销售总监提成。

《公司法》虽然规定有限责任公司的股东会可以决定有关董事的报酬事项，但该报酬应当是基于《公司法》的规定、履行董事职责而获得的对价，不涉及因履行高管职责而获得的劳动报酬。公司高管以劳动者身份所获得的报酬系《劳动法》的调整对象，而非《公司法》意义上其履行董事职责所获得的对价。故其应由《劳动法》予以调整，而不应受《公司法》的调整，无须经过股东会决议程序。

案例4：葛某于2015年7月1日入职某软件公司任总经理。2016年3月15日，双方解除劳动关系。后葛某以要求该软件公司支付2016年1—3月期间的加班工资为由诉至法院。

法院经审理后认为，葛某系该软件公司总经理，属于高级管理人员。在适用不定时工作制的前提下，即使其有延时或休息日工作的情况，也不能当然地视为加班，故对葛某要求加班工资的请求未予支持。

公司高管负责企业日常经营管理事务，由于随时处理各种突发事务和管理之需，其工作时间具有不确定性和灵活性。对于公司高管要求支付加班工资的，应当在尊重双方当事人约定的基础上，参考工时制度、工资明细等内容合理确认加班工资的支付。如果用人单位与公司高管约定实行不定时工作制，则公司高管要求用人单位支付加班工资的，不应予以支持。

案例5：李某于2014年3月31日入职某电信公司担任副总经理，入职材料中列明了绩效工资考核制度。2016年3月21日，某电信公司与李某解除劳动关系。后李某以要求某电信公司支付绩效工资为由诉至法院。李某主张，绩效工资不受公司经营情况的影响，公司以处于亏损状态而拒发其绩效工资没有道理，也没有依据。

法院经审理后认为，李某属于企业的高级管理人员，职务明显有别于普通劳动者，其履职行为的成效与企业的经营效益之间相关联具有正当性，故驳回了李某的诉讼请求。

用人单位与公司高管相互依存。一方面，公司高管对用人单位的经营管理方式以及具体措施可能直接决定了用人单位的经营成果及经济效益；另一方面，用人单位给予公司高管高额报酬的目的也在于激励其作出更大贡献，获取更高经营收益。在用人单位针对公司高管的绩效工资等浮动薪酬作出制度规定且高管对此知晓的情况下，应当按照具体规定处理。

案例 6：杜某于 2014 年 8 月 11 日入职某金融公司，先后担任总经理助理、董事会秘书。入职时，双方签订劳动合同并约定了竞业限制条款。2016 年 3 月 21 日双方签署《解除劳动合同协议书》，其中约定：双方原先签订的竞业限制等协议继续有效。后某金融公司以杜某在职期间成立竞业公司为由诉至法院，要求其返还竞业限制补偿金。

法院经审理后认为，杜某在职期间及离职后均未履行竞业限制义务，某金融公司无须向其支付相应补偿；杜某应当向公司返还已经支付的竞业限制补偿金，并支付违约金。

对负有保密义务的劳动者，用人单位可以在劳动合同或者保密协议中与劳动者约定竞业限制条款。对于公司高管而言，更应当遵守诚实信用原则，履行忠实义务。即使在职期间用人单位与公司高管未就竞业限制进行专门约定，公司高管亦不能违反诚实信用原则，从事竞业行为，损害公司利益。公司高管违反竞业限制约定的，应当按照约定向用人单位支付违约金。

第三节　企业高管在劳动合同解除过程中的常见问题

【知识概述】企业高管在劳动合同的解除方面也有与普通劳动者不同的情形。例如，由于其拥有管理企业的权力，更容易利用自己的权力徇私舞弊，给企业造成经济损失；其辞去高管的职务也就意味着劳动合同的解除；其与企业其他高管的信任基础一旦丧失，就无法继续履行劳动合同；等等。

【问题提示】企业高管在劳动合同解除方面的特殊性

【案例导读】

案例 1：怀某于 2015 年入职某公司担任销售总监，2017 年 11 月 6 日，双方解除劳动关系。该公司向怀某发出解除劳动合同通知书，其中载明：与公司交易的客户之一沈阳某公司的法定代表人为怀某之妻，怀某经手的销售合同中商品价格低于市场价格，违反了其与某公司签订的《无利害关系声明》。

怀某以某公司属于违法解除劳动合同为由诉至法院。法院经审理后认为，怀某与沈阳某公司之间的销售行为违反了劳动者应当遵循的职业道德，在其与某公司签订了《无利害关系声明》的情况下，某公司解除与怀某的劳动关系并无不当。

公司高管在从事经营管理的过程中，对用人单位的业务执行、交易对象、交易内容均有一定的决策权,这也容易导致个别公司高管利用职务之便,为个人谋取不正当的交易机会和商业利益的行为。对于公司高管徇私舞弊、给用人单位造成损害的,用人单位可以与其解除劳动合同,而无须支付解除劳动合同补偿金。相关行为给用人单位造成损失的,公司高管还应当承担赔偿责任。

案例2:罗某于2008年12月1日入职某公司任总经理,同时,罗某系该公司股东和董事会成员。2018年3月10日,该公司召开董事会。会上,罗某请求辞去总经理职务并获同意。3月12日,该公司董事会作出《人事令》,对此予以确认。随后公司收回了罗某的办公电脑、取消了其门禁卡和微信群权限。

罗某主张,其系依据董事长黄某的要求而辞去职务的,并非解除劳动关系的意思表示。后罗某诉至法院要求认定公司属于违法解除劳动合同。法院经审理后认为,罗某辞去总经理职务并获得同意,已发生解除劳动合同的法律效力,公司不属于违法解除劳动合同。

劳动者的职务决定了其工作内容、劳动报酬等劳动关系中的核心要素。对职务的取得、履职和处分,是判断劳动关系建立、履行、解除(终止)的重要指标。公司高管辞职是其对自身职务的处分行为,且用人单位与公司高管均未就新的工作岗位、工作内容、劳动报酬达成一致意见,故双方之间未就变更或订立新的劳动合同达成合意,公司高管辞去职务的行为,必然引起对劳动关系一并处分的法律效果,发生解除劳动合同的法律效力。

案例3:范某于2014年6月8日入职某游戏公司任运营总监。2017年5月19日,该公司向其送达《解聘通知书》。后范某诉至法院,要求与该公司继续履行劳动合同。

法院审理后认为,该公司属于违法解除劳动合同,但鉴于范某与公司董事长就公司经营存在严重分歧,且仍有其他纠纷在诉讼过程中,双方缺乏继续履行劳动合同的信任基础,故认定双方劳动关系于2017年5月19日解除。范某可就违法解除劳动合同赔偿金的请求另案主张权利。

公司高管接触并掌握用人单位的核心业务、技术内容等重要信息,其工作内容和工作性质有时对用人单位甚至具有唯一性和不可替代性,其与用人单位之间劳动关系的履行也须在双方互信的基础上才能达到良好的效果。在双方合作基础较为薄弱、不能建立充分信任时,继续履行劳动合同不利于和谐劳动关系的构建。此时,公司高管可以通过另行主张违法解除劳动合同赔偿金的方式,维护自己的合法权益。

第四章 新经济和新业态模式下的劳动关系

在经济飞速发展的今天，互联网与人们的工作生活越来越休戚相关，各种互联网交易平台如雨后春笋般发展起来，如货拉拉、滴滴打车、河狸家、代驾、直播带货、美团、饿了么等。这些平台利用互联网所提供的大量商业信息的优势，吸引大批从业者为社会上的客户提供相应的服务。

互联网平台从业者和传统的劳动者有着极大的不同：他们的劳动时间比较自由，劳动量由从业者自己决定；对于平台提供的信息，他们可以选择接单，也可以放弃；是否接单以及每天接单量的多少，由从业者自己权衡；从业者报酬的多寡，取决于平台提取分成的比例以及接单量的多少；等等。

这种新经济形式和新业态模式被称为分享型经济，平台与从业者的关系成为一种新型的社会关系，打破了传统的经营模式和劳动关系。与此同时，也出现了新的问题，在网约服务盛行的背后，因劳动关系认定所产生的劳动争议问题层出不穷。

第一节 互联网平台公司与其从业者之间的劳动关系

【知识概述】分享型经济为企业提供了相对宽松的环境，使之可以更好地规避风险，提高效益；使劳动者能够更为自由地选择工作时间和工作内容，更好地利用自己资源和能力。但当纠纷出现时，矛盾就会凸显。例如，当网约车出现交通事故时，尽管司机与顾客可能并不是过错方，却因为劳动关系认定不清楚，作为劳动者的司机的权益和顾客的利益就不能得到保证，互联网企业也不愿因为这样的事故而蒙受损失。

【问题提示】互联网平台是否应为从业者服务过程中的违法行为承担民事赔偿责任？

【案例导读】

案例1：2018年5月5日晚，空姐李某某在执行完航班任务后，在郑州航空港区通过滴滴叫了一辆车赶往市里，结果惨遭司机杀害。2018年5月8日，警方告知家属李某某的遗体被找到，身中多刀。2018年5月10日，滴滴公司向全社会公开征集线索，寻找名为刘振华的顺风车司机。

2018年5月12日凌晨4时30分许，经多方努力、全力搜寻，警方在郑州市西三环附近一河渠内打捞出一具尸体。警方已对打捞出的尸体DNA样本完成鉴定，可以确认，此次打捞出的尸体确系杀害空姐李某某的犯罪嫌疑人刘振华。

案例2：2021年2月6日晚9时许，23岁的车某某搭乘货拉拉司机周阳春的汽车搬家，周阳春在行车的过程中三次偏离路线。或许车某某预感到了什么，当周阳春驾驶的汽车行驶至长沙市岳麓区曲苑路段时，车某某竟然从副驾驶边上的车窗内跳了出来。后虽经医院多方抢救，但还是没有能够挽回车某某的性命。

车某某跳窗死亡后，司机周阳春因涉嫌过失致人死亡罪被依法刑拘，并于2021年3月3日被批准逮捕。

2021年9月10日，长沙市岳麓区人民法院对该案作出一审判决，认定周阳春犯过失致人死亡罪，综合考虑其具有自首、自愿认罪认罚、积极对被害人施救等情节，依法判处其有期徒刑1年，缓刑1年。

一审宣判后，周阳春向长沙市中级人民法院提起上诉，其在书面上诉状中未对一审判决认定的事实、证据提出异议。二审审理期间，周阳春及其辩护人对部分事实和证据提出异议。经审查，不影响案件定罪量刑。

经阅卷、讯问上诉人、听取辩护人及检察机关意见，长沙市中级人民法院认为本案事实清楚，依照刑事诉讼法有关规定，决定二审不开庭审理。长沙市中级人民法院经审理认为，上诉人周阳春在平台接单后，因等候装车时间长、两次提议有偿搬运服务被拒而心生不满，在运输服务过程中态度恶劣，与车某某发生争吵，无视车某某四次反对偏离路线的意见，在晚上9时许执意将车驶入人车稀少、灯光昏暗的偏僻路段,给车某某造成了心理恐慌。

周阳春在发现车某某探身车外、可能坠车的危险情况下,轻信可以避免,未及时采取制止或制动等有效措施,致车某某坠车身亡。周阳春作为有多年驾龄的职业司机,未履行安全保障义务和因其先行行为引发的危险防止义务,其过失行为与车某某的坠车死亡结果之间具有刑法上的因果关系,已构成过失致人死亡罪。原审判决认定事实和适用法律正确,量刑适当,审判程序合法,依法作出前述裁定。

案例3:2013年2月25日,孙先生与北京某汽车技术开发服务有限公司签订了劳动合同,工作岗位为代驾司机。2014年3月26日,该公司解除了与孙先生的劳动合同,双方产生争议,孙先生向石景山区劳动人事争议仲裁委员会提起仲裁。最终,一审法院和二审法院均没有支持孙先生的诉讼请求,认为他和公司之间的关系不符合劳动关系的特征,不属于劳动关系。

上述案例1和案例2的发生曾引出一个重要的讨论:被害人的家属能否要求滴滴平台和货拉拉平台承担民事赔偿责任?如果被害人家属有权要求,那一定需要满足一个前提性的条件,即司机和平台公司之间存在劳动关系,而认定双方存在着劳动关系的法律根据又极少。

例如,2015年10月10日中国新闻网发布的《网络预约出租汽车经营服务管理暂行办法征集意见稿》作出了相关的规定,以法律形式规范了网约平台与网约车司机的行为,对其各自提出了门槛要求,其中不乏值得借鉴的地方,但仍然没有明确规定劳动关系归属问题,双方没有相互的监督机制。

同一天颁布的《关于深化改革经一步推进出租车行业健康发展的指导意见征求意见稿》的态度则是大力扶持出租车行业:推动巡游揽客车在其多年经营规范的模式下,逐步开展为现有巡游出租车配有网约功能的设置,使网约车与出租车相融合,并在出租车行业现有模式的框架下对网约车进行管理。

由此,只能根据《关于确立劳动关系有关事项的通知》(劳社部发〔2005〕12号)的规定,即双方满足了主体资格的条件,但在其他条件方面存在争议。根据该文件,用人单位依法制定的各项劳动规章制度必须适用于劳动者,劳动者受用人单位的劳动管理,从事用人单位安排的有报酬的劳动;劳动者提供的劳动应该是用人单位业务的组成部分。

然而,对于滴滴和货拉拉这样的平台公司来说,平台对于司机的管理较松,允许司机选择通过平台发布的信息,司机一旦接单就可以为客户提供运输服务；在为客户运输的过程中，选择的路线、运输的时间以及给予客户其他相关的服务都由司机和客户商定，平台对司机提供服务的过程不予管理、监督；订单完成后，根据平台和司机约定的分成比例，分配客户支付的运费。

由此来看，平台公司对司机的劳动过程不予管理，这一点似不符合劳动关系的特征。因此，网约平台更倾向于认为，其与网约工双方并不存在劳动关系，网约工是独立承包人。如果这样，网约平台少了许多经营费用，网约工也因此不能享有劳动者的相关权益。

如果双方的关系不被认定为劳动关系，那么，上述平台司机在提供服务的过程中对受害客户所造成的伤害就不属于职务行为，平台公司也就没有向受害家属支付民事赔偿的义务。

案例3是国内首起网络预约平台与其驾驶员之间的劳动关系的确认案件，虽然其形式仅限于代驾服务，但这已经为发展迅速的网络预约出租汽车管理模式作出了引导。

该案例受人瞩目的原因在于，专车预约平台与司机之间如果存在劳动关系，则将在极大程度上影响相关各方的权益，并引发一系列问题。例如，司机如果被认定为劳动者，其应享有社会保险、住房公积金等福利待遇，所得按工资而不是劳务费纳税，发生交通事故情形下的赔偿责任承担也会有所不同，等等。

他山之石，可以攻玉。在此我们不妨了解一下美国的做法。随着Uber（优步——诞生于美国的全球即时用车互联网平台）在美国业务的迅速扩张，越来越多的司机加入Uber。同时，Uber对司机越来越严苛的管束，使得这个以"Drive Your Car & Be Your Own Boss"为口号的互联网平台越来越偏离了最初的方向。

Uber的司机们先后通过发起个人诉讼和集体诉讼等方式，要求认定其是Uber公司的劳动者，要求Uber严格按照美国雇佣法的规定为其提供必要的保险和福利，并赋予其组织工会的权利。

早在2013年，美国加利福尼亚州（以下简称"加州"）的Uber司机就开始诉诸法律，要求认定其劳动者身份。该事件起源于5名居住在加州的Uber司机向加州北部地区法庭提起诉讼，要求认定他们的劳动者身份。同年8月，该5名司机提交第二份修改后的起诉书，在主张认定劳动者身份的基础上，请求进行陪审团审判并申请该案被认定为集体诉讼。此后不久，美国马萨诸塞州的 Uber 司机也于 2014 提出诉讼。

2015 年 3 月，Uber 提交动议，请求认定 Uber 司机独立承包商的身份，并申请法庭作出"即决判决"。然而，法庭初步认为 Uber 司机可能是实际上的劳动者。同时，由于在加州法律体系下，关于劳动者和独立承包商身份的认定是一个法律和事实的混合问题，需要陪审团判定，故法庭驳回了 Uber 关于要求"即决判决"的动议。

同年 12 月，法庭作出决定，将 Uber 案确定为集体诉讼，诉讼主体包括 Uber 和与之直接签订合同的所有司机。2016 年 1 月 27 日，Uber 上诉至第九巡回法庭请求延期审理，但被驳回。

Uber 案原定于 2016 年 6 月 20 日在旧金山开庭，主审法官为联邦地区法院的法官爱德华·陈（Edward Chen）。但最终，Uber 以 1 亿美金的补偿金与加州和马萨诸塞州近 38.5 万名司机达成和解。达成和解后，Uber 旗下的司机仍将是独立承包商。虽然行政法官和加利福尼亚州失业保险上诉委员会认为司机与 Uber 之间属于劳动关系，但法院最终还是选择了较为谨慎的判断。

美国的 Uber 劳动争议案件是互联网平台时代比较典型的类型。在该案中，美国相关方面的做法，一种是试图先通过法律界定劳动关系，将劳动者纳入进法律层面进行保护；另一种则是将劳动者的身份问题先搁置一边，转而从在分享型经济中如何保护各方利益的角度来思考问题，从而为这个问题的最终解决提供支撑。

对此，虽然经济界显然有不同的看法，但美国法律界还是认可网约车司机具有雇佣法上的劳动者身份；法官也没有坚持己见，而是谨慎地兼顾了各方的意见。

笔者认为，主要可以从以下三个方面来理解美国的处理方式。

第一，兼顾各方的利益。在调节网约车司机与平台之间矛盾的同时，要兼顾消费者的权益，只要承认劳动者身份，那么对于最重要的劳动报酬费如何分配这一问题，以最低工资标准为底线的要求就是再简单不过的了。但一旦变成那样，对于消费者的服务质量也势必会下降，因为司机的激励模式消失了。从案件处理的结果来看，并没有发生这样的事。事实上，Uber 同意司机收取小费，这不仅增加了网约车司机的收入，而且将激励劳动者的权利交到了消费者自己手里。

第二，探索行业的自我管理。从经济学上来理解，政府干预（包括法律干预）都是在市场失效的情况下进行的，而互联网市场可以很好地避免信息的滞后性和不对称性。所以，政府执法以及立法的重点应该在于平台信息的透明化以及对个人信息的保护上。从 Uber 和解案的内容来看，最重要的是成立了"司机协会"，并且建立了与 Uber 管理层定期沟通的机制。司机协会非常像工会但又有别于传统的工会，从而在事实上形成了 Uber 和网约车司机对服务的共同监管。

第三，逐步探索保护劳动者的新机制。美国 Uber 和解案给我们的不仅仅是启示，还有许多可以借鉴的地方。

事实上，作为"互联网+"新形势下劳动关系的认定，需要融入"互联网+"的思维，深刻理解"互联网+"的特点。否则，对同一个认定劳动关系的案例可能会有不同的判决。一方面，我们应对"互联网+"等各种新经济模式持包容、开放的态度；另一方面，则需要解决立法技术及实践操作等问题。

由于司机可能同时与多家专车预约平台建立合作关系，因此，在判定专车预约平台、汽车租赁公司或劳务公司是否对司机进行用工管理、司机是否与多家公司同时存在劳动关系等问题时，应根据具体情况进行具体分类和分析，而不应笼统地认定专车预约平台与司机之间存在劳动关系。

第二节 经纪公司和直播艺人的劳动关系

【知识概述】近年来随着网络经济的发展，出现了很多视频直播平台，如优酷、土豆、抖音、快手等，这些互联网衍生的新经济关系和新业态，其用工管理问题越来越多地冲击着我们对传统的劳动关系的考量。

【问题提示】新业态企业或者关联企业与直播艺人之间是经纪关系还是劳动用工关系？

【案例导读】上海某文化传播公司主要从事网络在线视频的直播业务、经营性演出和经纪业务等，该公司还具有文化广播影视管理局核发的"营业性演出许可证"。该公司共有两类人员，一类是订立劳动合同的员工，共 55 人；另一类是签约合作的艺人，共 40 人。

这 40 名艺人均为女性，平均年龄为 22 岁，部分是在校学生。公司与她们共签订 3 份合约：一是"艺人视频直播演艺经纪人合同"，其中对合同期限、双方权利和义务、保密及竞业限制、酬金、税费等都作了约定；二是

"保密协议",是为保守甲方技术及商业秘密而进行的约定;三是艺人签署的"确认书",以明确双方不存在劳动关系。

本案中,上述直播艺人举报该文化传播公司存在工作时间的规定不合理、克扣工资、未按规定支付加班工资等违反劳动法的行为。

该文化传播公司与优酷、土豆、腾讯等网络公司(平台)签订了项目"合作协议",并组织艺人在这些网络平台上提供在线视频直播表演。其表演的内容包括聊天、唱歌、跳舞、与上网粉丝互动等;每名艺人都有一间单独的演播室进行表演,并通过直播的方式直接上传网络。

上网的客人可通过登录该艺人在平台上的账号观看其表演,还可以用购买网络币的方式"打赏"或送礼给艺人。一般而言,艺人的粉丝或客人越多、表演越出色,则"打赏"和礼物也会越多。"打赏"一般按月由优酷、土豆、腾讯等网络平台公司先按协议结算并提取收益,再将剩余部分返还给该文化传播公司,该公司再按合同约定比例与艺人分成。

该公司执行的规章制度中有一条涉及艺人,即"关于工作时间和考勤管理"的规定,其余则按"艺人视频直播演艺经纪人合同"中约定的条款执行。

公司要求:艺人每周直播6天,每天5~6小时,即每周播满约36小时;艺人到公司直播时须签到,但对直播的起始时间不作严格的规定,24小时均可,且在6小时的直播中,也可自行安排吃饭、休息等。

公司对于直播场地也不作严格限制,大多数艺人会在公司演播室进行直播,但因演播室数量有限,需要提前预约演播时间,由公司进行统筹安排;如艺人不在本地甚至在国外,也可通过手机在线直播,公司会按网络平台上艺人当月的实际直播时间累计计算。

按照艺人视频直播演艺经纪人合同的约定,艺人的酬金分为两部分,即服务费+业绩。其中,服务费相当于双方约定的"保底酬金",业绩即"打赏"提成。实际酬金按照服务费和业绩的实际情况分为三个档次,分别是服务费3 000元+业绩、服务费4 000元+业绩、服务费5 000元+业绩。如果艺人当月直播未满24天(每天6小时、每月140小时),则每少一天扣除一天的服务费;如果当月直播时间为满勤,但业绩未达到3 000元的最低标准,则按3 000元支付。

另外,公司对新进艺人组织培训,主要目的是让艺人了解公司情况及从事的主要业务、对外宣传口径等。同时,公司为提高艺人演艺水平,也会组织对艺人进行表演方面的专业培训,如舞蹈、唱歌等。根据合同约定,公司营销部和市场部会在平台上定期策划和举办活动,活动期间由公司统一对艺人进行包装、组织排演集体节目等,以吸引网上客人。公司称这些培训主要是为保证演出质量、推出优质直播女艺人、维护上线粉丝数量。

对于上述直播艺人的举报内容,本案所涉的是互联网企业中网络直播女艺人劳动关系的认定和把握。虽然是个案,但是据官方媒体报道,全国已有几百家类似的直播平台,其影响显然不容小视。新型企业(或关联企业)与其人员之间是经纪关系还是劳动用工关系?这是认定本案中直播女艺人与平台是否存在劳动关系的关键。

确认劳动关系是否成立,目前主要依照《关于确立劳动关系有关事项的通知》(劳社部发〔2005〕12号)第一条之规定,即用人单位招用劳动者未订立书面劳动合同,但同时具备下列情形的,劳动关系成立:①用人单位和劳动者符合法律法规规定的主体资格;②用人单位依法制定的各项劳动规章制度适用于劳动者,劳动者受用人单位的劳动管理,从事用人单位安排的有报酬的劳动;③劳动者提供的劳动是用人单位业务的组成部分。

本案中,通过对上述查处情况的分析,根据认定劳动关系的相关规定,笔者认为该文化传播公司与40名签约艺人之间不存在劳动关系,理由如下。

一是无明显的劳动关系人格从属性和经济从属性特征。本案中,公司对艺人的所谓管理,实质是基于演艺行为的管理权,是由演出经纪关系衍生出来的管理行为,而非基于劳动关系的管理行为。

因为,公司对于演出直播的内容不作规定和要求,直播内容完全是艺人个人自由意志的表现,具有不确定性;艺人不仅可以自由发挥,而且会根据对方客人的要求而进行变化和调整。这种不确定性还表现为演出时间和场所都有很大自由度,可以在公司播,也可以在外地用手机直播,24小时不限,只需要保证达到网络直播时间即可,等等。所以,双方的从属性关系不明显,艺人有较高的自由度;公司未行使实际意义的指挥和管理,更无因此而产生违纪处理等后果。

从经济从属性角度看,双方约定的是保底酬金,而非工资底薪;业绩是利润分成的概念,因为这些钱都来源于艺人直播后客人的直接"打赏",并非公司接到任务后分派给艺人,再由客人把钱支付给公司,而是由艺人与网络客人之间直接成交的,艺人越受欢迎,其收益越大。故艺人收益的多少完全由其个人掌握，与公司没有直接的经济从属性关系，而更多体现为一种民事合作关系。

二是直播女艺人与公司之间无建立劳动关系的合意。因为劳动关系的建立除了法定主体、客体及权利义务的要求，实际上必须有双方的合意。

本案中，公司与直播艺人（在校生除外）主体适格，虽然在认定劳动关系上有部分表现形式处于"两可"的情形，但双方的合意明确，主要表现为：艺人与公司之间签订的是"艺人视频直播演艺经纪人合同"，而非劳动合同，且其另行签订的"确认书"进一步明确了双方不存在劳动关系，而是演出经纪关系；约定公司不为艺人代缴社会保险，并在征询本人意见后，艺人自己认可要求签订演出经纪合同。这充分说明，双方合意实为演出经纪关系而非劳动关系。

故，双方合意表示充分、证据确凿，此二份合约可作为判断其之间关系的主要依据；若认定是劳动关系，则与《劳动合同法》规定的订立合同自愿原则相背。

本案中，虽然在管理、指挥形式上，公司有部分管理行为反映出劳动关系的一些特征，特别是一些涉及公共管理的行为。但此管理权相当"微弱"，甚至弱到可以忽略不计。此种情形在互联网经济日益发达的当前已经出现在很多类似的新型企业中，如滴滴打车、优步、P2P、O2O、淘宝等。这些企业人员流动大、灵活度高，其用工方式已经不再是传统的公司+员工的方式，而是平台+个人。

这种情况下，如果认定双方存在劳动关系的话，则这些经济组织对与其形成劳动关系的劳动者应承担相应的法律责任，包括支付工资报酬，支付未签订劳动合同的双倍工资，缴纳社保费，支付解除劳动关系的经济补偿和赔偿金，等等。

对上述企业和个人来说，如果非要认定其存在劳动关系的话，则无疑又让用工模式回到原来的传统形态，而与国务院2015年6月发布的《关于大力推进大众创业万众创新若干政策措施的意见》中"消除不利于创业创新发展的各种制度束缚和桎梏，培育新兴产业"之导向显然不符。这也是此案值得引发的讨论和思考。

新型企业的发展是市场的需要和必然，我们应直面它带给我们的新情况和新问题；针对互联网新型用工形态及其从业人员的劳动关系认定，应当采取审慎态度综合考虑。我们更多应从如何让新型企业及其从业人员更好地在市场经济中生存，在强化其社会保障的同时又不阻碍新型企业的发展等角度出发，推动新型企业在"互联网+"背景下的良性发展。

对于上述观点，也存在完全不同的意见，即认为经纪公司与直播艺人的关系属于劳动关系，应由劳动法加以调整。此类观点认为，应知晓艺人和公司所签合同的性质。毕竟，经纪合同是连接演艺公司和艺人的媒介，是演艺经纪制度的核心和灵魂。其观点具体如下。

首先，当前演艺经纪合同的内涵与外延正在发生变化。演艺经纪合同、艺人演艺代理合同、艺人演艺代理协议书等种种谈及艺人和演艺公司间的合同，名称可谓五花八门。在这些复杂名称的背后，还往往有包罗万象的内容：代理演艺事务，如对艺人进行商业包装、培训等。

内容和形式一旦复杂化，则学界和业界对演艺经纪合同的性质判断的分歧就产生了。有的主张其应为居间合同，有的判定其属于影视行纪合同，有的则将其归为混合合同，林林总总，不一而足。

在笔者看来，演艺经纪合同多为劳动合同，演艺公司与艺人之间也多应由劳动法及相关法律法规予以调整。虽然艺人与演艺经纪公司签订的合同名义上多为经纪合同，但翻阅其内容可知，其主要条款多为演艺公司有权为艺人安排演艺活动，艺人不得聘请签约演艺公司之外的任何第三方担任经纪人，艺人应遵守经纪公司的规章制度，等等，其实际内容已远超"经纪"一词的内涵和外延。

其次，演艺公司自身及其与艺人的关系也在发生变化。演艺公司自身的变化，也为其和签约艺人之间多为劳动关系这一点提供了"实锤"。众所周知，伴随影视行业发展，越来越多的演艺经纪机构已不满足于单纯的"中间人"身份，而是向上下游不断延伸，积极参与策划、组织、制作、培训等产业链环节，实现经纪、经营并重已成为不少演艺经纪机构的共同选择。例如，华谊兄弟传媒公司就是由华谊经纪公司发展而来的，SNH48所属的上海丝芭文化传媒有限公司的前身是上海久尚演艺经纪有限公司，唐人影视公司则将艺人分为旗下艺人和代理包装宣传的艺人等类别，等等。

如此变化，不仅意味着演艺公司向艺人提供的服务更多，承担的责任更大，而且许多演艺经纪公司掌握了选拔、培训、制作等关系艺人前途与命运之权，并要求艺人服从其规章和制度管理、服从并完成其下达的各项任务等，从而使艺人对公司的服从度提高,自由度降低,双方之间的从属性也越来越强。从属性正是劳动关系的本质特征,其具体表现为用人单位与劳动者在人格、经济、组织等方面所具有的管理与被管理关系。

此外,艺人和演艺公司之间关系的长期性也进一步增强了双方关系为劳动关系的可能。虽然关系存在之长短并非区分劳动、劳务、委托、代理关系的绝对标准,但劳动关系往往具有时间的稳定性和长期性,其他类型关系则往往带有一次性、临时性等特征。因此,该标准也可在一定程度上作为区分标准。

考虑到艺人选拔、培养等周期的漫长以及投入的巨大,演艺公司为充分占有艺人职业黄金期,往往倾向于与艺人签订较长的工作期限。例如,在美国,演艺公司和艺人之间的工作期限一般规定在7年以下;在韩国,工作期限一般在10年以下;在我国,则一般在5~10年。

最后,演艺公司和艺人之间主要问题应适用劳动法。由于我国当前对劳动关系的认定尚无法律性标准,实践中多以《劳动和社会保障部关于确立劳动关系有关事项的通知》(以下简称《通知》)为据。根据《通知》精神,传统的劳动关系认定标准主要有4个:主体资格合法性、从属性、有组织性、有偿性。

根据该标准,再结合以上对演艺公司及其和艺人关系的分析,可以清楚地看出,演艺公司和艺人之间主要问题适用劳动法的规定,其他没有规定的,则可以按照合同意思自治来进行处理。

【案例评析】上述案例反映了互联网技术的发展对劳动关系所产生的重大影响。近年来,依托互联网平台就业的网约配送员、网约车驾驶员、货车司机、互联网营销师、直播平台的主播等新就业形态劳动者的数量大幅增加,维护劳动者劳动保障权益面临新情况、新问题。

其中最突出的问题是,这些新就业形态中的劳动者往往会因工作中出现的劳动报酬、经济补偿、伤亡事故等事项而与相关的平台公司发生劳动争议,而解决这些争议的前提便是确认双方是否存在劳动关系。对于这种互联网平台就业模式,用人单位与互联网平台劳动者之间究竟是传统用工意义上的劳动关系,还是劳务关系或其他民事法律关系,就成为实践中一个争议较大的问题。

为此,争议的双方当事人出于各自的利益,提出了截然不同的观点。加之各平台公司的管理模式存在强弱不同、环节数量不同等缘故，以及部分企业在用工制度标准方面欠缺一定的规范化，并企图通过触碰法律规定未涉及的灰色领域以谋求自身利益的最大化，从而导致劳动关系认定方面争议较大。这也在一定程度上增加了互联网平台劳动者在工作过程中产生的劳动争议案件的数量。

此外，这一问题也是当前学界备受关注和热议的焦点问题之一。因此，在目前相关理论和实践判决依据并无统一标准的情况下，如何适当调整和改进现行劳工政策，已成为亟待解决的问题。

要讨论平台企业用工，就要确定用工平台的类型。关于平台分类，学界目前并没有统一标准和共识，一个较为普遍的观点是根据平台在劳务交易中的地位和功能，将其分为自治型平台和组织型平台。

自治型平台的功能是提供虚拟交易场所及交易规则，劳务供需双方提供交易平台并收取服务费，不参与劳务交易及定价，其性质属于提供中介的服务。

组织型平台则是劳务交易的组织者和参与者，其分别与劳务供需双方缔约。此类平台提供的不仅仅是虚拟交易场所，而是基于互联网创设远程交易路径并制定交易规则，统一集成在终端 App（Application，应用程序）中。劳务供需双方注册并使用该 App 的行为，包含承认平台交易规则和使用网络交易路径这两方面的内容。外卖、配送、快递、代驾、网约车等主要用工平台均属于组织型平台。

在实际生活当中，组织型平台既是组织者，又是交易一方的工具，谁控制平台，谁就控制了劳动过程。换言之，组织型平台的劳动用工，实际上是平台的控制者作为直接或间接的劳动力使用者，来为客户服务并获取利润。本书所讨论的平台用工即为组织型平台的用工问题，所涉及的行业主要为上述行业。

第一，互联网平台公司与劳动者之间管理模式的现状。不论是从事餐饮配送行业（如美团、饿了么等）的互联网平台公司，还是从事运输、物流业务（如滴滴、货拉拉、顺丰快递等），以及从事大众娱乐的直播平台公司，其与劳动者（在不同的行业有着不同的称谓，如外卖骑手、快递小哥、司机、主播或主持人等）存在的不同的用工管理模式，大致可分为三种：强化管理、弱型管理、委托第三方管理，分述如下。

一是强化管理模式。互联网平台公司为保证其业务及时有效地完成,会对一部分劳动者进行严格、规范的管理。以携程网平台的全职指派网约车司机的营运模式为例,该模式是指全职网约车司机通过平台公司提供接单软件进行订单服务,平台公司在司机开启指派模式之后开始优先派送订单给特定司机进行服务,司机全面接受来自平台的管理规定并与平台签订相关协议,加入平台并以全职指派方式进行营运。工作订单安排会在订单实际执行的两天内发派到司机的携程司机端账号内,指示司机在确定的工作时间打开软件,完成确定上岗的操作要求,并在指定的时间内按照系统指派的运营路线接送乘客,采用特定的工作流程与话术与乘客进行交流并完成服务。

一般来说,该种模式下,双方通过网约车服务协议(有的称车辆租赁协议、劳务协议、合作协议等)约定平台与司机各自的权利与义务。网约车司机需要按照协议与服务规则提供服务,遵守网约车平台公司与第三方企业内部的管理流程与相关制度,完成标准化的服务流程,参与等级化的服务评价体系,等等。例如,约定一定的服务分,在薪酬福利方面约定具体的提薪日等。在工作时间方面,携程公司对于全职指派司机是有标准的工作时间的,如实行一日三班倒的工作时间,每一组工作时间为 8 小时,具体运作方式是通过当地"携程司机供应商"旗下的"携程全职运力组"进行管理;并且有严格的请假制度,请假须通过司机端系统申请审核通过;强调以"完单宝""订单提成"等方式鼓励司机增长在线服务时间,并通过节假日补贴等方式激励司机自动放弃假期休息;等等。

除携程公司以外,其他互联网平台公司也存在着类似的管理模式,如一些外卖及快递平台公司。此类公司管理的骑手通常分为专送骑手和众包骑手。对于专送骑手,这些骑手不仅要遵循外卖平台的工作要求,而且要服从签约站点的管理;每天需要定时打卡上下班,有考勤要求;必须遵守公司的管理制度,同时享受公司的福利待遇。

专送骑手的工作过程分为接单和送单。平台通常自主派单,当骑手打开 App 开始上线工作时,平台就会根据骑手的相对位置和过去绩效的综合表现来为骑手派单。对于平台的派单,骑手可以选择拒绝,但是如果拒绝的次数过多,骑手派单的优先级将会下降。这样,在后续的派单中,平台会优先派单给拒绝率低的骑手。此外,专送骑手还需遵守配送公司制度规定,接受公司管理。例如,一天中 10:00—14:00 以及 17:00—21:00 这两个时间段必须在线。

二是弱型管理模式。除了上述强化管理模式以外，互联网平台公司为了鼓励更多人参与公司业务活动，完成互联网平台公司获得的大量业务信息，会向社会上的众多劳动者提供一种相对柔性管理的方式。

与上述强化管理模式不同，该模式弱化了对劳动者的劳动过程的管理，而更强调劳动者的劳动结果，并以结果计酬。以携程网平台的兼职指派网约车司机的营运模式为例，该指派模式的派单方式与全职指派模式一样，只是在管理上要弱于全职指派司机。

所以，兼职司机大多数有本职工作或通过网约车进行过渡的人，其在工作之余才进行网约车服务，可以通过抢单平台指派订单进行营运服务，工作时间自由不受约束，无相关强制性管理规定，只需要符合平台一般规定就可参与营运服务。

兼职司机可以通过"出车""收车"按钮自主确定营运时间，自主选择休息日期。司机在保障携程订单完成度不受损害的前提下，有接收其他平台订单的自由。调查显示，大部分兼职指派司机的收入来源不止从事网约车这一项。在资金结算方面，兼职司机也同样按照系统结算日期进行提现。调查显示，兼职司机普遍认为自己在携程司机端的资金结算提款较为容易。

和上述携程网公司管理一样，快餐、快递行业也存在弱型管理模式，即对于众包骑手的管理比较松散，这些众包骑手工作时间比较自由，甚至对装备也没有强制性要求，其可以选择不买，而只穿自己的私人衣服。专送骑手则需要配置专门的装备，服饰、头盔、保温箱等都是必备的，上班就必须穿制服，以显得更加专业化。

众包骑手接单的方式主要是抢单，对于App抢单大厅中的外派单，骑手可以选择是否抢单。接完单之后，骑手需要在规定时限内将物品安全送达目的地，最终获得这一单的收入。

三是委托第三方管理的模式。有些互联网平台公司采取劳务派遣或外包等合作用工方式，组织劳动者完成平台工作。在这种模式下，互联网平台公司实际上属于用工主体，不直接管理劳动者。

第二，互联网平台公司与劳动者之间的劳动关系认定问题。不论在何种管理模式下，均可能出现因劳动关系的认定而引发的劳动争议。这类劳动争议最集中的表现就是两类：一类是劳动者在提供劳动的过程中自身遭受了伤亡；另一类则是劳动者在提供劳动过程中给第三方造成了伤亡。

一是因劳动者自身遭受伤亡所引起的劳动关系认定问题。近年来，互联网平台公司为了提高劳动者工作效率，建构其自身完备的生态系统，不断凭借大数据、算法、资本等优势，对劳动者掌握了支配权，制定了一系列完成订单的规则体系，在该系统内的骑手、员工只能服从。

在平台公司的"极限施压"下，许多劳动者为了尽快完成订单，经常在送单途中不得不采取超速行驶、逆向行驶等危险做法。加之平台公司一般实行计件工资制，劳动者的报酬是根据其完成订单的多寡而计算得出的。于是，为了获得更多的报酬，这些劳动者时常超时工作，加班加点，每天的工作时间通常在10个小时以上，吃饭也没有规律。种种因素必然导致劳动者自身出现伤亡事件。

例如，据搜狐网报道[1]，2020年12月21日上午9时，外卖骑手韩某伟如往常一般骑着标有"饿了么"商标尾厢的电动车，打开手机"蜂鸟众包"App开始接单配送。在此之前，他还为自己在太平洋保险投保了一份1.06元的旅行人身意外伤害险。当日9时13分，韩某伟接到第一个配送订单，不久便迎来午餐时的配送高峰期。其家属提供的平台配送记录显示，12月21日当天，韩某伟累计接到33单，仅11时至12时内就有12个订单。"他是下午2点到3点之间吃饭休息的。"韩某伟的弟弟韩某某这样告诉新闻记者。韩某伟当日在吃完午饭后（即21日下午2时57分）就开始接单配送，却在下午5点多送餐途中出了意外，于途中猝死，时年43岁。

上述这一事件所显示的劳动者的工作状态，在互联网平台用工领域具有普遍性，即使对那些弱型管理模式下的劳动者而言也是如此。表面上看，劳动者在工作量、工作时间、工作地点等方面有一定的自主权，但由于在工作中必须接受平台公司制定的各种送单规则，所以必然会对平台公司产生严重的经济依赖性，因此也极易出现劳动者工作过程中的伤亡事件。

此类事件发生以后，平台公司多认为自己与发生事故的劳动者不存在劳动关系而拒绝承担工伤责任。例如，上述案例发生以后，饿了么平台公司只愿意出于人道主义，向当事人家属赔偿2 000元。当事人家属则认为平台公司已与劳动者形成了劳动关系，因而要求平台公司给予其工伤待遇。

---

[1] 搜狐网：《饿了么43岁外卖员，送餐时猝死?》，https://m.sohu.com/a/552156109_121354896/。

二是因劳动者给予第三方造成伤亡而引发的劳动关系认定问题。在互联网平台公司与劳动者之间，除了发生上述因劳动者自身在工作中出现伤亡事件的劳动争议以外，还有另一类案例时常出现在媒体的报道中，即因劳动者在工作过程中给第三方造成伤亡而引起的劳动关系认定问题。

在近年来的报道中，互联网平台公司的劳动者为了及时完成订单，在送单过程中经常采取抢道、逆行、闯红灯、骑行看手机等交通违法行为，由此引起不少交通事故，导致第三方遭受伤亡。在这些案件的审理过程中，互联网平台公司与劳动者之间的劳动关系认定问题时常困扰着有关各方。

梳理现有的司法实践可知，如果骑手与外卖平台公司签订了劳动合同，则骑手属于外卖平台公司的员工，其在执行工作任务过程中造成他人损害的，应由作为用人单位的外卖平台公司承担赔偿责任。但在多数情况下，外卖平台公司采取的是灵活用工模式，与外卖骑手没有签订劳动合同，而采取"外包"或者"众包"等模式招募骑手。在此种情况下，如果没有责任保险或者责任保险无法覆盖受害人的全部损失，则外卖平台公司是否仍应当对受害人的损害进行赔偿，对此存在分歧。

一种观点认为，外卖骑手在送餐途中穿着互联网外卖平台的统一制服、佩戴统一头盔，并且外卖骑手也受平台管理，工资由平台发放。因此，当外卖骑手发生交通事故致第三人损害时，平台经营者应承担赔偿责任。

另一种观点则认为，灵活用工模式下，外卖平台经营者和骑手没有签订劳动合同，平台对骑手的管控较弱，并且骑手造成第三人损害大多是由骑手超速、闯红灯等自身行为引起的，不应当由平台承担责任。

针对这一问题，在如何认定互联网平台公司和劳动者之间的劳动关系方面，由于缺乏明确的法律规定，司法实践中在处理这类案例时经常出现"同案不同判"的结果。

第三，互联网平台公司不同管理模式下的劳动关系认定建议。在互联网平台公司不同的管理模式下，针对互联网平台公司与劳动者之间的劳动关系认定问题，学界出现了不同的观点。

有学者认为[①]，现行法上的劳动关系判断标准不能完全适应互联网用工的实际情形，必须在现有法律规定基础上引入新的判断因素。若将互联网从业

---

① 钱玉文：《论网约车交通事故中的民事责任配置》，摘自《政治与法律》2021年第12期，https：//www.jfdaily.com/sgh/detail? id=764358。

者认定为劳动者,享受劳动者的全部福利与待遇,则互联网平台将承担税费、保险等额外负担,这种巨大的成本对于轻资产运行的平台公司来说将是毁灭性灾难。对此该学者认为,应引入"类雇员"的概念,即认为互联网平台公司与劳动者之间不存在传统的劳动关系(即传统的劳动关系强调双方的人身隶属性、经济隶属性与组织隶属性),双方最多存在经济隶属性,而不存在人身隶属性。

也有学者持谨慎的不同意见[1],此类学者认为,互联网平台公司的管理模式中存在以下两种情况。

其一,表面的松散管理与内在的严格控制。平台企业与劳动者的关系看似松散,但用人单位在实现预期结果的方式和方法方面的控制力并未放松,并且其凭借先进的科技手段而不断得以加强,从而实现了以高科技控制劳动过程并深刻影响绩效产出的目的。

如果忽视平台企业对劳动者实质性的严格控制,而只突出其未对劳动者实施日常直接管理的表象,则不但会掩盖变化的工作世界的雇佣特点,而且会忽略和限制雇佣关系的内涵。因此,平台企业以不对劳动者进行传统的日常管理为理由,并不足以支持其否认与网约车司机、快递员、送餐员等平台劳动者的劳动关系。

其二,形式上的独立自主与实质的人格从属。人格从属性是指劳动者因需要服从雇主指挥、驱使而受到的人格约束。对于平台劳动者来说,其劳动过程基本已由应用系统(即 App)规划,劳动者在平台上的任何操作都在互联网企业已设定的程序范围之内,平台可随时对劳动者的劳动过程进行监督控制。

虽然平台对劳动者的这一控制指挥形式不同于传统雇佣关系中管理者直接下达指挥命令的方式,但从互联网平台的用工关系实质来看,互联网经济中的劳动者受到的却是相比传统企业的直接监控更加严格的人格约束,互联网经济中的劳动者的人格从属性表现得更为突出。

因此,此类观点认为,在认定双方的劳动关系时应考虑上述因素,而不能随意将之认定为非劳动关系。

笔者认为,上述学者的观点都有一定道理。针对互联网平台这一新型用

---

[1] 常凯:《平台企业用工关系的性质特点及其法律规制》,https://baijiahao.baidu.com/s?id=1709210025558893312&wfr=spider&for=pc。

工行为，既要强调保护劳动者这一劳动法的立法宗旨，又要考虑促进平台经济健康发展的国家政策。

对此，应从劳动关系的特征及其性质的角度加以认定，劳动关系最主要的特征便是强调用人单位需要提供生产资料，包括各种生产工具或设施、办公场所等；劳动关系最主要的性质便是强调用人单位对劳动者劳动过程的管理，以体现用人单位对劳动者劳动过程的管理、监督和支配。

基于此，我国于 2005 年 5 月 25 日发布的《关于确立劳动关系有关事项的通知》强调，劳动关系的认定主要以"从属性"强弱为判断依据，主要有人格从属性、经济从属性和组织从属性等三大判断标准。其中，人格从属性以劳动者是否必须遵守用人单位规章制度以及相关管理制度为标准进行判断；组织从属性以用人单位对劳动者人身、工作内容"控制强弱"为核心进行判断；经济从属性主要以劳动者的收入来源是否主要依靠用人单位，以及劳动者提供的工作内容是不是用人单位收入来源的重要组成部分等为判断标准。笔者认为，这些劳动关系认定的原则以及标准仍然适用于互联网平台公司，具体分析如下。

第一，强化管理模式下互联网平台公司与其新就业形态劳动者属于劳动关系。在强化管理模式下，互联网平台公司对其劳动者进行了严格、规范的管理，在工作时间、请假制度、工作流程、劳动报酬的标准及提取方式、完成的工作量以及绩效考核等方面，制定了一系列要求劳动者必须遵守的规章制度，从而显示出劳动者对用人单位具有较强的人身、经济和组织等方面的从属性。因此，双方的关系应认定为劳动关系，如前文所述的携程网全职指派网约车司机的营运模式、外卖以及快递平台公司的专送骑手等。

在这些管理模式中，作为用人单位的平台公司对劳动者劳动控制性极强，这种控制不仅包括对劳动者的劳动时间、劳动场所、劳动方式的约束，而且包括对劳动过程中与劳动结果直接相关的各种具体的决定性指示，并要求劳动者加以服从，从而使劳动者利用其自身劳动的自由丧失。

现实中，一些用人单位为了规避自己作为用人单位的法律责任，不和劳动者签订劳动合同，而与之签订劳务合同、合作协议、车辆租赁协议、主播经纪合约、服务协议等。更有甚者，部分平台企业诱导或强制新就业形态劳动者注册为个体工商户，以此规避其在劳动关系中的用人单位责任。

针对这些情况，认定平台公司与劳动者的劳动关系时应坚持"事实优先原则"，具体应根据用工合意（主观意愿）、用工过程中的管控度（接受管理程度）、劳动者对平台收入的依赖程度（人身从属性）、工作时长（经济从属性）等四个方面因素，综合作出对其劳动关系的认定。

既然在强化模式下，互联网平台公司和劳动者之间的关系应认定为劳动关系，那么处理双方之间的劳动争议就应按照劳动法规的规定，互联网平台公司应按照《劳动法》的规定承担和履行用人单位的责任。如果劳动者在提供劳动过程中发生了自身的伤亡事故，且事故发生前互联网平台公司没有为其缴纳工伤保险，则应认定劳动者为工伤，并由互联网平台公司按照工伤保险法规的有关规定和标准，向劳动者或其家属支付工伤保险待遇。

同样，如果劳动者在提供劳动过程中发生了造成第三方伤亡事件，由于互联网平台公司和劳动者之间的关系属于劳动关系，则劳动者的行为就属于职务行为，其工作过程中给第三方造成伤亡的，用人单位亦须承担相应责任。

第二，弱型管理模式下互联网平台公司与其新就业形态劳动者的关系应认定为劳务关系。由前文可知，在弱型管理模式下，互联网平台公司对新就业形态劳动者的管理相对弱化，劳动者相对比较自由。平台公司一般不强制安排劳动者工作量，而由劳动者自己决定抢单的数量；劳动者的工作时间比较灵活，由其自己决定工作开始和结束的时间以及每天工作的时长；工作所使用的工具、设施设备不要求统一的标准，而由劳动者自备；工作地点也不固定，而由劳动者选择。尤其是，平台公司还同意劳动者同时在不同的平台工作。

通常，此类平台公司仅对劳动者的劳动结果有要求，而对劳动者何时、在何处、如何完成劳动结果没有具体要求；或平台公司虽会对劳动者发出某种指示，但劳动者可以不接受这种指示，或虽需要接受该指示，但尚未到强制劳动者丧失自由使用其劳动的程度。这种情况下，则不应认定劳动者的劳动从属于平台公司。

这一管理模式满足了网约配送、网约出行等城市生活的刚需这一新生事物。随着消费者网购类型的多样化，以往3日到达的时效已不能满足其需求，外卖、生鲜、药品等的即时属性使其需要更快速送达消费者手中。

由此，海量的市场需求使得依托平台公司的配送员就业呈规模化增长，并迅速转换成拉动消费增长，成为吸纳农民工等劳动者就业的新业态和支柱性行业，从而有力支撑了新旧动能转换和从充分就业走向高质量就业的结构升级。网约配送员、网约运输是新型用工方式之一,其零工就业、共享就业的特点明显,反映出新生代农民工更愿意弹性工作而非去工厂流水线上班等就业特点。

针对网络时代出现的这样新业态,不能简单地用工业化时代的劳动关系思维来看待和管理。任何新事物都会经历先发展、后规范,边发展边规范,以规范促发展的过程。鉴于此,新业态模式下的平台公司和劳动者之间的关系不应被认定为传统的劳动关系。因为该模式不符合传统劳动关系的性质和特征,因而适用传统劳动法规去调整和规范该模式下劳资双方的关系是不适当、不合理的。

例如,最低工资标准方面,如果按照《劳动法》的要求,则平台公司每月应向劳动者支付不低于当地最低工资标准的劳动报酬,而这对于平台公司来讲是不公平的。因为,劳动者从事的工作量和工作时间是由其本人决定的,并且这类劳动者往往有多份收入来源(有的是兼职,有的是在多个平台公司提供劳务)。

针对这一模式,有一种观点认为,其属于非典型的劳动关系。例如,2021年,人社部、国家发展改革委、交通运输部、应急管理部、国家市场监管总局、国家医保局、最高人民法院、全国总工会等八部门出台的《关于维护新就业形态劳动者劳动保障权益的指导意见》(人社部发〔2021〕56号文)第一条第(二)项规定,"不完全符合确立劳动关系情形但企业对劳动者进行劳动管理(以下简称不完全符合确立劳动关系情形)的,指导企业与劳动者订立书面协议,合理确定企业与劳动者的权利义务"。

该指导意见第二条第(五)项规定,"健全最低工资和支付保障制度,推动将不完全符合确立劳动关系情形的新就业形态劳动者纳入制度保障范围。督促企业向提供正常劳动的劳动者支付不低于当地最低工资标准的劳动报酬,按时足额支付,不得克扣或者无故拖欠。引导企业建立劳动报酬合理增长机制,逐步提高劳动报酬水平"。

从这份指导意见可以看出,如果将一部分新业态劳动者与平台公司的关系认定为非典型的劳动关系,并且要求相关企业按最低工资标准和支付保障制度支付劳动报酬,那么,这一非典型的劳动关系仍应适用《劳动法》的一部分内容,即工资支付、法定节假日加班、劳动安全卫生等。这样一来,此类新型劳动关系在其他方面如何适用法律就成为一个有争议的问题了,如工伤问题、劳动者工作过程中造成第三人受伤的赔偿问题等，而这些恰恰是现实生活劳动争议中最突出的问题。

与之类似，有观点将该种新型劳动关系认定为弱从属性用工关系[1]，强调考虑互联网发展的现状和平台从业者保护的需要，参照安全保障义务，仅考虑工伤等基本保障，而不考虑未签劳动合同情况下的双倍工资、经济补偿和经济赔偿等对劳动者的传统保障。如果将平台公司与劳动者之间的关系认定为此种非典型的劳动关系，则必将呈现逻辑上的矛盾，既像劳动关系而又不能完全按照《劳动法》来处理，并且极易引起实务层面处理双方纠纷过程中出现"同案不同判"等结果。

基于上述分析，笔者认为，弱型管理模式所形成的法律关系应认定为劳务关系，适用相关的民事法律加以规范和调整，而不适用劳动法规。

例如，不适用最低工资标准，其劳动报酬适用"多劳多得，少劳少得，不劳不得"的原则处理；强化劳动者的主体责任，如果在劳动过程中出现了本人的人身伤害或者给第三人造成了事故伤害后果，不能适用《劳动法》中的基于无过错责任原则、让用人单位承担责任，而应参照适用民法典第一千一百九十二条的规定，"个人之间形成劳务关系，提供劳务一方因劳务造成他人损害的，由接受劳务一方承担侵权责任。接受劳务一方承担侵权责任后，可以向有故意或者重大过失的提供劳务一方追偿。提供劳务一方因劳务受到损害的，根据双方各自的过错承担相应的责任"。

换言之，如果劳动者本人受伤，其和用人单位按照过错原则承担责任；如果劳动者致使第三方受伤，用人单位承担责任后，可以向劳动者追偿。劳动者为减轻自己的负担，则可以有选择地参加一些商业保险，以降低自己在事故发生后的风险。

第三，委托第三方管理模式下互联网平台公司和劳动者不存在直接的劳动关系。在委托第三方管理模式下，平台公司不论是选择劳务派遣公司，还是通过外包业务的方式，其与劳动者均不存在直接的劳动关系。

在劳务派遣模式下，平台公司属于用工单位，其和劳动者的关系应按照《劳动合同法》的规定加以处理。在外包用工模式下，外卖平台的配送业务按片区划分，由不同配送商承包，配送商再自行招聘骑手完成工作。这种外包

---

[1] 百度网：《互联网平台与其从业者之间法律关系的认定》，https：//baijiahao.baidu.com/s?id=1712309203048584353&wfr=spider&for=pc。

机制使得外卖平台的用工主体责任被削减、转移，甚至存在通过合同约定"配送服务期间发生的所有用工风险或给任何第三方造成的人身伤害和财产损失均由配送商承担责任并保证平台免责"的情况。

对此，笔者建议可参考建筑施工工程领域中的处理方式，即如果平台公司选用的配送商存在不能承担法律责任的情形（如配送商是自然人并且"跑路"了、配送商营业执照被吊销等），或者平台公司没有按照其和配送商签订的外包合同支付相应的配送费用，则这些劳动者可以通过起诉配送商和平台公司的方式维护自己的合法劳动权益。

互联网平台公司出现的新就业形态是社会发展的一种新型用工模式。这一模式不同于传统工业社会的用工关系，由此引起的劳动关系认定问题考验着传统的劳动法理论。尤其是弱型管理模式下互联网平台公司和劳动者之间的社会关系，是通过引入国外"类雇员"的概念将其纳入劳动法调整范围之内，还是将之视为民事关系由民法加以调整，必将在相当一段时期内不断引起实务界和理论界的争鸣和探索。

第五章 大学生的劳动关系问题和退休人员再就业中的劳动关系

现代大学生在校期间进行实习、勤工俭学的情况并不少见，更有高年级学生在完成学分之后提早进入职场。那么，是否仅仅因为其在校生的身份，就无法认定大学生与用人单位之间构成劳动关系？

此外，随着我国老龄化趋势的发展，离退休人员以及超过法定退休年龄的农民二次就业的情形越来越普遍，可谓"老骥伏枥，志在千里；烈士暮年，壮心不已"。对于这些依然可为社会发挥余热的老年人，他们与用人单位的关系是否可认定为劳动关系呢？

对于上述两类人与用人单位的关系是否构成劳动关系，理论与实务界一直争议不断，甚至同类案例在不同的法院出现不同乃至完全相反的判决结果。

对于大学生的就业（包括实习），实践中一般不认为是劳动关系，但也需要具体情况具体分析，主要考虑大学生在劳动过程中是否具备劳动关系的实质要件和特征。对于退休人员尤其是已经领取退休金人员的再就业，则一般认为其不可能与用人单位形成劳动关系，而是一种劳务关系，但也要考虑现实情况。

对此，各地出台了一些新规定。例如，浙江省人力资源和社会保障厅、浙江省财政厅和国家税务总局浙江省税务局等三部门于2018年7月18日发布了《关于试行职业技工等学校学生在实习期间和已超过法定退休年龄人员在继续就业期间参加工伤保险工作的指导意见》，该意见扩大了工伤保险覆盖范围，试行将部分大学生和未享受基本养老保险待遇的超龄人员纳入当地工伤保险范畴；规定纳入试行参保的实习生暂限于由职业技工院校集中统一安排的学期性实习学生，且年龄不小于 16 周岁；纳入试行参保的超龄就业人员暂限于未享受机关事业单位或城镇职工基本养老保险待遇人员，且男性不超过 65 周岁，女性不超过 60 周岁。这一规定的前提是，承认上述人员与用人单位形成了劳动关系。

第一节　大学生的劳动关系问题

如前所述，劳动合同是劳动者与用工单位之间确立劳动关系、明确双方权利和义务的协议。那么，对在校学生能否要求签订劳动合同呢？

对于大学生的就业，1995 年 8 月颁布的劳动部《关于贯彻执行〈中华人民共和国劳动法〉若干问题的意见》第十二条规定，"在校生利用业余时间勤工助学，不视为就业，未建立劳动关系，可以不签订劳动合同"。对于在校学生在用人单位的实习，则需要根据具体事实进行判断。

例如，对完成学校的社会实习安排或自行从事社会实践活动，以学习为目的而到相关单位参加社会实践，不存在与单位签订劳动合同、明确岗位、报酬、福利待遇、适用于用人单位依法制定的各项劳动规章制度，不存在受用人单位的劳动管理，从事用人单位安排的有报酬的劳动等情形的，不宜认定为劳动关系。

但是，用人单位与在校学生之间名为实习、实为劳动关系的，则应当认定为劳动关系。例如，双方签订劳动合同、填写入职登记表，为其建立员工档案、发放工牌、按月进行考勤管理、按固定周期及固定数额向在校大学生支付劳动报酬并且为其缴纳社会保险等行为，可以认定双方具有了密切的人身隶属关系，可以以此确认双方之间系劳动关系而非单纯实习关系。

这种以就业为目的与用人单位签订劳动合同，并接受用人单位管理，按合同约定付出劳动，用人单位明知其系在校学生的情况下仍与之订立劳动合同并向其发放劳动报酬的，可以认定双方之间形成劳动关系。

【知识概述】劳动法中的"劳动者"是一个含义非常广泛的概念，凡具有劳动能力，以从事劳动获取合法收入作为生活资料来源的公民都可称为

"劳动者"。

不同的学科对劳动者这一概念具有不同的界定。其中，社会学意义上的劳动者，是指在劳动生产领域或劳动服务领域从事劳动、获得一定职业角色的社会人。按照这一定义，凡是参与实际社会生产过程的人，都可以称为劳动者。

按照这种理解，不仅工人、农民、各类知识分子是劳动者，而且从事国家和社会管理的各级官员、企业经营者、管理者等也都可以说是劳动者。因为他们所从事的工作，均是社会生产劳动过程的一个具体构成部分。

然而，《劳动法》意义上的劳动者不同于社会学意义上的劳动者，《劳动法》意义上的劳动者是从劳动法调整对象的角度来界定劳动者的。

【问题提示】大学生就业如具备了建立劳动关系的要素和特征，就应认定为劳动关系。

【案例导读】

案例1：小丽家住海门。2006年2月，她拿着徐州某职业技术学院发给的《2006届毕业生双向选择就业推荐表》前去海门一公司应聘办公室文员工作，此时，小丽的毕业论文及论文答辩尚未完成。经公司审核和面试，一个星期后，公司便通知小丽去上班。

一上班，公司就与小丽签订了《劳动合同协议书》，协议约定：小丽担任职务为办公室文员；合同期限为1年，其中试用期为3个月，试用期月薪为500元；试用期满后，对小丽的技术水平、劳动态度、工作效益等进行评定，并根据评定的级别或职务确定月薪。

上班两个月后，小丽不幸发生了交通意外，之后便未到公司上班。小丽在治疗和休息期间，经学校同意以邮寄方式完成了论文及答辩，并于2007年7月1日正式毕业。

2006年8月，伤愈后的小丽多次向公司交涉，认为双方既然签订了劳动合同，其身份属于公司员工，应该享受工伤待遇，但遭到公司拒绝。

2006年11月8日，小丽向劳动行政部门提出认定劳动工伤申请；同时，该公司也向当地劳动争议仲裁委员会提出仲裁申请，要求确认公司与小丽签订的劳动合同无效。小丽则针对公司的仲裁申请提起反诉，请求确认合同约定试用期为3个月、试用期月薪500元等条款违法，要求月薪按社会平均工资标准执行，同时要求公司为自己办理社会保险，缴纳保险金。

劳动争议仲裁委员会于 2007 年 4 月作出仲裁裁决，认为小丽在签订劳动合同时仍属在校大学生，不符合就业条件，不具备建立劳动关系的主体资格，其与公司订立的劳动合同协议书自始无效，并驳回了小丽的反诉请求。小丽对劳动争议仲裁委员会的裁决不服，遂向海门市人民法院起诉，要求法院确认自己与公司签订的《劳动合同协议书》合法有效。

案例 2：郭某是南京某职业高级中学 2008 届毕业生。2007 年 10 月，他到益丰公司处进行求职登记，经益丰公司人力资源部和总经理审核，同意试用。郭某在填写益丰公司求职人员登记表时，明确告知益丰公司自己系 2008 届毕业生，2007 年是学校规定的实习年，自己可以正常上班，但还没毕业。

双方于 2007 年 10 月 30 日签订劳动合同，为期三年。2008 年 7 月，益丰公司以原被告之间是否存在劳动关系持有异议为由，向白下区劳动争议仲裁委员会提起仲裁申请，请求确认劳动关系不成立。

2008 年 8 月 19 日，该仲裁委作出仲裁决定，以原告系在校学生，不符合就业条件，不具有建立劳动关系的主体资格，原告与被告间的争议不属于劳动争议处理范围为由，决定终结仲裁活动。原告不服，遂提起诉讼，要求确认已经形成劳动关系。

上述案例的裁决结果如下。

案例 1 中，法院经审理认为，原告小丽已年满 16 周岁，已符合《劳动法》规定的就业年龄，其在校大学生的身份也非《劳动法》规定排除适用的对象，何况原告已取得学校颁发的《2006 届毕业生双向选择就业推荐表》，已完全具备面向社会求职、就业的条件。

被告公司在与原告签订劳动合同时，对原告的基本情况进行了审查和考核（面试），对原告至 2006 年 6 月底方才正式毕业的情况也完全知晓。在此基础之上，双方就应聘、录用达成一致意见而签订的劳动合同应是双方真实意思的表示，不存在欺诈、隐瞒事实或威胁等情形，双方签订的劳动合同也不违反法律、行政法规的有关规定。因此，该劳动合同应当有效，应对双方具有法律约束力。同时，原告小丽持《2006 届毕业生双向选择就业推荐表》与被告公司签订的《劳动合同协议书》不具备法定无效的情形。

因此，对原告的诉讼请求，法院予以支持，依法判决原告小丽与被告公司签订的《劳动合同协议书》有效。

第五章　大学生的劳动关系问题和退休人员再就业中的劳动关系

案例 2 中，法院经审理认为原告与被告益丰公司签订劳动合同时已经年满 16 岁，符合《劳动法》规定的就业年龄，具备与用工单位建立劳动关系的行为能力和责任能力。《关于贯彻执行〈劳动法〉若干问题的意见》第四条仅规定：公务员和比照实行公务员制度的事业组织和社会团体的工作人员及农村劳动者、现役军人和家庭保姆不适用《劳动法》，并未将在校学生排除在外，学生身份并不当然限制郭某作为普通劳动者加入劳动力群体。同时，意见第十二条的规定仅适用于在校学生勤工助学的行为，并不能由此否定在校生的劳动权利和推定出在校学生不具备劳动关系的主体资格。

综上，法律上并没有明确规定在校生不具备劳动关系的主体资格，故原告能够成为劳动关系的主体。原告在被告之处参加劳动的行为不属于《关于贯彻执行〈劳动法〉若干问题的意见》第十二条的情形。该条规定的是针对学生仍以在校学习为主，不以就业为目的，利用业余时间在单位进行社会实践打工补贴学费、生活费的情形。勤工助学和实习时，学生与单位未建立劳动关系，可以不签订劳动合同，不需要明确岗位、报酬、福利待遇等。

本案中，郭某的情形显然不属于勤工助学或实习。郭某在求职登记时已完成了全部学习任务，并明确向益丰公司表达了求职就业愿望，且双方已签订了劳动合同书；其在益丰公司劳动，接受其管理，并由益丰公司向其支付劳动报酬，这些都完全符合劳动关系的本质特征。

可见，学生身份并不当然限制其作为普通劳动者加入劳动力团体。只有在教育管理部门及高校本身为履行教育管理职责，督促学生圆满完成学业，明确禁止大学生在学习的同时与用人单位建立劳动关系的情况下，大学生才不得与用人单位订立劳动合同，建立劳动关系。在教育管理部门及高校本身因学生已完成或基本完成学业，从而对学生已不作此要求时，大学生参与劳动关系时应不受其身份限制。

此外，《关于贯彻执行〈劳动法〉若干问题的意见》的规定"在校生利用业余时间勤工助学不视为就业，未建立劳动关系，可以不签订劳动合同"，仅针对利用学习空闲时间打工补贴学费、生活费的在校学生。其所涉情形仅指在校学生不以就业为目的，参加短期或不定期劳务工作以获取一定劳务报酬的情况。

上述案例 1 中，小丽已基本完成学业，并持有学校为促进学生就业而发给的《2006 届毕业生双向选择就业推荐表》，且其应聘求职的行为受到管理部门与高校本身的鼓励,所以应被认定为适格的劳动合同主体,并有资格签订劳动合同。

案例 3:柯某于 2019 年 2 月 10 日技工学校毕业后,考上了原学校的全日制大专。2020 年 8 月 6 日,其入职某文化传播有限公司,担任经纪人一职,月平均工资为 3 600 元(包括业务提成)。

当时,柯某并未以实习生参加社会实践的方式入职,公司也没有核实柯某的身份并提出相关要求。入职后,该公司未及时与柯某签订书面劳动合同,也没有为其购买社会保险,柯某也未主动要求签订劳动合同。

2021 年 1 月 3 日,该公司以柯某多次迟到造成不良影响为由,通知柯某不用继续上班。柯某认为该公司违法解除劳动关系,于是到汕头市龙湖区劳动人事争议仲裁委员会申请仲裁,要求该公司支付自 2020 年 8 月 6 日至 2021 年 1 月 13 日的未签书面劳动合同的二倍工资及违法解除劳动关系的赔偿金。

该公司对此予以否认,称柯某系在校的大学生,为完成社会实践而到被申请人处实习,并于 2021 年 1 月 10 日向该公司申请给予开具离校后有参加工作的证明书,柯某与公司之间并未建立事实劳动关系。

仲裁委员会经审理认为:本案争议的焦点是柯某作为在校大专学生能否与文化传播有限公司之间建立劳动关系。在校学生在用人单位进行实习,应当根据具体事实进行判断,对完成学校的社会实习安排或自行从事社会实践活动的实习,不认定为劳动关系。但用人单位与在校学生之间名为实习、实为劳动关系的,则应当认定为劳动关系。

具体到本案中,柯某入职该文化传播有限公司时,公司为其发放了工牌,且工资组成部分由基本工资 2 400 元加全勤奖 300 元加业务提成组成,月平均工资在 3 600 元左右。柯某日常上班的考勤受到公司考核管理,双方已具备了建立劳动关系的要素和特征。该文化传播有限公司也无法提供有效证据,证明柯某是以实习生的身份到公司参加社会实践的。

因此,柯某的情况不符合《关于贯彻执行〈中华人民共和国劳动法〉若干问题的意见》第十二条关于"在校生利用业余时间勤工助学,不视为就业,未建立劳动关系,可以不签订劳动合同"的情形。

由此,劳动争议仲裁委员会依法确认双方之间系劳动关系而非单纯实习关系,并综合双方陈述及证据,确认双方与 2020 年 8 月 6 日至 2021 年 1 月

第五章 大学生的劳动关系问题和退休人员再就业中的劳动关系

3日期间存在劳动关系。为此，该文化传播有限公司应自2020年9月6日起至2021年1月13日，每月向申请人支付二倍的工资差额及违法解除劳动关系的赔偿金。

案例4：原告北京阳光公司诉称，2015年8月，该公司因与北京电视台签订了《合作协议》，临时需要后期制作人员，遂于2015年8月19日聘用仍为在校大学生的肖某到公司实习，其实习任务为《合作协议》项下的后期制作。根据《关于贯彻执行〈中华人民共和国劳动法〉若干问题的意见》的规定，在校生利用业余时间勤工俭学的，不视为就业，未建立劳动关系，可以不签订劳动关系。也就是说，在校学生尚不具备劳动主体资格，其勤工俭学期间与用人单位不存在劳动关系。

肖某以要求阳光公司支付未签订劳动合同二倍工资差额、违法解除劳动合同赔偿金、工资、加班费等为由向北京市海淀区劳动人事争议仲裁委员会提出申诉，仲裁委裁决支持肖某请求。

对此，阳光公司的起诉要求是：认定公司与肖某之间不存在劳动关系，无须支付其相关费用。

被告肖某辩称，其入职时已满19周岁，具备与阳光公司建立劳动关系的行为能力和责任能力。其并非勤工俭学或实习，而是以就业为目的进入阳光公司工作的。自己在工作期间持续为公司提供劳动，阳光公司则向其支付劳动报酬并为其缴纳了社会保险，双方之间存在劳动关系。上述事实有员工登记表、员工入职流程表、社会保险缴费记录查询、考勤表等证据在案佐证。因此，自己同意仲裁裁决，不同意阳光公司的诉讼请求。

北京市海淀区人民法院经公开审理查明：肖某系在校大学生，于2016年7月毕业。其于2015年8月15日通过招聘入职阳光公司，从事光盘制作的后期处理工作，双方未签订劳动合同。阳光公司按月向其发放工资至2016年3月31日。2016年4月5日上午，肖某请事假半天，并于当月正常出勤至2016年4月18日；当日，阳光公司以不再需要其岗位为由口头提出解除劳动关系。

肖某在职期间每周工作6天，每天工作8小时，仲裁庭审期间要求阳光公司支付其休息日加班费以及2016年1月1日的法定节假日加班费。

阳光公司对肖某前述的入职时间、出勤情况、劳动报酬发放情况及劳动合同解除理由等均予以认可，但主张因肖某彼时系在校大学生，在其公司期间属于实习，双方之间不存在劳动关系。

北京市海淀区人民法院经审理认为：在校学生在用人单位进行实习，应当根据具体事实进行判断。对完成学校的社会实习安排或自行从事社会实践活动的实习，不认定构成劳动关系。但用人单位与在校学生之间名为实习、实为劳动关系的应当认定构成劳动关系。

具体到本案中，肖某入职阳光公司之时，该公司要求其提交个人资料、填写入职登记表、为其建立员工档案、发放工牌、开通公司邮箱/QQ群等行为，显示该公司具有与肖某长期建立劳动关系的意愿；该公司按月对肖某进行考勤管理、按固定周期及固定数额向肖某支付劳动报酬并且为其缴纳社会保险的行为，均显示双方之间具有密切的人身隶属关系，符合劳动关系的基本要素和特征。

此外，该公司为肖某出具的工资收入证明及解雇通知书中亦明确载明"肖某系该公司员工，阳光公司解除双方劳动关系"。

综上，法院依法确认双方之间系劳动关系而非单纯实习关系，并综合双方陈述及证据提交情况，确认双方于2015年8月15日至2016年4月18日期间存在劳动关系。

最终，北京市海淀区人民法院判决阳光公司向肖某支付未签订劳动合同二倍工资差额、违法解除劳动合同赔偿金、工资、加班费。

阳光公司对此不服，并上诉至北京市第一中级人民法院。二审法院经审理，确认了一审法院认定的事实和证据。二审法院认为，根据肖某提交的证据，肖某入职阳光公司之时，阳光公司要求其提交个人资料、填写入职登记表，为其建立员工档案、发放工牌、开通公司邮箱/QQ群，可以证明肖某入职阳光公司时办理了正式的入职手续；阳光公司按月对肖某进行考勤管理、按固定周期及固定数额向肖某支付劳动报酬并且为其缴纳社会保险等行为，均显示双方之间具有密切的人身隶属关系；此外，该公司为肖某出具的工资收入证明及解雇通知书中亦明确载明肖某系该公司员工。因此，二审法院依法确认双方之间系劳动关系而非单纯实习关系。

上述案例均涉及在校大学生与用人单位之间能否建立劳动关系的问题。针对该问题，存在以下不同观点。

一种观点认为，在校大学生尚未从学校毕业，仍然接受学校管理，尚不具备劳动者的主体资格，因此在校大学生不能与用人单位建立劳动关系，即便双方签订劳动合同亦应属无效。另一种观点则认为，虽然在校大学生尚未脱离学校，但如果其与用人单位之间并非简单的实习或社会实践关系，而是符合了劳动关系的基本特征，则双方之间也可以建立劳动关系。

笔者倾向于第二种观点。第一种观点多基于《关于贯彻执行〈中华人民共和国劳动法〉若干问题的意见》的规定，"在校生利用业余时间勤工助学不视为就业，未建立劳动关系，可以不签订劳动合同"。但笔者认为，上述规定中所限定的情况是在校生的"勤工助学"行为，而不能"一刀切"地将大学生以就业为目的入职用人单位、与用人单位签订劳动合同的行为视为"勤工助学"或者"社会实践"，否则对有关规定的理解未免过于机械。

现实中，许多高年级的大学生虽然"名义上"仍为学生，但其已经完成了学校规定的学业，有充裕的时间以备就业，其入职用人单位的目的即为就业；且其到用人单位之后，不论是从事的工作内容、工作方式还是在劳动报酬的发放上，或是用人单位对其的管理等方面，均与普通劳动者并无二致。

根据我国《关于确立劳动关系有关事项的通知》的规定，用人单位招用劳动者未订立书面劳动合同，但同时具备下列情形的，劳动关系成立：①用人单位和劳动者符合法律法规规定的主体资格；②用人单位依法制定的各项劳动规章制度适用于劳动者，劳动者受用人单位的劳动管理，从事用人单位安排的有报酬的劳动；③劳动者提供的劳动是用人单位业务的组成部分。

因此，在认定在校大学生与用人单位之间是否建立劳动关系时，应当根据双方建立用工关系的真实目的、用工特征、管理与被管理的情况、报酬发放情况、社会保险缴纳情况等，进行综合判定。

第二节　退休人员再就业中的劳动关系

如前所述，劳动合同是劳动者与用工单位之间确立劳动关系、明确双方权利和义务的协议。根据《劳动法》，劳动合同是用人单位与劳动者建立劳动关系的法律依据，用以明确双方的权利义务。双方一旦建立了劳动关系，就要签订书面劳动合同，试用期也不例外。劳动合同必须是合法的，否则从签订之日起无效，必须重签。此外，签订劳动合同以后，用人单位就应为劳动者购买社会保险，包括养老保险、工伤保险、医疗保险、生育保险、失业保险等。

由此可见，劳动合同是建立劳动关系的一种法律形式，以合同形式确立了劳动者与用人单位的权利义务。那么，已经退休的外来务工人员能否要求签订劳动合同呢？

【知识概述】 我国劳动法规所调整的劳动关系仅指符合规定的劳动者与用人单位之间在劳动过程中发生的关系，而不是指一切劳动者在社会劳动时形成的所有的劳动关系。

一般来说，劳动关系的双方一方是劳动者，另一方是用人单位，因此判断一种关系是否是劳动关系，应先看该关系的主体是否符合劳动法规的规定，即双方主体是否适格。

我国法律规定，在签订或履行劳动合同时，当事人必须具备法定的资格，即当事人要有劳动权利能力和劳动行为能力。劳动者一旦丧失了劳动权利能力和劳动行为能力，即丧失了与用人单位签订或履行劳动合同的主体资格。

由此可见，退休人员即使被用人单位聘用，也无权要求用人单位与其签订劳动合同，也不能在被辞退后要求用人单位按照《劳动合同法》的有关规定支付经济补偿金。结合我国的有关法律规定来看，《劳动合同法实施条例》第二十一条规定："劳动者达到法定退休年龄的，劳动合同终止。"可见，劳动合同是用人单位与未达法定退休年龄的劳动者之间建立的权利义务关系合同，退休再就业人员不属于《劳动合同法》调整的范围。

《最高人民法院关于审理劳动争议案件适用法律若干问题的解释（三）》第七条规定："用人单位与其招用的已依法享受养老保险待遇或领取退休金的人员发生用工争议，向人民法院提起诉讼的，人民法院应当按劳务关系处理。"

《关于执行〈工伤保险条例〉若干问题的意见（二）》（人社部发〔2016〕29号）第二条第一款指出，"达到或超过法定退休年龄，但未办理退休手续或者未依法享受城镇职工基本养老保险待遇，继续在原用人单位工作期间受到事故伤害或患职业病的，用人单位依法承担工伤保险责任"。该款限定在达到退休年龄后继续在原单位工作的情形。第二款指出，"用人单位招用已经达到、超过法定退休年龄或已经领取城镇职工基本养老保险待遇的人员，在用工期间因工作原因受到事故伤害或患职业病的，如招用单位已按项目参保等方式为其缴纳工伤保险费的，应适用《工伤保险条例》"。该款则限定了在新用人单位工作又缴纳了社保的情形。

第五章　大学生的劳动关系问题和退休人员再就业中的劳动关系

用人单位应与被聘用的退休人员签订聘用书面协议，一些用人单位与被聘用的退休人员不签订任何书面聘用协议的做法是错误的。用人单位聘用退休人员，虽然不用与其签订劳动合同，但应该根据《关于实行劳动合同制度若干问题的通知》（劳部发〔1996〕354号）中关于"已享受养老保险待遇的离退休人员被再次聘用时，用人单位应与其签订书面协议，明确聘用期间的工作内容、报酬、医疗、劳保待遇等权利和义务"的规定，与退休人员签订聘用协议。发生争议时，应通过民事诉讼的途径解决。

另外，退休人员不能要求聘用单位为其缴纳社会保险费，因为在其退休前，即与原用人单位履行劳动合同期间，原用人单位已经为其缴纳了社会保险费。因此，其在退休后已经成为社会保险的受益人，故再次被聘用时，不得提出再次交纳社会保险费的要求。

【问题提示】退休人员能否与用人单位形成劳动关系？

【案例导读】

案例1：徐先生原是长沙某化工机械厂的高级技工。2009年1月达到法定退休年龄后，依法办理了退休手续，开始享受养老保险待遇。2009年2月，该厂决定返聘徐先生，并与徐先生签订了书面劳动合同，合同期限自2009年2月起至2011年1月止，约定徐先生从事机械设计工作。

2009年9月，长沙某化工机械厂经营策略调整，取消了徐先生所在的部门，并向徐先生发出《解除劳动合同通知书》，将徐先生解聘，要求徐先生在2009年9月15日之前办理工作交接手续。

徐先生认为，该厂此举属非法解除劳动合同，故要求其支付非法解除劳动合同的赔偿金。该厂拒绝了徐先生的要求。徐先生遂向长沙市劳动争议仲裁委员会提出仲裁申请。

案例2：张某某是某市一家国营企业的职工。2001年4月，年满60周岁的张某某按照国家的相关规定办理了退休手续。退休后，张某某觉得生活一下子失去了乐趣，加上觉得自己身体还算可以，于是打算再干几年。

2005年9月，张某某应聘到本市一家私营企业。该企业负责人表示，张某某是已退休人员，双方可以不签订劳动合同。2005年12月，张某某在上班途中发生了交通事故，右腿粉碎性骨折。事后，张某某向劳动和社会保障局申请工伤认定。

对此，劳动和社会保障局认为：张某某的情况虽然符合工伤认定的实体条件，但由于他是退休返聘的人员，与用人单位没有签订劳动合同，不缴纳社会保险，因此不能进行工伤认定。张某某不服，向所在市人民法院提起了行政诉讼，请求撤销劳动和社会保障局的决定。

案例3：王某，女，上海市农村户籍。1995年9月，王某进入上海某某学校工作，从事财务工作，但未取得事业编制，双方也未订立书面劳动合同，工资则参照有事业编制员工的相同岗位发放。王某一直在该学校工作至2008年5月。

2004年3月，因市政动迁需要，王某成为被征地人员，由征地单位上海某某实业总公司为王某按月缴纳城镇保险。2007年3月，王某年满50周岁，该实业总公司为其办理了退休手续，王某每月领取退休金。

2008年1月，学校要求王某订立书面《退休返聘协议》，其工资按照退休人员的规定支付。王某则认为，其一直在该单位工作了10年以上，并从事专业技术岗位工资，不同意签订退休返聘协议，而是要求与学校订立劳动合同至55周岁。

因王某拒绝订立《退休返聘协议》，学校书面通知王某于2008年5月31日终止工作关系。王某于是向其所在地劳动争议仲裁委员会提起仲裁，要求学校与其签订2008年1月1日至2012年12月31日的书面劳动合同，并要求学校按照4 000元的标准支付2008年1月至仲裁裁决生效之日未订立劳动合同的双倍工资。学校接到应诉通知后，委托律师代理此案。

案例4：被告经营的某网吧属经工商注册登记的个人独资企业。2009年11月2日至2014年2月28日期间，被告聘请原告廖某从事服务员职务，每月按照双方约定支付劳动报酬。双方没有签订劳动合同。2014年2月28日，被告因压缩成本、减少人员，与廖某以书面形式解除劳动聘用关系。

2014年5月12日，廖某向梧州市万秀区劳动争议仲裁委员会提出仲裁申请，要求被告支付节假日加班费、带薪年休假工资报酬、经济补偿金，以及解除劳动关系没有提前30天以书面形式通知所应赔付的1个月工资。

上述案例的裁决结果如下。

案例1中，长沙市劳动争议仲裁委员会审查后认为，徐先生已经达到法定退休年龄，因而没有劳动合同的签约主体资格。徐先生与长沙某化工机械厂签订的合同虽名为劳动合同，但实际上应当是劳务合同，不属于劳动争议仲裁委员会的受案范围，应当由民法来调整，故不予受理徐先生的仲裁申请。

案例 2 中，法院审理后驳回了张某某的诉讼请求。

案例 3 中，劳动争议仲裁委员会经过审理，裁决不予支持王某的全部仲裁申请。

案例 4 中，当地劳动争议仲裁委员会裁决驳回了廖某的仲裁请求，但廖某诉至法院后，法院经审理认定其与被告之间形成劳动关系。

就案例 1 而言，根据《劳动法》，签订劳动合同的劳动者一方应当具备主体资格，即具备完全的劳动权利能力和劳动行为能力。判断劳动者一方具备主体资格的重要标准是劳动者的年龄须在 16 周岁和 60 周岁（男）或 55 周岁（女）之间。同时，《劳动合同法》规定，劳动者开始依法享受基本养老保险待遇的，劳动合同终止；劳动者达到法定退休年龄的，劳动合同终止。

由此可见，因为徐先生已经达到退休年龄并开始享受基本养老保险待遇，故已不具备劳动合同的主体资格，其与长沙某化工机械厂签订的并非法律意义上的劳动合同。因此，其不能依据《劳动法》及《劳动合同法》等法律主张自己的权利。徐先生与长沙某化工机械厂之间的"劳动合同"实为劳务合同。劳务合同是指平等主体的自然人之间、法人或其他组织之间、自然人与法人或其他组织之间，以提供劳务为内容，明确双方权利义务关系的合同。

劳务合同的主体双方之间形成的是民事法律关系，而非劳动法律关系，受民法调整，而非劳动法调整。因此，徐先生只能通过向人民法院提起诉讼等方式，追究长沙某化工机械厂的违约责任，而不能向劳动争议仲裁委员会申请仲裁。

就案例 2 而言，按照一般人的理解，劳动关系就是一方付出劳动、另一方接受劳动，双方由此而形成的关系。但是，《劳动法》上的劳动关系与我们平时所说的劳动关系概念并不完全相同。通常我们讲的劳动关系的范围很广，而《劳动法》所调整的劳动关系仅指符合规定的劳动者与用人单位之间在劳动过程中发生的关系，而不是指一切劳动者在社会劳动时形成的所有的劳动关系。

一般来说，劳动关系的双方，一方是劳动者，另一方是用人单位。因此，如前所述，判断一种关系是否为劳动关系，应先该看该关系的主体是否符合《劳动法》的规定，即双方主体是否适格。关于用人单位一方主体是否适格的问题，《劳动法》和《关于贯彻执行〈中华人民共和国劳动法〉若干问题的意见》都作了比较详细的规定。但是，劳动者一方主体是否适格的问题，不论在理论上还是在现实中,都还是一个不太明确的问题。

在这里,我们只讨论一下退休返聘人员的主体资格问题,而这也是本案的关键。依据我国现行法律规定,60周岁就是我国规定的男性劳动者的法定退休年龄。需要注意的是,《国务院关于工人退休、退职的暂行办法》中用的是"应该退休",而不是"可以退休"。这说明男性工人只要年满60周岁,退休就是他的义务而不是权利。

根据这一规定,符合法定退休条件并已退休的职工,实际上已经失去了作为《劳动法》意义上的劳动者的主体资格,而不具备劳动者主体资格的人当然不能成为劳动关系中的一方主体。本案中,张某某作为退休返聘的人员,其年龄已超过国家法定退休年龄,其作为《劳动法》意义上的劳动者的主体资格已经消失。因此,其与该私营企业不能形成劳动关系。

就案例3而言,本案的争议焦点在于退休返聘人员是否适用《劳动合同法》的调整,退休人员能否要求用人单位继续履行合同义务,退休人员要求单位与其订立书面劳动合同以及主张未订立书面劳动的双倍工资是否具有法律依据等。

《劳动合同法》第二条规定,国家机关、事业单位、社会团体和与其建立劳动关系的劳动者,订立、履行、变更、解除或者终止劳动合同,依照本法执行。

本案中,要认定该学校与王某是否建立了劳动关系,关键在于王某是否属于《劳动法》意义上的劳动者。如前所述,《劳动法》意义上的劳动者必须符合年龄标准,即在年满16周岁至法定退休年龄之间。王某于2007年3月已达到法定退休年龄,显然不在该年龄标准范围内。因此,该学校与王某建立的不是劳动关系,不属于《劳动合同法》的调整范围。

但根据上海市《关于特殊劳动关系有关问题的通知》(沪劳保关发〔2003〕24号)的规定,用人单位使用退休人员形成的是特殊劳动关系。特殊劳动关系是指现行劳动法律调整的标准劳动关系和民事法律调整的民事劳务关系以外的一种用工关系,其劳动者一方在用人单位从事有偿劳动、接受管理,但与另一用人单位存有劳动关系或不符合劳动法律规定的主体条件。用人单位与劳动者形成特殊劳动关系的,除在工作时间、劳动保护、最低工资等方面要执行劳动法标准外,其他的权利义务由双方协商约定。

本案中,该学校于2008年1月要求王某订立书面《退休返聘协议》,而王某以双方应当订立劳动合同为由拒绝签订。双方就聘用期限没有任何书面的约定。因此，学校书面通知王某于 2008 年 5 月 31 日终止工作关系，并无不妥，王某要求单位聘用其至 2012 年的要求则没有法律依据。基于双方建立的特殊劳动关系，学校也无须向王某支付经济补偿金。

《劳动合同法》第十条、第八十二条规定，建立劳动关系，应当订立书面合同。用人单位自用工之日起超过 1 个月不满 1 年未与劳动者订立书面劳动合同，应当向劳动者每月支付二倍的工资。本案中，学校与王某建立的不是劳动关系，因此不适用《劳动合同法》关于订立书面合同义务的规定。王某主张订立书面合同的请求没有法律依据，不属于劳动争议处理的受案范围。是否订立书面合同、约定双方之间的权利义务，应由形成特殊劳动关系的双方协商约定。

综上所述，《劳动合同法》是调整劳动者与用人单位之间的关系的，退休职工已经退出了国家法定就业群体，作为劳动者的主体资格已消失，因而不属于《劳动合同法》的调整范围；其与用人单位之间是一种民事约定或者民事雇佣关系，是否订立协议或合同，是双方约定或协商的结果，不存在强制力。

《劳动部关于实行劳动合同制度若干问题的通知》（1996 年 10 月 31 日）规定，已享受养老保险待遇的离退休人员被再次聘用时，与用人单位不建立劳动关系，双方不订立劳动合同，而是订立聘用协议，双方关系为劳务合同关系。

用人单位应与其签订书面协议，明确聘用期内的工作内容、报酬、医疗、劳保待遇等权利和义务。离退休人员与用人单位应当按照聘用协议的约定履行义务，聘用协议约定提前解除书面协议的，应当按照双方约定办理；未约定的，应当协商解决。

就案例 4 而言，梧州市万秀区劳动争议仲裁委员会于 2014 年 6 月 12 日作出了仲裁裁决书。裁决认为，廖某已达到法定退休年龄，劳动者达到法定退休年龄的，劳动合同终止。故廖某与网吧之间不属于劳动关系而属于聘用关系，于是驳回廖某的仲裁请求。

廖某对仲裁裁决不服，遂向法院提起诉讼。被告某网吧答辩称，原告廖某到被告处提供劳务时已达到法定退休年龄，双方之间是劳务关系而非劳动关系，请求法院依法驳回原告的诉请。法院在案件审理过程中查明，原告廖某在被告处工作时已经达到法定退休年龄。梧州市社会保险事业局出具证明，证实其没有领取养老金。

法院审理后认为，现行我国法律中并无规定劳动关系中劳动者一方的年龄不得高于法定退休年龄，只要其未违反法律禁止性规定的有劳动能力的人员，均能成为劳动关系中的劳动者。

根据《劳动合同法》第四十四条第（二）款规定，"劳动者开始享受基本养老保险待遇的"，劳动合同终止。

本案中，原告廖某在被告处工作时虽已达到法定退休年龄，但其仍具有劳动能力并且尚未享受基本养老保险待遇，故该院认定原告廖某与被告某网吧之间形成劳动关系。

据此，梧州市万秀区人民法院作出了判决被告某网吧支付原告廖某假日加班费、节日加班费、带薪年休工资报酬、经济补偿金、解除劳动关系没有提前30天以书面形式通知所应支付的1个月工资，合计23 640元。一审宣判后，双方当事人均未上诉，判决生效。

综上，在达到退休年龄后再就业的问题上，学界和司法实践中主要形成了劳务关系和劳动关系两大意见代表，分别主张用民法和劳动法进行调整。还有人认为应具体情况具体分析。

《劳动合同法》第四十四条规定，"劳动者开始依法享受基本养老保险待遇的，劳动合同终止"；《劳动法》第七十三条规定，"劳动者在退休情形下，依法享受社会保险待遇"；《最高人民法院关于审理劳动争议案件适用法律若干问题的接受（三）》第七条规定，"用人单位与其招用的已经依法享受养老保险待遇或领取退休年金的人员发生用工争议，向人民法院提起诉讼的，人民法院应当按劳务关系处理"。据此，对于达到法定退休年龄的人员再就业与用人单位之间的关系应按两种情况处理：一是用人单位招用已达到法定退休年龄但未享受养老保险待遇或退休金的人员，双方之间形成的用工关系按劳动关系处理；二是用人单位招用已享受养老保险待遇或领取退休金的人员，双方形成的用工关系按劳务关系处理。

但也有人认为应采取"一刀切"的办法，即只要达到退休年龄再就业，一律认定为劳务关系，而不属于劳动关系，理由如下。

首先，劳动合同是劳动者与用人单位签订的合同，其合同内容必须对社会保险、劳动保护等内容进行规定，从而体现《劳动法》对劳动者的特殊保

第五章 大学生的劳动关系问题和退休人员再就业中的劳动关系

护，如用人单位无故解除劳动合同时应支付经济补偿金等。退休人员再就业时所签订的聘用协议则不属于劳动合同，聘用协议主体平等，所有的内容由双方协商确定，不再受国家的特殊保护，用人单位解除协议时也无须支付经济补偿金。

其次，从社会保险关系上看，员工退休前已经购买了社会养老保险，退休后便开始享受养老保险待遇。如果退休人员再就业与单位存在劳动合同，那么单位必须再次帮其购买保险，我国现行社保规定不接受一个退休员工既享受养老保险又继续购买工伤保险的做法。退休人员再就业时，如与用人单位之间形成的是劳动关系，则意味着退休人员与在岗人员无区别，那么我国制定的相关退休制度形同虚设。这样的操作对用人单位也是不公平的。

最后，劳动者劳动年龄在法定年限届满之后，也是劳动者劳动年龄的终止之时，退休人员重新受聘，在工作岗位上付出劳动，应享有获取报酬的权利。同时，其已在享受社会保险待遇，领取了退休金，国家已保证其老有所养。因此，对退休再就业者，不应再将其划入劳动关系中，不应再受《劳动法》《劳动合同法》等的调整，双方应当属于劳务关系。劳务关系是受到民法的调整的，双方当事人是一种平等的主体关系，如果发生纠纷，可以向人民法院起诉。

对此笔者认为，用人单位和达到退休年龄人员的用工纠纷基本可拆分成四项基本元素，即在原单位继续保持用工、在新单位就业、已享受养老保险待遇或退休金、未享受养老保险待遇或退休金。

这四项元素中，未享受养老保险待遇或退休金的，是能认定为劳动关系的关键因素，而能认定为劳动关系则是认定工伤保险待遇的前提。因此，是否适用《最高人民法院关于审理劳动争议案件适用法律若干问题的解释（三）》（法释〔2010〕12号）第七条"用人单位与其招用的已经依法享受养老保险待遇或领取退休金的人员发生用工争议，向人民法院提起诉讼的，人民法院应当按劳务关系处理"，以及如何适用该条司法解释，成为该类纠纷判决的核心点。

若认定为劳务关系，则退休人员须依据相关法律规定提起侵权之诉，一方面须承担证明雇主过错的义务，另一方面要承担可能因自身过错而丧失获得赔偿的风险，而这将使特殊弱势劳动群体处于更被动的地位。

若认定为劳动关系，则可以适用工伤赔偿的无过错责任，使伤害得到保障和赔偿。随着 2010 年《最高人民法院关于审理劳动争议案件适用法律若干问题的解释（三）》出台，以是否领取养老保险金将退休人员再就业的行为性质一分为二。

　　应当说，该司法解释弥补了退休人员再就业的立法空白，为实践中有关退休再就业纠纷的统一裁判提供了法律依据。当然，该司法解释的出台并不意味着根本性的理论问题和制度构建已经得到解决和实现，而这也是值得学界、业界和有关各界继续深入探索的方向。

参考文献

[1] 冯彦君. 民法与劳动法：制度的发展与变迁 [J]. 法学研究, 2001 (3).

[2] 赵曙明, 白晓明. 企业劳资冲突的波及面差异：国际经验及启示 [J]. 企业发展, 2012 (12).

[3] 董保华, 邱捷. 劳动合同法的适用范围应作去强扶弱的调整 [J]. 中国劳动, 2006 (9).

[4] 贾秀芬. 劳动关系多元化与农民工非典型劳动者的法律保障 [J]. 法学杂志, 2009 (2).

[5] 史际春, 王先林. 建立我国中小企业法论纲 [J]. 中国法学, 2000 (1).

[6] 梅崎修, 南雲智映. 交渉内容別に見た労使協議制度の運用とその効果："問題探索型"労使協議制の分析 [J]. 日本労働研究雑誌, 2009 (3).

[7] 山下充. 雇用多様化時代の労使関係：多様な労働者と労働組合の役割 [J]. 日本労働研究雑誌, 2008 (6).

[8] 胡放之. 网约工劳动权益保障问题研究：基于湖北外卖骑手的调查 [J]. 湖北社会科学, 2019 (10)：56-62.

[9] 穆随心, 王昭. 共享经济背景下网约车司机劳动关系认定探析 [J].

河南财经政法大学学报,2018(1):34-42.

[10]侯登华.共享经济下网络平台的法律地位:以网约车为研究对象[J].政法论坛,2017(1):157-164.

附　录

附录1
《中华人民共和国劳动合同法实施条例》

第一章　总　则

第一条　为了贯彻实施《中华人民共和国劳动合同法》（以下简称"劳动合同法"），制定本条例。

第二条　各级人民政府和县级以上人民政府劳动行政等有关部门以及工会等组织，应当采取措施，推动劳动合同法的贯彻实施，促进劳动关系的和谐。

第三条　依法成立的会计师事务所、律师事务所等合伙组织和基金会，属于劳动合同法规定的用人单位。

第二章　劳动合同的订立

第四条　劳动合同法规定的用人单位设立的分支机构，依法取得营业执照或者登记证书的，可以作为用人单位与劳动者订立劳动合同；未依法取得营业执照或者登记证书的，受用人单位委托可以与劳动者订立劳动合同。

第五条　自用工之日起一个月内，经用人单位书面通知后，劳动者不与用人单位订立书面劳动合同的，用人单位应当书面通知劳动者终止劳动关系，无需向劳动者支付经济补偿，但是应当依法向劳动者支付其实际工作时间的劳动报酬。

第六条　用人单位自用工之日起超过一个月不满一年未与劳动者订立书面劳动合同的，应当依照劳动合同法第八十二条的规定向劳动者每月支付两倍的工资，并与劳动者补订书面劳动合同；劳动者不与用人单位订立书面劳动合同的，用人单位应当书面通知劳动者终止劳动关系，并依照劳动合同法第四十七条的规定支付经济补偿。

前款规定的用人单位向劳动者每月支付两倍工资的起算时间为用工之日起满一个月的次日，截止时间为补订书面劳动合同的前一日。

第七条　用人单位自用工之日起满一年未与劳动者订立书面劳动合同的，自用工之日起满一个月的次日至满一年的前一日应当依照劳动合同法第八十二条的规定向劳动者每月支付两倍的工资，并视为自用工之日起满一年的当日已经与劳动者订立无固定期限劳动合同，应当立即与劳动者补订书面劳动合同。

第八条　劳动合同法第七条规定的职工名册，应当包括劳动者姓名、性别、公民身份号码、户籍地址及现住址、联系方式、用工形式、用工起始时间、劳动合同期限等内容。

第九条　劳动合同法第十四条第二款规定的连续工作满10年的起始时间，应当自用人单位用工之日起计算，包括劳动合同法施行前的工作年限。

第十条　劳动者非因本人原因从原用人单位被安排到新用人单位工作的，劳动者在原用人单位的工作年限合并计算为新用人单位的工作年限。原用人单位已经向劳动者支付经济补偿的，新用人单位在依法解除、终止劳动合同计算支付经济补偿的工作年限时，不再计算劳动者在原用人单位的工作年限。

第十一条　除劳动者与用人单位协商一致的情形外，劳动者依照劳动合同法第十四条第二款的规定，提出订立无固定期限劳动合同的，用人单位应当与其订立无固定期限劳动合同。对劳动合同的内容，双方应当按照合法、公平、平等自愿、协商一致、诚实信用的原则协商确定；对协商不一致的内容，依照劳动合同法第十八条的规定执行。

第十二条 地方各级人民政府及县级以上地方人民政府有关部门为安置就业困难人员提供的给予岗位补贴和社会保险补贴的公益性岗位，其劳动合同不适用劳动合同法有关无固定期限劳动合同的规定以及支付经济补偿的规定。

第十三条 用人单位与劳动者不得在劳动合同法第四十四条规定的劳动合同终止情形之外约定其他的劳动合同终止条件。

第十四条 劳动合同履行地与用人单位注册地不一致的，有关劳动者的最低工资标准、劳动保护、劳动条件、职业危害防护和本地区上年度职工月平均工资标准等事项，按照劳动合同履行地的有关规定执行；用人单位注册地的有关标准高于劳动合同履行地的有关标准，且用人单位与劳动者约定按照用人单位注册地的有关规定执行的，从其约定。

第十五条 劳动者在试用期的工资不得低于本单位相同岗位最低档工资的80%或者不得低于劳动合同约定工资的80%，并不得低于用人单位所在地的最低工资标准。

第十六条 劳动合同法第二十二条第二款规定的培训费用，包括用人单位为了对劳动者进行专业技术培训而支付的有凭证的培训费用、培训期间的差旅费用以及因培训产生的用于该劳动者的其他直接费用。

第十七条 劳动合同期满，但是用人单位与劳动者依照劳动合同法第二十二条的规定约定的服务期尚未到期的，劳动合同应当续延至服务期满；双方另有约定的，从其约定。

第三章　劳动合同的解除和终止

第十八条 有下列情形之一的，依照劳动合同法规定的条件、程序，劳动者可以与用人单位解除固定期限劳动合同、无固定期限劳动合同或者以完成一定工作任务为期限的劳动合同：

（一）劳动者与用人单位协商一致的；

（二）劳动者提前30日以书面形式通知用人单位的；

（三）劳动者在试用期内提前3日通知用人单位的；

（四）用人单位未按照劳动合同约定提供劳动保护或者劳动条件的；

（五）用人单位未及时足额支付劳动报酬的；

（六）用人单位未依法为劳动者缴纳社会保险费的；

（七）用人单位的规章制度违反法律法规的规定，损害劳动者权益的；

（八）用人单位以欺诈、胁迫的手段或者乘人之危，使劳动者在违背真实意思的情况下订立或者变更劳动合同的；

（九）用人单位在劳动合同中免除自己的法定责任、排除劳动者权利的；

（十）用人单位违反法律、行政法规强制性规定的；

（十一）用人单位以暴力、威胁或者非法限制人身自由的手段强迫劳动者劳动的；

（十二）用人单位违章指挥、强令冒险作业危及劳动者人身安全的；

（十三）法律、行政法规规定劳动者可以解除劳动合同的其他情形。

第十九条 有下列情形之一的，依照劳动合同法规定的条件、程序，用人单位可以与劳动者解除固定期限劳动合同、无固定期限劳动合同或者以完成一定工作任务为期限的劳动合同：

（一）用人单位与劳动者协商一致的；

（二）劳动者在试用期间被证明不符合录用条件的；

（三）劳动者严重违反用人单位的规章制度的；

（四）劳动者严重失职，营私舞弊，给用人单位造成重大损害的；

（五）劳动者同时与其他用人单位建立劳动关系，

（六）劳动者以欺诈、胁迫的手段或者乘人之危，使用人单位在违背真实意思的情况下订立或者变更劳动合同的；

（七）劳动者被依法追究刑事责任的；

（八）劳动者患病或者非因工负伤，在规定的医疗期满后不能从事原工作，也不能从事由用人单位另行安排的工作的；

（九）劳动者不能胜任工作，经过培训或者调整工作岗位，仍不能胜任工作的；

（十）劳动合同订立时所依据的客观情况发生重大变化，致使劳动合同无法履行，经用人单位与劳动者协商，未能就变更劳动合同内容达成协议的；

（十一）用人单位依照企业破产法规定进行重整的；

（十二）用人单位生产经营发生严重困难的；

（十三）企业转产、重大技术革新或者经营方式调整，经变更劳动合同后，仍需裁减人员的；

（十四）其他因劳动合同订立时所依据的客观经济情况发生重大变化，致使劳动合同无法履行的。

第二十条 用人单位依照劳动合同法第四十条的规定，选择额外支付劳动者一个月工资解除劳动合同的，其额外支付的工资应当按照该劳动者上一个月的工资标准确定。

第二十一条 劳动者达到法定退休年龄的，劳动合同终止。

第二十二条 以完成一定工作任务为期限的劳动合同因任务完成而终止的，用人单位应当依照劳动合同法第四十七条的规定向劳动者支付经济补偿。

第二十三条 用人单位依法终止工伤职工的劳动合同的，除依照劳动合同法第四十七条的规定支付经济补偿外，还应当依照国家有关工伤保险的规定支付一次性工伤医疗补助金和伤残就业补助金。

第二十四条 用人单位出具的解除、终止劳动合同的证明，应当写明劳动合同期限、解除或者终止劳动合同的日期、工作岗位、在本单位的工作年限。

第二十五条 用人单位违反劳动合同法的规定解除或者终止劳动合同，依照劳动合同法第八十七条的规定支付了赔偿金的，不再支付经济补偿。赔偿金的计算年限自用工之日起计算。

第二十六条 用人单位与劳动者约定了服务期，劳动者依照劳动合同法第三十八条的规定解除劳动合同的，不属于违反服务期的约定，用人单位不得要求劳动者支付违约金。

有下列情形之一，用人单位与劳动者解除约定服务期的劳动合同的，劳动者应当按照劳动合同的约定向用人单位支付违约金：

（一）劳动者严重违反用人单位的规章制度的；

（二）劳动者严重失职，营私舞弊，给用人单位造成重大损害的；

（三）劳动者同时与其他用人单位建立劳动关系，

（四）劳动者以欺诈、胁迫的手段或者乘人之危，使用人单位在违背真实意思的情况下订立或者变更劳动合同的；

（五）劳动者被依法追究刑事责任的。

第二十七条 劳动合同法第四十七条规定的经济补偿的月工资按照劳动者应得工资计算，包括计时工资或者计件工资以及奖金、津贴和补贴等货币性收入。劳动者在劳动合同解除或者终止前12个月的平均工资低于当地最低工资标准的，按照当地最低工资标准计算。劳动者工作不满 12 个月的，按照实际工作的月数计算平均工资。

第四章 劳务派遣特别规定

第二十八条 用人单位或者其所属单位出资或者合伙设立的劳务派遣单位，向本单位或者所属单位派遣劳动者的，属于劳动合同法第六十七条规定的不得设立的劳务派遣单位。

第二十九条 用工单位应当履行劳动合同法第六十二条规定的义务，维护被派遣劳动者的合法权益。

第三十条 劳务派遣单位不得以非全日制用工形式招用被派遣劳动者。

第三十一条 劳务派遣单位或者被派遣劳动者依法解除、终止劳动合同的经济补偿，依照劳动合同法第四十六条、第四十七条的规定执行。

第三十二条 劳务派遣单位违法解除或者终止被派遣劳动者的劳动合同的，依照劳动合同法第四十八条的规定执行。

第五章 法律责任

第三十三条 用人单位违反劳动合同法有关建立职工名册规定的，由劳动行政部门责令限期改正；逾期不改正的，由劳动行政部门处 2 000 元以上 2 万元以下的罚款。

第三十四条 用人单位依照劳动合同法的规定应当向劳动者每月支付两倍的工资或者应当向劳动者支付赔偿金而未支付的，劳动行政部门应当责令用人单位支付。

第三十五条 用工单位违反劳动合同法和本条例有关劳务派遣规定的，由劳动行政部门和其他有关主管部门责令改正；情节严重的，以每位被派遣劳动者 1 000 元以上 5 000 元以下的标准处以罚款；给被派遣劳动者造成损害的，劳务派遣单位和用工单位承担连带赔偿责任。

第六章 附 则

第三十六条 对违反劳动合同法和本条例的行为的投诉、举报，县级以上地方人民政府劳动行政部门依照《劳动保障监察条例》的规定处理。

第三十七条 劳动者与用人单位因订立、履行、变更、解除或者终止劳动合同发生争议的，依照《中华人民共和国劳动争议调解仲裁法》的规定处理。

第三十八条 本条例自公布之日起施行。

附录 2
浙江省人力资源和社会保障厅等三部门
《关于试行职业技工等学校学生在实习期间和已超过法定退休年龄人员在继续就业期间参加工伤保险工作的指导意见》

各市、县（市、区）人力资源和社会保障局、财政局，各市税务局，各县（市、区）地方税务局，嘉兴市社会保障事务局：

为回应广大用人单位和劳动者日益迫切的扩大工伤保险制度覆盖范围的诉求，根据《浙江省工伤保险条例》，现就试行职业技工等学校学生在实习期间和已超过法定退休年龄人员在继续就业期间参加工伤保险工作（以下分别简称实习生、超龄就业人员、试行参保）提出如下意见。

一、指导思想

以习近平新时代中国特色社会主义思想为指引，全面贯彻党的十九大、省第十四次党代会精神，坚持以人民为中心的发展思想，紧紧围绕加强社会保障体系建设的总体要求，完善工伤保险制度，逐步探索扩大工伤保险制度覆盖范围，让工伤保险惠及更多人群，大力支持实体经济发展，化解用人单位的工伤风险，切实保障劳动者权益，促进社会和谐稳定。

二、基本原则

（一）坚持稳妥有序。各地推进试行参保工作应以稳妥为先，试行工作初期参保范围适当从紧，待取得较成熟经验后再逐步有序推开。

（二）坚持因地制宜。各地可结合当地实际情况，针对产业结构特点，在诉求强烈群体、管理较规范区域开展试行参保工作。

（三）坚持制度统一。各地纳入试行参保的实习生和超龄就业人员，其参保缴费、工伤认定、劳动能力鉴定、待遇标准等按照《工伤保险条例》《浙江省工伤保险条例》及相关配套规定执行。

三、政策措施

（一）合理确定参保范围。纳入试行参保的实习生暂限于由职业技工院校集中统一安排的学期性实习学生，且年龄不小于 16 周岁；纳入试行参保的超龄就业人员暂限于未享受机关事业单位或城镇职工基本养老保险待遇人员，且男性不超过 65 周岁，女性不超过 60 周岁。各地可同时开展实习生和超龄就业人员试行参保，也可选择其中之一先行试行参保。各地应为要求参加试行参保的用人（实习）单位和实习生、超龄就业人员开辟工伤保险单险种参保途径。

（二）合理确定缴费标准。实习生和超龄就业人员难以确定劳动报酬的，其月缴费基数可按全省上年度职工月平均工资计算，其缴费费率统一按所在用人（实习）单位的费率标准执行。

（三）明确工伤保险参保和责任主体。实习生和超龄就业人员按照规定参加工伤保险的，由工伤保险基金按规定支付待遇，由用人（实习）单位承担用人（实习）单位应承担的工伤保险责任。实习生按规定参加工伤保险的，用人（实习）单位可与相关学校签订实习协议，约定补偿办法。属于当地试行参保范围的未参保人员发生工伤事故或患职业病的，不适用《工伤保险条例》《浙江省工伤保险条例》等法规。

（四）明确相关待遇标准。已参保超龄就业人员因工致残被鉴定为五级至十级的，由工伤保险基金和用人单位按照规定标准分别计发一次性工伤医疗补助金和一次性伤残就业补助金，工伤保险关系同时终止。

已参加试行参保的实习生和超龄就业人员与用人（实习）单位发生工伤待遇方面的争议，按照处理劳动争议的有关规定处理。

四、工作要求

各地增设"实习生和超龄人员工伤"征收品目（社保方代码 2850800，税务方代码 1020401012330006），专门用于实习生和超龄就业人员的工伤保险征收工作。该征收品目缴费基数、费率和应缴费额由社保经办机构核定后，传递税务机关征收入库。

各地要摸清当地实际情况，分析用人单位和劳动者的需求，可以在本指导意见的框架范围内制定规范性文件，并报省人力社保厅备案。各设区市要加强对辖区内实习生和超龄就业人员试行参保工作的统筹指导和跟踪评估，确保试行工作平稳有序推进。对于推进试行参保工作有困难的地区，省、市人力社保部门将适时进行联合督查指导。在试行工作中遇到问题请及时与省人力社保厅工伤保险处联系。

本文件自印发之日起施行。

浙江省人力资源和社会保障厅
浙江省财政厅
国家税务总局浙江省税务局
2018 年 7 月 18 日

附录3
人力资源社会保障部、教育部等九部门
《关于进一步规范招聘行为促进妇女就业的通知》

（发布日期：2019-02-21）

各省、自治区、直辖市及新疆生产建设兵团人力资源社会保障厅（局）、教育厅（教委）、司法厅（局）、卫生健康委（卫生计生委）、国资委、医保局、总工会、妇联、人民法院：

男女平等是我国基本国策。促进妇女平等就业，有利于推动妇女更加广泛深入参加社会和经济活动，提升社会生产力和经济活力。党和政府对此高度重视，劳动法、就业促进法、妇女权益保障法等法律法规对保障妇女平等就业权利、不得实施就业性别歧视作出明确规定。当前我国妇女就业情况总体较好，劳动参与率位居世界前列，但妇女就业依然面临一些难题，尤其是招聘中就业性别歧视现象屡禁不止，对妇女就业带来不利影响。为进一步规范招聘行为，促进妇女平等就业，现就有关事项通知如下：

一、把握总体工作要求。各地要以习近平新时代中国特色社会主义思想为指导，深入贯彻男女平等基本国策，把解决就业性别歧视作为推动妇女实现更高质量和更充分就业的重要内容，坚持突出重点和统筹兼顾相结合，坚持柔性调解和刚性执法相结合，坚持积极促进和依法惩戒相结合，以规范招聘行为为重点，加强监管执法，健全工作机制，加大工作力度，切实保障妇女平等就业权利。

二、依法禁止招聘环节中的就业性别歧视。各类用人单位、人力资源服务机构在拟定招聘计划、发布招聘信息、招用人员过程中，不得限定性别（国家规定的女职工禁忌劳动范围等情况除外）或性别优先，不得以性别为由限制妇女求职就业、拒绝录用妇女，不得询问妇女婚育情况，不得将妊娠测试作为入职体检项目，不得将限制生育作为录用条件，不得差别化地提高对妇女的录用标准。国有企事业单位、公共就业人才服务机构及各部门所属人力资源服务机构要带头遵法守法，坚决禁止就业性别歧视行为。

三、强化人力资源市场监管。监督人力资源服务机构建立健全信息发布审查和投诉处理机制，切实履行招聘信息发布审核义务，及时纠正发布含有性别歧视内容招聘信息的行为，确保发布的信息真实、合法、有效。对用人单位、人力资源服务机构发布含有性别歧视内容招聘信息的，依法责令改正；拒不改正的，处1万元以上5万元以下的罚款；情节严重的人力资源服务机构，吊销人力资源服务许可证。将用人单位、人力资源服务机构因发布含有性别歧视内容的招聘信息接受行政处罚等情况纳入人力资源市场诚信记录，依法实施失信惩戒。

四、建立联合约谈机制。畅通窗口来访接待、12333、12338、12351热线等渠道，及时受理就业性别歧视相关举报投诉。根据举报投诉，对涉嫌就业性别歧视的用人单位开展联合约谈，采取谈话、对话、函询等方式，开展调查和调解，督促限期纠正就业性别歧视行为，及时化解劳动者和用人单位间矛盾纠纷。被约谈单位拒不接受约谈或约谈后拒不改正的，依法进行查处，并通过媒体向社会曝光。

五、健全司法救济机制。依法受理妇女就业性别歧视相关起诉，设置平等就业权纠纷案由。积极为遭受就业性别歧视的妇女提供法律咨询等法律帮助，为符合条件的妇女提供法律援助。积极为符合条件的遭受就业性别歧视的妇女提供司法救助。

六、支持妇女就业。加强就业服务，以女大学生为重点，为妇女提供个性化职业指导和有针对性的职业介绍，树立正确就业观和择业观。组织妇女参加适合的培训项目，鼓励用人单位针对产后返岗女职工开展岗位技能提升培训，尽快适应岗位需求。促进3岁以下婴幼儿照护服务发展，加强中小学课后服务，缓解家庭育儿负担，帮助妇女平衡工作与家庭。完善落实生育保险制度，切实发挥生育保险保障功能。加强监察执法，依法惩处侵害女职工孕期、产期、哺乳期特殊劳动保护权益行为。对妇女与用人单位间发生劳动人事争议申请仲裁的，要依法及时快速处理。

七、开展宣传引导。坚决贯彻男女平等基本国策，强化男女平等意识，逐步消除性别偏见。加大对反就业性别歧视、保障妇女平等就业权利法律法规和政策的宣传，引导全社会尊重爱护妇女，引导用人单位知法守法依法招用妇女从事各类工作，引导妇女合法理性保障自身权益。树立一批保障妇女平等就业权利用人单位典型，对表现突出的推荐参加全国维护妇女儿童权益先进集体、全国城乡妇女岗位建功先进集体等创评活动。营造有利于妇女就业的社会环境，帮助妇女自立自强，充分发挥自身优势特长，在各行各业展示聪明才智，体现自身价值。

八、加强组织领导。各地区、各有关部门要高度重视促进妇女平等就业，履职尽责、协同配合，齐抓共管、综合施策。人力资源社会保障部门要会同有关部门加强对招用工行为的监察执法，引导合法合理招聘，加强面向妇女的就业服务和职业技能培训。教育部门要推进中小学课后服务。司法部门要提供司法救济和法律援助。卫生健康部门要促进婴幼儿照护服务发展。国有资产监督管理部门要加强对各级各类国有企业招聘行为的指导与监督。医疗保障部门要完善落实生育保险制度。工会组织要积极推动企业依法合规用工。妇联组织要会同有关方面组织开展相关评选表彰，加强宣传引导，加大对妇女的关心关爱。人民法院要积极发布典型案例、指导性案例，充分发挥裁判的规范、引导作用。人力资源社会保障部门、工会组织、妇联组织等部门对涉嫌就业性别歧视的用人单位开展联合约谈。

人力资源社会保障部　教育部　司法部　卫生健康委　国资委
医保局　全国总工会　全国妇联　最高人民法院
2019年2月18日

附录4
《辽宁省女职工劳动保护办法》

经2020年12月2日辽宁省第十三届人民政府第99次常务会议审议通过，现予公布，自2021年3月1日起施行。（辽宁省人民政府令第337号）

第一条 为了加强对女职工的劳动保护，减少和解决女职工在劳动中因生理特点造成的特殊困难，保障其安全和健康，根据《中华人民共和国劳动法》《女职工劳动保护特别规定》等法律法规规定，结合我省实际，制定本办法。

第二条 我省行政区域内国家机关、企业事业单位、社会团体、个体经济组织以及其他社会组织等用人单位（以下简称用人单位）的女职工劳动保护及监督管理，适用本办法。

第三条 省、市、县（含县级市、区，下同）政府应当加强对女职工劳动保护工作的领导，将女职工劳动保护纳入妇女发展规划，协调解决女职工劳动保护工作中的重大问题。

人力资源社会保障、卫生健康、应急管理、医疗保障等部门，应根据职责做好女职工劳动保护相关工作。

工会、妇女组织依法对用人单位的女职工劳动保护进行监督，支持和协助女职工维护合法权益。

第四条 用人单位与女职工在订立书面劳动（聘用）合同时，不得与女职工约定限制结婚、生育等内容；不得因女职工结婚、怀孕、休产假、哺乳等原因，降低工资，限制晋职、晋级、评聘专业技术职务，予以辞退，单方面解除劳动（聘用）合同。

企业职工一方与用人单位订立的集体合同、女职工权益保护专项集体合同，应当明确女职工劳动保护的内容。

第五条 用人单位应当给予经期女职工下列劳动保护：

（一）不得安排从事国家规定的经期禁忌从事的劳动；

（二）从事连续站立劳动的，每2个小时安排至少10分钟工间休息；

（三）经医疗机构或者妇幼保健机构确诊患有重度痛经或者经量过多的，给予1至2日的适当休息。

第六条 用人单位应当给予孕期女职工下列劳动保护：

（一）不得安排从事国家规定的孕期禁忌从事的劳动；

（二）在劳动时间内进行产前检查，所需时间计入劳动时间；

（三）不能适应原岗位工作的，予以减轻劳动量或者暂时安排其他能够适应的岗位；

（四）怀孕不满3个月且妊娠反应严重，或者怀孕7个月以上的，不得延长其劳动时间或者安排其从事夜班劳动，并在每日劳动时间内安排不少于1小时的休息时间。

经本人提出，用人单位对已婚待孕女职工可以参照孕期禁忌从事的劳动范围予以保护。

第七条 女职工有先兆流产症状或者有习惯性流产史，本人提出保胎休息的，用人单位应当根据医疗机构或者妇幼保健机构的诊断和单位实际情况适当安排。

第八条 女职工生育享受98日产假，其中产前可以休假15日；难产的，增加产假15日；生育多胞胎的，每多生育1个婴儿，增加产假15日。

符合我省现行人口与计划生育政策规定生育的，除享受前款规定的产假外，还享受我省有关法规规定增加的产假。

产假期满，经本人申请，用人单位同意，可以请哺乳假至婴儿满1周岁，哺乳假期间的工资由双方协商确定。

第九条 用人单位应当给予哺乳（含人工喂养）未满1周岁婴儿的女职工下列劳动保护：

（一）不得安排从事国家规定的哺乳期禁忌从事的劳动，不得延长劳动时间或者安排夜班劳动。

（二）在每天劳动时间内安排1小时哺乳时间；生育多胞胎的，每多哺乳1个婴儿每天增加1小时哺乳时间；每天哺乳时间可以合并使用，也可以分次使用；哺乳时间不包含必要的往返路途时间；实行劳动定额的，相应减少工作量。

婴儿满1周岁，经医疗机构或者妇幼保健机构确诊为体弱儿，需要延长哺乳的，可以延长不超过6个月的哺乳期。

第十条 用人单位应当对患有产后抑郁症的女职工给予关怀和心理疏导，可以根据医疗机构或者妇幼保健机构的诊断和实际情况，适当减轻工作量或者调整工作岗位。

第十一条 女职工更年期综合征症状严重，不能适应原岗位工作，申请减轻工作量或者调整工作岗位的，用人单位可以根据医疗机构或者妇幼保健机构诊断和实际情况给予适当安排。

第十二条 用人单位应当每年为女职工安排1次妇科检查，至少每2年为女职工安排1次宫颈癌、乳腺癌检查，检查费用由用人单位承担。

第十三条 违背女职工意愿，以言语、文字、图像、肢体行为等方式对女职工实施性骚扰的，受害人有权依法请求行为人承担民事责任。

用人单位应当通过开展法治宣传教育、完善制度机制、健全投诉渠道等措施，积极预防利用职权、从属关系等对女职工实施性骚扰。女职工在劳动场所受到性骚扰的，有权向用人单位和公安机关投诉，向用人单位投诉的，用人单位应当及时制止并支持维权；向公安机关投诉的，公安机关应当及时受理并依法处理。

有关单位在处理对女职工的性骚扰事件时，应当依法保护女职工的个人隐私。

第十四条 用人单位违反本办法规定，侵害女职工合法权益的，女职工有权向人力资源社会保障、卫生健康、应急管理、医疗保障等部门或者工会、妇女组织投诉举报。收到投诉举报的部门和组织应当依法及时调查处理，或者转送有权处理的部门调查处理。调查处理结果应当告知女职工。

第十五条 用人单位违反本办法规定，侵害女职工合法权益的，省、市、县工会应当按照有关法规规定向用人单位发出劳动法律监督意见书，要求其采取措施予以改正。用人单位应当予以研究处理，并向工会作出答复。用人单位拒不改正的，省、市、县工会可以按照有关法规规定向政府有关部门发出劳动法律监督建议书，也可以请求当地政府依法作出处理。政府有关部门应当按照相关规定和程序处理，并及时将处理情况书面告知工会。

第十六条 违反本办法规定的行为，法律法规有处罚规定的，从其规定。

第十七条 本办法自2021年3月1日起施行。